Walther Rauschenbusch
Leben und Wirken von August Rauschenbusch

Herausgegeben und mit einem Vorwort versehen
von Christiane Beetz

Reihe ReligioSus, Band XVII

SEVERUS

Rauschenbusch, Walter: Leben und Wirken von August Rauschenbusch
Hamburg, SEVERUS Verlag 2013
Nachdruck der Originalausgabe von 1901

Reihe ReligioSus: Band XVII
Herausgegeben von Christiane Beetz

ISBN: 978-3-86347-352-5
Druck: SEVERUS Verlag, Hamburg, 2013

Der SEVERUS Verlag ist ein Imprint der Diplomica Verlag GmbH.

Bibliografische Information der Deutschen Nationalbibliothek:
Die Deutsche Nationalbibliothek verzeichnet diese Publikation in der Deutschen Nationalbibliografie; detaillierte bibliografische Daten sind im Internet über http://dnb.d-nb.de abrufbar.

© **SEVERUS Verlag**
http://www.severus-verlag.de, Hamburg 2013
Printed in Germany
Alle Rechte vorbehalten.
Der SEVERUS Verlag übernimmt keine juristische Verantwortung oder irgendeine Haftung für evtl. fehlerhafte Angaben und deren Folgen.

seVERUS

Vorwort der Herausgeberin zur Reihe ReligioSus

Die Suche nach Antworten auf die Fragen ‚Wo komme ich her? Wo gehe ich hin? Warum gibt es mich?' sind elementarer Bestandteil unseres menschlichen Daseins. Religionen haben Menschen in jedem Zeitalter dabei geholfen, diese Fragen zu ergründen. Jede Religion hat dabei im Laufe der Jahrhunderte einen eigenen Weg gefunden, dem Sinn des Lebens nachzuspüren. Die monotheistischen Religionen Christentum, Islam und Judentum mit dem unsichtbaren, allgegenwärtigen Gott erklären die Erfüllung jeglicher Existenz mit der Anbetung des einen Gottes. Andere Religionen wie der Buddhismus oder der Konfuzianismus lehren ein Leben nach ethischen Grundsätzen, die weniger auf einem Glauben an einen einzigen Gott als auf philosophischen, humanistischen Ideen beruhen.

Religionen sind ein Spiegelbild der Menschheit in der Welt. Mit ihren jeweils ganz unterschiedlichen Ansätzen prägen Religionen die Kulturen, in denen sie gelebt werden. Sie beeinflussen das menschliche Handeln, Denken und Fühlen mit ihren Gottesvorstellungen oder Weltanschauungen. Oft genug gaben religiöse Auslegungen den Anlaß für kriegerische Auseinandersetzungen. Sie sind aber auch immer wieder ein Leitfaden für einen toleranten, menschenwürdigen Umgang mit dem Nächsten.

Frauen und Männer haben sich zu allen Zeiten mit den verschiedenen Glaubenslehren beschäftigt. Oft waren es tief gläubige Menschen, die ihre Erfahrungen mit dem Außergewöhnlichen aufgeschrieben haben. Aber auch kritische Auseinandersetzungen mit den Mißständen der Religionen gehören zur jeweiligen Epoche. Die Bücher all dieser Menschen sind Dokumente ihrer Zeit, sie geben Aufschluß über die Geschichte und Geschichten der Religionen.

Die Reihe „ReligioSus" hat es sich zur Aufgabe gemacht, längst vergessene Dokumente einem breiteren Publikum wieder zugänglich zu machen. Unabhängig von Religion und Einstellung zu derselben bieten die Bücher dieser Reihe einen generellen Einblick in die Welt der Religionen. „ReligioSus" vereint Werke, die sich auf unterschiedlichste Weise mit dem Phänomen Religion und deren Beeinflussung unserer Wertvorstellungen beschäftigen. Auf diese Weise soll mit „ReligioSus" die Vielfalt religiöser Dokumente, die die jeweiligen Fragen und Auseinandersetzungen ihrer Zeit aufgenommen haben, aufgezeigt werden.

Soweit möglich erfolgt ein originalgetreuer Nachdruck. Wo es notwendig erscheint, werden die Texte in das heutige Schriftbild übertragen. Eine inhaltliche Veränderung findet nicht statt.

Christiane Beetz, Herausgeberin

Christiane Beetz, geb. 1965 in Hamburg, studierte Germanistik, Religionswissenschaft und Alte Geschichte. Nach einigen Jahren im Buchhandel arbeitet sie jetzt als Lektorin. Außerdem ist sie ausgebildete Prädikantin und schreibt freiberuflich für die „Evangelische Zeitung".

Vorwort zum Buch

„Der stärkste Einfluß, den Professor Rauschenbusch auf seine Kirchengemeinschaft ausgeübt hat, wurde durch seine Schüler ausgeübt; er war der Lehrer der Lehrer."

Karl August Heinrich Rauschenbusch wurde am 13. Februar 1816 in Herford geboren und entstammte einer Pfarrersfamilie, sein Vater war Pastor der evangelisch–lutherischen Kirche. Rauschenbusch war sehr sprachbegabt und lernte bereits mit sechs Jahren Latein, ein Jahr später Französisch und danach Altgriechisch. Mit 17 Jahren machte er das Abitur und arbeitete als Hauslehrer in Altena und Unna. Im Jahre 1834 begann Rauschenbusch sein Theologiestudium in Berlin, wo er u.a. bei August Neander lernte. 1837 wechselte er nach Bonn und beendete 1841 sein Studium. Im Anschluss daran arbeitete er als Pastor in der Gemeinde seines Vaters.

Doch schnell merkte Rauschenbusch, dass dies nicht sein Weg war. Schließlich wanderte er 1846 in die USA aus, wo er sich als Seelsorger den dort lebenden deutschstämmigen Amerikanern widmete. Rauschenbusch kam dort mit baptistischen Christen in Kontakt und war fasziniert von deren Glaubenswelt: der sehr stark auf die einzelne Ortsgemeinde fokussierten Gemeindegestaltung, dem aktiv gelebten Priestertum aller Gläubigen, der Konzentration auf die Bibel als alleinige Grundlage des Glaubens und der strikten Trennung von Staat und Kirche. Besonders aber beeindruckte ihn die Überzeugung, dass nur eine

Taufe im mündigen Alter, die sog. Glaubenstaufe, eine wirklich gültige Taufe ist, weshalb die Baptisten die Säuglingstaufe ablehnen. Diese Haltung brachte ihnen auch ihren Namen ein, was am englischen Wort für ‚taufen' = ‚to baptize' deutlich erkennbar ist. Dazu schreibt Rauschenbusch:

„An einem Sonntag-Morgen versammelte sich die Gemeinde an einem in der Nähe gelegenen, großen Teiche, und hier wurde Charlotte nebst mehreren anderen getauft. Mein nächstes Gefühl war: ‚Das ist ja etwas ganz Einfaches!' Ich sprach dies einem deutschen Freunde aus, der mit mir hingegangen war, und er hatte ganz denselben Gedanken. Im Stillen aber, ohne es mir selbst auszusprechen, hatte ich den weiteren Gedanken: ‚Das ist ja ganz dem Neuen Testament gemäß.' In jener Stunde fing der Keim baptistischer Ansichten an Wurzel in mir zu schlagen."

Rauschenbusch war tief beeindruckt von dieser Art des Christentums und ließ sich entsprechend der baptistischen Tradition, dass die Taufe durch komplettes Untertauchen vollzogen wird, am 19. Mai 1850 im Mississippi-Strom noch einmal, nun baptistisch gültig, taufen. Er wurde daraufhin Prediger mehrerer Baptistenkirchen in New York und St. Louis. 1858 übernahm er eine Dozentenstelle am Theologischen Seminar in Rochester und leitete die deutschsprachige Abteilung. Nebenher arbeitete er auch als Schriftsteller und verfasste mehrere Werke über die Auswanderung in die USA, die Kindertaufe und er schrieb eine Reihe von Artikeln in Enzyklopädien und Zeitschriften. Letztendlich zog es Rauschenbusch im Herbst seines Lebens zurück nach Deutschland, wo er 1888 für einige Monate in einer baptistischen Gemeinde arbeitete und 1890 endgültig nach Deutschland zurückkehrte. Er war maßgeblich am Aufbau baptistischer Gemeinden in Deutschland beteiligt, arbeitete bis 1892 in Wiesbaden und dann bis 1895 in Frankfurt am Main. Die letzten Lebensjahre wirkte er im Predigerseminar in Hamburg, wo er 1899 starb.

Das vorliegende Buch ist eine Biografie über August Rauschenbusch, die er größtenteils selbst verfasst hat. Da er vor seinem Tod das Werk nicht beenden konnte, ergänzte sein Sohn Walther Rauschenbusch die fehlenden Kapitel. Er war selbst baptistischer Pastor und Mitbegründer der Social-Gospel-Bewegung, einer im 19./20. Jahrhundert entstandenen Ausrichtung kirchlicher Sozialarbeit mit Schwerpunkten wie Armuts- und Kriminalitätsbekämpfung sowie Bildungsvermittlung. Dieser Bewegung gehörten in den USA z.B. Martin Luther King und Jesse Jackson an, beide afroamerikanische Bürgerrechtler.

Das Buch zeichnet sich durch eine detaillierte Beschreibung des Lebensweges eines Menschen aus, der sich intensiv mit seinem Glauben auseinander gesetzt und entsprechend seiner Überzeugung gehandelt hat. Dabei wird das Leben August Rauschenbuschs nicht glorifiziert, vor allem in den von ihm selbst verfassten Passagen nicht. So schreibt er über sich als Kind:

„In unseren Knabenspielen war viel Wildheit und Roheit. Schlägereien und wilde Streiche waren bei meinen Kameraden an der Tagesordnung und sie zogen mich, der ich infolge fortgeschrittenerer Schulbildung meist mit älteren Knaben umging, mit hinein. Besonders beklage ich unsere Zerstörungssucht und häufige Tierquälerei. Nur ihrem Fluchen blieb ich fern."

Die Biografie des August Rauschenbusch gibt neben der Lebensbeschreibung eines faszinierenden Mannes einen eindrucksvollen Einblick in die Geschichte der Baptisten in den USA und auch in Deutschland.

Christiane Beetz

Leben und Wirken

von

August Rauschenbusch,
Professor am theologischen Seminar zu Rochester in Nordamerika,

angefangen von ihm selbst,

vollendet und herausgegeben von seinem Sohne

Walther Rauschenbusch,
Professor an derselben Anstalt.

1875.

Vorwort.

Seit mehreren Jahren war es meines Vaters Wunsch und Vorhaben, nachdem alle anderen Arbeiten seines Lebens abgeschlossen seien, noch den ereignis- und wechselvollen Gang seines Lebens selbst zu beschreiben, wenigstens bis zum Beginn seiner Thätigkeit in Rochester; ich sollte das Werk dann vollenden. Gleich nach Abschluß seines „Handbüchlein der Homiletik" legte er auch Hand an diese letzte Arbeit und brachte mit Hilfe seiner Tochter Emma eine Anzahl von Kapiteln der Vollendung nahe. Doch der fast 84 jährige Körper war müde; das wunderbare Gedächtnis wurde zu Zeiten unsicher. Am 5. Dezember 1899 ließ der Herr seinen Knecht zu der Ruhe eingehen, nach der er längst verlangt.

Zur Fertigstellung der Arbeit stand mir außer seinen letzten Aufzeichnungen ein sehr reichhaltiger Schatz von Material zur Verfügung: Skizzen einzelner Abschnitte seines Lebens, die er früher geschrieben; Tagebücher und Briefsammlungen aus seiner Studentenzeit, so reich an Wissenswertem und menschlich Interessantem, daß ich nur bedauere, sie nicht ganz drucken zu können. Viel von diesem Stoff habe ich auch in diejenigen Kapitel hineinverwoben, die mein Vater noch selbst geschrieben hat, habe aber den Faden der Erzählung nicht durch Einschaltungen unterbrochen, sondern den Charakter der Autobiographie möglichst gewahrt. So war es sein Wunsch. Zur Feststellung der Thatsachen und zum richtigen Erfassen der inneren Wandlungen seines Lebens habe ich mich beim Durchsuchen der Quellen keine Mühe verdrießen lassen, und hoffe, keinen ernstlichen Fehler gemacht zu haben. Auch ist das Manuskript von meiner Mutter, von meiner Kousine, Fräulein Maria Döring, und von meinen beiden Schwestern durchgesehen worden. Ihrer liebevollen Mitwirkung verdankt das Buch auch sonst sehr viel. Auch einigen alten Freunden meines Vaters, Herrn Adolf Hammerschmidt in Naperville, Herrn Dietrich Nölle in Altena, Herrn J. C. Grimmell in Cleveland und meines Vaters früheren Kollegen in Rochester, habe ich für Ratschläge bei einzelnen Kapiteln zu danken.

Meines Vaters Leben war so vielbewegt, so reich an Arbeit, so weitreichend in seinem Einfluß, so voll von tragischen Wendungen und wunderbaren Führungen Gottes, daß es eine ausführliche Beschreibung wohl verdiente. Ich selbst ahnte kaum, wie reichhaltig und interessant es sei, bis das Material sich mir erschloß. Besonders für die deutschen Baptisten zu beiden Seiten des Weltmeers ist es von bleibender Wichtigkeit, denn ein gut Teil ihrer Geschichte ist in dem Leben und Einfluß von August Rauschenbusch enthalten.

Schließlich noch ein Wort über die Art der Darstellung. Mein Vater konnte das Loben und Schönreden nicht leiden. Er hat es sich nachdrücklich verbeten, aus seiner Biographie eine Lobschrift zu machen. Er war sich allezeit tief bewußt, ein sündiger und fehlervoller Mensch zu sein, und es lag ihm mehr daran zu erzählen, was die Gnade Gottes Großes an ihm gethan, als was er selbst Großes geleistet. Für seinen Sohn war es nicht so leicht, denselben Ton anzuschlagen und doch noch der kindlichen Pietät Genüge zu leisten. Doch habe ich versucht, wahr zu sein, in seinem Bilde Licht und Schatten zu mischen, wie sie in seinem Leben gemischt waren, und den „alten Professor" zu schildern, wie er leibte und lebte, mit seiner kraftvollen Originalität und auch mit seinen Sonderbarkeiten. Er war groß genug, um das vertragen zu können. Dies Buch schildert keinen vollkommenen Heiligen, wohl aber einen Menschen, der sein lebenlang nach Gerechtigkeit gehungert und gedürstet hat.

So möge es denn dazu dienen, den vielen Freunden meines Vaters noch einmal sein Werden und Wirken vor Augen zu führen, damit sie ihn ganz verstehen und die Lehren seines Lebens tiefer erfassen. Möge es den Eindruck seiner Persönlichkeit noch um ein wenig verlängern und für die, welche ihn auf Erden lieb gehabt, sein Bild frisch erhalten, bis sie ihn wiedersehen.

Rochester, Nordamerika, Oktober 1900.

Walther Rauschenbusch.

Inhalt.

Erstes Kapitel.

Heimat und Kinderjahre . . . . 1—14

    Heimatsstadt. — Vater und Mutter. — Großeltern und Vorfahren. — Geschwister. — Geburt. — Geistiges Leben im Elternhause. — Poetische Erstlingsversuche. — Erziehung und Schule. — Knabenspiele. — Jugendphantasien. — Die Roheit der Straße. — Religiöse Einflüsse daheim. — Die „biblischen Historien".

Zweites Kapitel.

Auf dem Gymnasium zu Elberfeld . . . . . 15—26

    Abreise von daheim. — Die neue Umgebung. — Erste Erfolge. — Das Elberfelder Gymnasium. — Landfermann. — K. A. Edelhagen. — Rudolf Schleiden. — Das Döringsche Pfarrhaus. — Christliche Eindrücke. — Die Konfirmation. — Pastor Fliedner. — Ein Jünger Jakob Böhmes. — Deutschtum und Freiheitsliebe. — Jugendlicher Trotz und Konflikte. — Das Abiturienten-Examen. — Bloß Nummer Zwei.

Drittes Kapitel.

Zwischenzeit im Elternhause . . . . 27—31

    Noch nicht zur Universität. — Studienanfänge. — Hühnerzucht und Krähennester. — Hauslehrer auf Haus Heide. — Drei Zöglinge. — Altdeutsches Treiben. — Ein frommes Mädchen. — Fußreisen durch Westfalen. — Der Geschichtsschreiber Westfalens. — Reisepläne für die Zukunft.

Viertes Kapitel.

Mein Studentenleben in Berlin . . . . 32—50

Zu Fuß nach Berlin. — Ein frommer Oberförster. — Cassel. — Die Göttinger Erbsenrevolution. — Fechten, Turnen und Schwimmen. — Zum erstenmal am Meer. — Siebenbürger Freunde. — Studentenverbindungen. — Die Burschenschaft. — Ein Abschiedskommers. — Karl Krafft. — Freundschaft mit Gottfried Kinkel. — Spätere Begegnungen mit ihm. — Ein Gedicht von Kinkel und eins an Kinkel. — General von Quadt. — Oberhofprediger Strauß. — Garnisonprediger Ziehe. — Andere Bekannte. — Vorlesungen. — August Neander. — Sein Seminar. — Seine Theeabende.

Fünftes Kapitel.

Als Wanderbursche durch Österreich und Deutschland. 51—61

Zwei Sommerreisen. — Ohne Erlaubnis der Eltern. — Geldnot. — Durch Sachsen und Böhmen. — Im Kloster zu Prag. — In gemischter Gesellschaft. — Über den Böhmerwald an die Donau. — Katholische Fragen. — Kein Brief und kein Geld. — Eine denkwürdige Inschrift. — "Gott verläßt keinen Westfalen." — In der Kaiserstadt Wien. — Mit Handwerksburschen durch Mähren. — Eine angenehme Metamorphose. — Zum letztenmal auf der Streu. — Eine zweite Reise 1835. — Die Reiseroute. — Rothe, Tholuck, Ullmann, Hase, Krafft, Schelling. — Das schöne Süddeutschland.

Sechstes Kapitel.

Innere Kämpfe und Bekehrung . . . . 62—80

Begierig nach Wahrheit. — Ist der Pentateuch von Mose? — Eine gläubige Seele. — Thomas a Kempis. — Freude in Gott. — Rückfall und Zweifel. — Ein großer Hegelianer. — Am Rande des Abgrundes. — Gerettet. — Abschied von Berlin.

Zusatz des Herausgebers: Auszüge aus Tagebüchern.

Siebentes Kapitel.

Im finsteren Thal . . . . 81—86

(Vom Herausgeber.)

Das Ergebnis der Berliner Jahre. — Die religiöse Wandlung. — Fromm, aber noch herbe. — Die Gesundheit gebrochen. — Immer tiefer abwärts. — Die Heilkraft der Natur. — Im botanischen Garten in Düsseldorf. — Bleibende Folgen der Krankheit.

Achtes Kapitel.

Meine Studien in Bonn . . . . 87—97

Naturwissenschaftliche Studien. — Privatarbeiten. — Als Assistent des Professors. — Eduard Regel. — Sehnsucht nach der Ferne. — Der Nutzen der naturwissenschaftlichen Studien. — Theologische Arbeiten. — Verkehr mit Kinkel. — Professor Nitzsch. — Die erste Predigt. — Kinkels Kritik derselben. — Geistliches Leben in der Bonner Zeit. — Ein christlicher Studentenverein. — Viktor Andreae. — Seine Bekehrung. — Sein Lebensgang. — Verlangen nach der Heidenmission. — Bei den Herrnhutern. — Ernst Moritz Arndt.

Neuntes Kapitel.

Meine Kandidatenzeit . . . . 98—104

Vorbereitung aufs Staatsexamen. — Krankheit des Vaters. — „Verachte mich doch nicht." — Tod und Begräbnis. — Das Examen. — Disputation über die Echtheit des Jesajas. — Gut bestanden. — Als Kandidat in Altena. — Durchs nördliche Westfalen. — Weibezahn und Volkening. — Ernste Eindrücke.

Zehntes Kapitel.

Mein Pastorat in Altena . . . . 105—118

Als Pfarrer gewählt. — Ein mißlungener Empfang. — Ordination und Antrittspredigt. — Urteile darüber. — Antrittsbesuche. — Konflikt mit dem katholischen Pfarrer. — Starcks Gebetbuch. — Die Mäßigkeitssache. — Die „Versammlungen". — Gute Wirkungen derselben. — Heftige Opposition. — Eine ernstliche Krankheit. — Konflikte im Lippischen.

Elftes Kapitel.

Fern übers Meer . . . . 119—129

(Vom Herausgeber.)

Gesamteindruck der Wirksamkeit in Altena. — Resignation und Entschluß zur Auswanderung. — Die Ursachen dafür. — Wanderlust und Missionstrieb. — Aufreibender Lebensernst. — Kirchliche Konflikte. — Körperliche Leiden. — Die Lage der Deutschen in Amerika. — Auszug aus dem Schreiben an das Presbyterium. — Die Stellung seiner Gemeinde und Freunde. — Empfehlungsbriefe. — Abschied von Altena. — Aufenthalt in Süddeutschland. — Abreise.

Zwölftes Kapitel.

Im Dienste der Traktat-Gesellschaft . . . . . 130—144
(Vom Herausgeber.)

Schiff und Seereise. — Von New York nach St. Louis. — Als Kolporteur der Traktat-Gesellschaft. — Wechselfieber. — „Die Nacht des Westens." — Als Redakteur in New York. — Dr. Hallock. — Schriftstellerische Arbeit. — Leitung der Kolporteure. — Kolporteur-Konferenzen. — Entdeckungsreise in Kanada. — In der Einsamkeit in Missouri. — Einwirkung auf Deutschland. — Eine Kraftprobe als Schwimmer. — Resignation und Reise nach Deutschland. — Beschluß der Traktat-Gesellschaft. — Ein letzter Sonnenstrahl.

Dreizehntes Kapitel.

Meine Taufe . . . . 145—163

Eine Baptistenfamilie. — Eine baptistische Taufe. — Die Bedeutung der Taufe. — In Missouri. — Disputation mit Ungläubigen. — Die Lipper-Gemeinde in St. Louis. — Die Taufe im Mississippi. — Ein Kampf auf dem Dampfschiff.

Zusatz des Herausgebers:
Quellen der Darstellung. — Der Hergang der Taufe. — Taufen im Freien. — Die Segnungen der Taufe. — Ihre Form. — Ihre Bedeutung. — Die schädliche Wirkung der Kindertaufe. — Freiheit der Entscheidung. — Die Autorität der Kirche. — War die Taufe als Kind gültig? — Weitherzige Stellung. — Es kostete Opfer.

Vierzehntes Kapitel.

Als Baptisten-Prediger . . . . 164—184

Predigtwirksamkeit in New York. — Anerkennung als Baptisten-Prediger. — Bedeutung seiner prinzipiellen Stellung. — Heinrich Schneider in Kanada. — Besuch dort und Erweckung. — Die erste Taufe. — Die Gemeinden in Kanada. — Reise nach Deutschland 1853. — „Die Pilgerharfe." — In Bremerhaven. — In Bonn. — Schmerzliche Erfahrungen in Elberfeld. — In Altena. — In Volmarstein. — Taufen und Erweckung. — Verheiratung. — Rückkehr nach Amerika. — Den Mississippi hinauf. — Mit sechzig Auswanderern. — Weshalb nach Missouri? — Mühsalen, Kränklichkeit und Erfolglosigkeit. — Eine kräftige Gemeinde-Ordnung. — Resultate seiner Thätigkeit als Baptisten-Prediger. — Seine zwei ältesten Kinder. — Annahme des Rufes nach Rochester. — Tod seines Söhnleins. — Sein letztes Gedicht.

XI

Fünfzehntes Kapitel.

Das Seminar in Rochester . . . . 185—204

Seite

Die deutschen Baptisten-Gemeinden um 1858. — Mißtrauen gegen theologische Bildung. — Entstehung des Seminars in Rochester. — Anfänge einer deutschen Abteilung. — Henrich und Bickel. — Das Bedürfnis nach einem deutschen Lehrer. — Versuche Rauschenbusch zu gewinnen. — Anfängliche Hindernisse. — Wachstum der Schülerzahl. — Art des Unterrichts. — Hilfslehrer und Kollegen. — Finanzielle Hebung der Anstalt. — Schäffer und Rauschenbusch. — Bedeutung des Seminars für die Gemeinschaft. — Ein Rückblick.

Sechzehntes Kapitel.

Ein Lehrer von Gottes Gnaden . . . . . . 205—216

Lehrtrieb und Lehrgabe. — Äußere Erscheinung. — Im Unterricht. — Körperliche Schwächen. — Vorzüge als Lehrer. — Botanische Ausflüge. — Berührung mit dem Leben. — Begeisterung für Poesie. — Privatverkehr. — Charakterskizze von Dr. Strong.

Siebenzehntes Kapitel.

Zwei und dreißig Lebensjahre . . . . . . 217—234

Seine Kinder. — Besuch in Deutschland 1860. — Reisen in Deutschland 1868. — Historische Studien. — Heim und Garten im Arnold Park. — Seine Studien und Kollegen. — Der Doktortitel. — Besuch in Deutschland 1879 und Reise nach Italien. — Familienereignisse. — Reisen in Amerika. — Resignation und Abschied von Amerika. — Besuche in Deutschland und Thätigkeit in Frankfurt. — Noch einmal ein Jahr in Rochester. — Zurück nach Deutschland. Weshalb?

Achtzehntes Kapitel.

Als Lehrer der Gemeinschaft . . . . . . 235—250

Interesse für Jugendunterricht — Dogmatische Artikel. — Disputationen mit Ungläubigen. — Verteidigung der Taufwahrheit. — Forschungen über die Geschichte der Täufer. — Historische Theorien und historische Thatsachen — Die Debatte in Logan. — Kontroverse mit den Sabbatariern. — Interesse für Heidenmission, Verfolgte, Politik, Sittlichkeit. — Einfluß auf die Organisation seiner Gemeinschaft. — Verborgene Arbeit.

Neunzehntes Kapitel.

Die letzten Lebensjahre in Deutschland .... 251—261

Seite

Reisen in Ostdeutschland. — In Wiesbaden. — Litterarische Arbeiten. — Die „Neue Glaubensstimme". — Frühere Arbeiten an Gesangbüchern. — Freunde und Verwandte. — Am Seminar in Hamburg. — Krankheit und Altersschwäche. — Die „Biblischen Frauenbilder". — „Roger Williams." — „Die Entstehung der Kindertaufe." — Verlust seines Vermögens. — Die letzte Reise nach Altona und an den Rhein.

Zwanzigstes Kapitel.

Das Ende und der Anfang .... 262—274

Im Sommer 1899. — Persönliche Erscheinung. — Arbeit und Erholungen. — Geistige Regsamkeit. — Inneres Leben und Milde im Umgang. — Das „Handbüchlein der Homiletik". — Ein Festgedicht. — Kleine Ausflüge. — Arbeit an der Biographie. — Abschluß aller Arbeiten. — Der letzte Sonntag. — Das Vater Unser. — Der Todestag und Heimgang. — Begräbnis. — Grabschrift.

Leben und Wirken
von
August Rauschenbusch.

Erstes Kapitel.
Heimat und Kinderjahre.
1816—1830.

Im Süden Westfalens, im wildromantischen Thal der Lenne, liegt meine Heimatsstadt Altena. Die hohen Berge des westfälischen Süderlandes rücken hier so nahe zusammen, daß der Fluß sich nur mit Mühe hindurchwindet. Auf ihren Gipfeln ist's kahl und rauh; ihr Fuß senkt sich, von Eichenwäldern und anmutigem Gehölz bedeckt, in lieblichen Formen zur Lenne hinab. Die Lenne selbst fließt bald durch grüne Wiesen dahin, wo sich das Thal etwas erweitert, bald wird sie von starren Felsen überragt; im Sommer fließt sie klar und freundlich, im Winter schwillt sie gewaltig an, trübe, tosend und brausend. Diese Landschaft meiner Heimat übte von frühester Kindheit an eine eigentümliche Anziehungskraft auf mich aus, weckte in mir die Liebe zur Natur, die Sehnsucht nach der Ferne, und manche Gefühle, deren tiefe Bedeutung sich erst später mir enthüllte.

Mein Vater war Dr. August Ernst Rauschenbusch (1778—1840), Pastor der lutherischen Gemeinde in Altena und später Superintendent. Er war ein Mann von edlem Charakter, heiterem Gemüte, großer praktischer Lebensweisheit und ungemein regem Geiste. Er war früher Pastor zu Kronenberg bei Elberfeld und danach Rektor in Schwelm. Als das deutsche Volk sich zum Befreiungskriege erhob, eilte auch er als begeisterter Vaterlandsfreund zu den Waffen und wurde Brigadefeldprediger bei der Bergischen Brigade. Sein Vorgesetzter, der Generalleutnant von Hünerbein, gab ihm am Schluß des Krieges das Zeugnis, er habe „sich vorzüglich durch Unerschrockenheit verdient gemacht, habe freiwillig in den Spitälern die an ansteckenden Krankheiten leidenden Soldaten aufgesucht, um ihnen geistliche Pflege angedeihen zu lassen, und sei dabei beinahe selbst ein Opfer seiner menschenfreundlichen Thätigkeit geworden." Er wurde nämlich in Worms vom Lazarettfieber angesteckt. Meine Mutter ließ ihre drei kleinen Kinder in ihrem Vaterhause zurück und eilte nach Worms, was damals eine große Sache war; ihre aufopfernde Pflege zog ihn mit Gottes Hilfe vom Rande des Grabes zurück. Nach seiner Genesung lag er längere Zeit mit seiner Brigade bei Düsseldorf und hielt hier bei der ersten Jahresfeier der Leipziger Schlacht eine von glühender Begeisterung erfüllte Festrede. Am 19. April 1815 zog er als Pfarrer in Altena ein, wo er gerade 25 Jahre lang, bis zu seinem Tode, sein Amt mit Ehren geführt hat.

Meine Mutter war Karoline Theodore Schniewind (1784—1872). Sie entstammte einer vornehmen und wohlhabenden Altenaer Familie; ihr Vater war der Königliche Freigräve Heinrich Wilhelm Schniewind, der letzte der westfälischen Freigräven, deren Amt von den Fehmgerichten auf Westfalens roter Erde hergeleitet wird. Ihr Vater hatte drei Töchter, „die schöne, die kluge und die fromme", wie sie im Volksmunde hießen. Meine Mutter war „die fromme", doch war sie auch schön und klug. Sie war eine weise und milde Frau, die mit ihrem Mann in herzlicher Liebe verbunden war, seine mannigfaltigen Interessen teilte und geistig mit ihm emporwuchs. Ihre Gesundheit war zart; auch war sie schon als kleines Mädchen durch das Scharlachfieber schwerhörig geworden und ward später ganz taub; doch hat ihr Leiden und ihre Abgeschlossenheit sie nie verbittert. Ihre ruhige, innige Frömmigkeit war ihrem Mann und ihren Kindern ein starker Halt. Mir ist sie bis zu ihrem Tode im hohen Alter von 88 Jahren viel gewesen.

Es ist oft der Fall, daß ein Kind seinem Großvater ähnlicher ist als seinem Vater. So war es auch bei mir. Mein Vater sagte später oft zu mir: „In dir lebt dein Großvater neu auf." Dies war der fromme und geistesgewaltige Hilmar Ernst Rauschenbusch, Pastor in Bünde und später in Elberfeld, dessen ausführliche Lebensbeschreibung weite Verbreitung gefunden hat und als schönes Beispiel deutscher pietistischer Frömmigkeit auch in England übersetzt worden ist. Seine Frau war eine Tochter des gottseligen Friedrich August Weihe, der in Gohfeld eine gesegnete Wirksamkeit ausgeübt hat und durch seine Lebensbeschreibung, seine gedruckten Predigten, Briefe und Lieder in weiten Kreisen bekannt geworden ist.

Noch weit über meine Großeltern geht die Reihe meiner frommen Ahnen hinaus, so daß ich der sechste in einer ununterbrochenen Reihe von Pastoren bin, unter denen Magister Esaias Rauschenbusch vor mehr als zweihundert Jahren der erste war. Und schon davor schalteten unsre Vorfahren als freie Bauern auf dem Rauschenbusch-Hof bei Herford, wo noch heute eine Familie unseres Namens ihren Sitz hat. Eine interessante Tradition unserer Familie erzählt, daß ein adliger schwedischer Offizier, der im dreißigjährigen Kriege mit Gustav Adolf nach Deutschland gekommen war, in der Nähe des Hofes verwundet und von der einzigen

Tochter des Bauern dort gepflegt worden sei. Dann haben sie einander lieb gewonnen und er habe auf Heimat und Namen verzichtet und nach dortiger Sitte den Namen des Hofes angenommen. Für die Richtigkeit dieser Tradition spricht unter anderem das frühe und häufige Vorkommen des Namens Hilmar in unserer Familie, denn dieser Name ist meines Wissens nicht deutsch, sondern kommt von dem schwedischen Hjalmar. Wie dem auch sei, einen besseren Adel als die Abstammung von kernigen westfälischen Bauern und frommen Predigern wünsche ich mir nicht. Es hat der Rauschenbusche nie viele gegeben, aber sie haben fast alle ihren Mann gestellt. Wo nun die Familientradition gepflegt wird, da übt der Gedanke an solche Vorfahren großen Einfluß auf die heranwachsenden Sprossen des Geschlechts aus und muß mit zu den Jugendeinflüssen gerechnet werden. Zum Beispiel, als ich mit achtzehn Jahren zur Universität nach Berlin zog, traf ich in Cassel einen Vetter meines Vaters, der mein Herz entflammte mit den geflügelten Worten: „Der ist kein echter Rauschenbusch, der keinen Mut hat."

Auch das Gedächtnis zweier früh verstorbener Brüder meines Vaters, August und Wilhelm, lebte in unserer Familie. Mein Vater hat seine zwei Söhne nach ihnen genannt. August wurde schon mit neunzehn Jahren Pastor in Dabringhausen und war ein gewaltiger Bußprediger, wie es wenige giebt. Er starb mit 21 Jahren. Als Student besuchte ich den Ort, kniete auf seinem Grabe und verlangte danach, auch, wie er, mein Leben in kurzem, heißem Dienst zu verzehren. Sein Nachfolger erzählte mir, wie dieser August Rauschenbusch wohl am Samstag-Nachmittag die Leute aus den Schenken getrieben habe, ohne daß sie ihm zu widerstehen wagten. Viele Seelen führten damals noch ihre Bekehrung auf ihn zurück. Der andere Bruder, Wilhelm, war auch hoch begabt. Er machte schon mit fünfzehn Jahren Gedichte von wirklichem Wert, bezog mit sechzehn Jahren die Universität

Tübingen, ertrank dort aber gleich im ersten Jahre im Neckar. Als ich viele Jahre später in einer Erbauungsstunde in Lustnau bei Tübingen davon erzählte, fand ich, daß dies Begebnis bei den Leuten dort noch in lebhaftem Andenken stand.

Meine Eltern hatten sieben Kinder, von denen vier am Leben blieben und zusammen aufwuchsen. Das älteste war meine Schwester Lina, die sieben Jahre älter war als ich. Durch die Kränklichkeit meiner Mutter wurde sie schon früh in die Leitung des Familienlebens hineingezogen, wozu ihre besonnene, praktische Natur sie auch sehr geschickt machte. Weil sie so viel älter war als wir anderen Kinder, nahm sie eine fast mütterliche Stellung gegen uns ein. Sie wurde 1830 die Gattin des meinem Vater eng befreundeten Dichters und Pastors Karl August Döring in Elberfeld. Im Jahre 1894 starb sie im hohen Alter von 85 Jahren; sie hat mir stets sehr treue schwesterliche Liebe bewahrt. Nach ihr kamen Auguste und Charlotte; sie starben beide gleich nach dem Einzug meiner Eltern in Altena und nicht lange vor meiner Geburt. Lottchen besonders war ein seltenes Kind. Als meine Mutter nach Worms zu ihrem kranken Manne eilte und Lottchen zurücklassen mußte, tröstete das etwas über drei Jahre alte Kind die Mutter: „Ich habe zu dem lieben Jesus gesagt: Geh' nach Worms und mache meinen lieben Vater gesund; und das thut Er auch, das thut Er auch." Mittags, wenn sie auf dem Sofa geschlafen hatte, redete sie mit dem gegenüber hängenden Christusbilde, beklagte, daß man Ihn getötet hatte, nannte Ihm alle, die sie lieb hatte, und bat: „Mache mich doch recht fromm; Du thust es auch, ja, Du thust es auch," und lächelte das Bild an. Meine Eltern erzählten mir so oft von den beiden Schwesterchen, daß in meinem kindlichen Gemüte die feste Erwartung entstand, wenn ich stürbe und in den Himmel käme (und daran hatte ich keinen Zweifel), würden Lottchen und Gustchen mich in Empfang nehmen.

Zwei Jahre nach mir, 1818, wurde mein Bruder

Wilhelm geboren, ein begabter und heiter angelegter Knabe. Er studierte später Jura und starb 1881 als Justizrat in Hamm. Auf ihn folgte ein totgeborenes Söhnlein, und endlich 1824 das jüngste Kind, meine liebe Schwester Marie. Da sie um acht Jahre jünger war als ich, blieb sie immer meine kleine Schwester, die ich bewachte und auf Spaziergängen, wenn sie müde wurde, öfters auf den Armen trug. Sie wurde die Gattin des Pfarrers Eugen Ehrhard in Schiltigheim im Elsaß und ging 1888 heim.

Ich selbst war also der mittelste der sieben und wurde am 13. Februar 1816 geboren. Mein voller Name war Karl August Heinrich Rauschenbusch, doch habe ich später nur den Namen August beibehalten.

Die Zeit vor meiner Geburt war eine schwere Zeit für meine Eltern. Mein Vater kam mit den herben Eindrücken des Krieges heim zu seiner Familie. Der Schmerz um den raschen Tod meiner beiden kleinen Schwestern dauerte bei meinen Eltern lange nach. Auch kam bei nahen Verwandten meiner Mutter eine traurige Ehescheidungsgeschichte vor, welche ihr großen Kummer machte, so daß meiner Mutter Thränen oft auf mein Gesicht gefallen sein sollen, während sie mich stillte. Sie sagte mir später, die ernsten Wege, die meine Eltern in jenem Jahre geführt worden seien, hätten schon bei meiner Geburt ihre Spuren auf mein Antlitz gedrückt. Gewiß hat dies alles mein späteres Leben tief beeinflußt. Auch in der Geburt selbst war mein Leben in großer Gefahr, so daß sie mich als doppelt vom Herrn geschenkt betrachtete und aus dieser Errettung Zuversicht schöpfte, daß Gott auch fernerhin seine Hand über mir halten werde. Meinem Vater war die Ankunft seines erstgeborenen Sohnes hochwillkommen und da die Vaterlandsliebe und die Erinnerung an seine Thätigkeit als Feldprediger noch hell in ihm glühte, so nahm er sein Knäblein auf den Arm und rief ihm zu: „Fürchte Gott, thue Recht und werde Soldat!" Gott hat diesen Zuruf in anderem Sinn an mir in Erfüllung gehen lassen wollen. Als ich mit 23 Jahren mich in Münster zum einjährigen Soldatendienst stellte, faßte mich der alte General von Holleben wiederholt ins Auge, als ob er Wohlgefallen an mir fände. Endlich redete er mich an: „Sie haben wohl wenig Lust Soldat zu werden?" Ich erwiderte, wenn man mich tauglich finde, so wolle ich gern meine Pflicht gegen König und Vaterland erfüllen. Er aber schüttelte den Kopf hierzu. Als ich dann von der Militärpflicht freigesprochen wurde, wandte er sich in herzlichem Tone wieder an mich: „Führen Sie forthin den Streit mit der Rede!"

Meine Kindheit verlief glücklich, obwohl nicht ohne Kränklichkeit. In dem Hause meines Vaters hatte ich die reichste geistige Anregung. Mein Vater vereinigte in sich einen seltenen Schatz von Kenntnissen, vorzüglich der Erdkunde und Weltgeschichte, namentlich der Geschichte unserer eigenen Gegend, deren Chronik er schreiben wollte. Und alles, was er wußte, das lebte in ihm, das teilte er seinen Schülern, und besonders seinen Kindern in anschaulicher Weise mit. Als 1821—29 die Griechen um ihre Befreiung von den Türken kämpften, führte er uns gleichsam in Griechenland umher und machte uns bekannt mit allen hervorragenden Helden jenes Kampfes. Ebenso in seine eigenen Bestrebungen zur Hebung des Schulwesens, zur Verbesserung des Armenwesens, zur Erhaltung der freien Verfassung der heimatlichen Kirche, führte er mich ein und ließ mich teilnehmen an seinen Freuden und Leiden. Mein Vater hatte einen weiten Bekanntenkreis, und unser Haus ward von Fremden aller Art besucht. Ich durfte dann der Unterredung zuhören und wurde frühzeitig angeleitet, auch mitzureden und mich geläufig auszudrücken. Mein Vater war selbst ein fruchtbarer und geistreicher Schriftsteller und hielt auch bei uns auf die Form des Ausdrucks. Einige seiner patriotischen Lieder gehören zu den Perlen der Poesie aus der Zeit der Befreiungskriege,

z. B. sein Lied zu jener Gedenkfeier der Leipziger Schlacht, bei der er die Festrede hielt:

> „Was strahlt auf der Berge nächtlichen Höh'n
> Wie heilige Opferflammen?
> Was umschwebt uns ahnend wie Geisterweh'n
> Und sagt, uns sei heute was Großes gescheh'n,
> Und führt uns feiernd zusammen?
> Wir feiern die herrliche Siegesnacht
> Des Kampfes für Freiheit, die Leipziger Schlacht."

Am Schluß des Liedes heißt es:

> „Wen je noch das heilige Deutschland ernährt
> Nach tausend und tausend Jahren,
> Den werde schon früh von der Mutter gelehrt,
> Was Gott uns für Heil bei Leipzig beschert
> Und die Kraft uns'rer heiligen Scharen.
> Ja, wer nach Deutschlands Ehrentag fragt,
> Dem sage man von der Leipziger Schlacht.
>
> Hell lob're die Flamm' auf der Berge Höh'n,
> Noch heller die Flamm' in den Herzen!
> In Deutschland soll jeder für alle steh'n
> Und keck dem Erbfeind ins Auge seh'n,
> Und errungenes Gut nicht verscherzen;
> Und wenn der Erbfeind einst wieder erwacht,
> Unser Feldgeschrei sei »die Leipziger Schlacht«!"

So unterwies er auch uns in den Regeln der Dichtkunst und sah es gern, wenn die Familienfeste durch seine Kinder poetisch gefeiert wurden. Als meine Eltern am 12. Oktober 1833 ihre silberne Hochzeit feierten, und manche Gaben dargebracht waren, beklagte sich der Vater: „Aber, Kinder, ihr hättet heute wohl ein Gedicht bringen können." Da erwiderte ich: „Ja, Vater, der Wille war wohl da, aber es wollte nicht gelingen." Er verlangte es dennoch zu sehen und war wohl damit zufrieden. Vielleicht sieht auch der Leser gern einige Verse daraus, zugleich als Probe meiner jugendlichen Poesie und als Ausdruck des Geistes, der in unserem Hause waltete.

„Im schönen Ravensberger Land
Steht fest ein Haus gegründet,
Der Wanderer an Berges Rand
In weitem Wald es findet.
Drin ragt manch hoher Eichenbaum
Empor zum weiten Himmelsraum,
Steht fest in allen Stürmen.

Es tobt der Sturm mit großer Macht
Wohl in der Eichen Zweigen,
Er schüttelt sie bei Tag und Nacht,
Doch kann er sie nicht beugen.
Drum wurden die, so dort gehaust,
Wo stets der Sturm so rauscht und braust,
Nur »Rauschenbusch« geheißen."

Das Gedicht schildert dann, wie die Bauern auf dem Rauschenbusch-Hofe das Land urbar machten; wie der erste Gottesbote von dort ausging und ihm auch mein Vater nachfolgte in seiner Thätigkeit. Dann wendet es sich an die Mutter:

„O teure Mutter, du nur hast
Dem Vater es gegeben,
Daß ihm bei mancher Erdenlast
Stets blüht ein schönes Leben,
Des Geistes und der Liebe Glück,
Das sieht des Glaubens klarer Blick
Aufs neu im Himmel blühen.

Der Friede, der stets in dir lebt,
Mög' auch in uns er walten;
Was Vater voller Kraft erstrebt,
Gott mög' es uns erhalten!
Sind wir gleich oftmals von euch fern,
So wird uns doch der Liebe Stern
Auch dann mit euch vereinen.

Heut' am erneuten Hochzeitstag
Wir euch in Lieb' umschlingen,
Und unsern Sinn aussprechen mag
Der Kranz, den wir euch bringen
Von Myrten und von Immergrün;
Die sagen: »Lieb' soll ewig blüh'n
Bis in des Himmels Räume«!"

Wenn ich in solcher Weise vieles gleichsam spielend und unbewußt lernte, so ließ es mein Vater daneben nicht an regelmäßigem Unterricht fehlen. Schon im Alter von sechs Jahren fing ich an das Lateinische zu lernen. Anfangs hielt ich den Unterricht nur fünf Minuten aus und fing dann an zu weinen. Mein Vater ließ sich jedoch hierdurch nicht abhalten, am folgenden Tage fortzufahren und die Unterrichtszeit allmählich zu steigern. Im nächsten Jahre mußte ich das Französische anfangen, das er fließend sprach. Als ich acht Jahre war, ging es ans Griechische. In demselben Jahre wurde ich der Elementarschule entnommen, in der ich noch hätte bleiben und namentlich das Rechnen besser lernen sollen, und trat in die Rektoratsschule oder höhere Bürgerschule ein. Ich dünkte mich nicht wenig, als ich zum erstenmal die „Sandtreppe" zu derselben hinaufging, doch ist dies die schlechteste Schule gewesen, die ich je besucht habe. Der Rektor war ein sehr gemütlicher Herr, der auf nichts viel Fleiß verwandte außer auf seine Tabakspfeife, die stets frisch gestopft wurde, wenn sie ausgebrannt war. Er unterrichtete nur in Sprachen, vornehmlich Lateinisch und Französisch, die älteren Schüler auch in Griechisch und Englisch; in den Naturwissenschaften gar nicht. Im Sommer erpreßten wir jede Woche wenigstens einen Nachmittag zum gemeinsamen Spazierengehen. Wollte er nicht, so jammerte die ganze Klasse: „Ach Herr Rektor, seien Sie doch so gut", bis er verzweifelt nachgab. Dann zogen wir aus „Steinsbörnchen", tranken Wasser aus dem Quell, zündeten von dem Buschwerk ein Feuerchen an und brieten uns Kartoffeln.

Dennoch habe ich viel von dem Rektor gelernt, denn ich las jeden Nachmittag mit ihm zwei Stunden lang privatim den griechischen Schriftsteller Herodot, den „Vater der Geschichte", wie er nicht mit Unrecht genannt wird. Er bemerkte dabei oft: „Hier hat der Alte gewiß mal wieder recht gelacht, daß er seinen Lesern dies aufgebunden hat." Und doch ist meines Erachtens Herodot ein wahrheitsgetreuer

Schriftsteller gewesen; neuere Entdeckungen haben manche seiner Angaben, z. B. über die Nilquellen, bestätigt. Bei meinem Vater las ich morgens zwischen sechs und acht Uhr den Homer. So gewann ich früh eine ausgedehnte Kenntnis der klassischen Litteratur und große Fertigkeit in der Übersetzung der alten Sprachen, dagegen fehlte mir das Rechnen und auch die bestimmten grammatischen Kenntnisse, welche andere Knaben in dem geregelten Gange einer guten Schule erwerben.

Meine geistige Frühreife erhielt ein wünschenswertes Gegengewicht in meinem freien Leben in und mit der Natur. Stundenlang spielten wir Knaben auf dem Kirchplatz herum oder fingen Krebse in der Lenne. Beim Krebsfangen hatten unserer zwei einst ein Abenteuer. Wir sahen drei junge Tiere, die aus einer Höhlung hervorgekrochen waren. Bären konnten es nicht sein, denn die gab es doch bei Altena nicht mehr. Füchse auch nicht, denn sie hatten keine spitze Schnauze. Sollten wir laufen oder würden sie laufen? Da sie uns ganz unschuldig ansahen, wagten wir es, sie aufzupacken und in die Stadt zu tragen. Von einem wachsenden Troß Knaben begleitet, zogen wir als die Helden des Tages zum Hause des Landrats, der auch Jagdbesitzer war. Da wurde denn entschieden, es seien doch junge Füchse und einer wurde zu unserem Schmerze sofort den Jagdhunden des Landrats zum Zerreißen vorgeworfen. Von den zwei übrigen erhielten wir je einen, aber mein Vater erklärte zu meinem großen Leidwesen sofort mit Bestimmtheit, er wolle nicht mit allen Hühnerbesitzern der Nachbarschaft in Streit geraten. Ein anderer Knabe nahm meinen Fuchs und zog ihn auf, und ich hatte noch lange das Vergnügen, ihn zu besuchen, bis jemand seinem Leben ein Ende machte.

Oft erstieg ich die Gipfel der Berge und schaute in das Wunderland der Ferne. Im Frühjahr pflückten wir Blumensträuße, im Sommer Brombeeren, wilde Erdbeeren und Waldbeeren, im Herbste Haselnüsse, und verschmähten auch Schlehen nicht, wenn sie durch den Frost wohlschmeckender geworden waren.

In dies Leben mit der Natur trug meine Phantasie das hinein, was ich daheim las. Nachdem ich als Kind ein dickes Märchenbuch gelesen hatte, blickte ich im Waldesdunkel umher, ob nicht eine gütige Fee erscheinen und die verborgenen Herrlichkeiten des Waldes mir aufschließen wolle. Später streifte ich gern auf oder unter den Ruinen der Burg der ehemaligen Grafen von Altena umher. Dort dachte ich mich hinein in die Vorzeit und ihre Kämpfe, die mir mein Vater erzählt hatte, und träumte, ich kämpfte selbst in den Turnieren und Schlachten der alten Ritter mit. Die Löwenmilch des Homer ging bei mir so sehr in Saft und Blut über, daß, wenn ich auf der Lenne in einem Nachen dahinfuhr und von einem Weidengesträuch zum anderen oder von einer Klippe zur anderen gelangte, ich mir vor vorstellte, ich sei Odysseus und steure von Insel zu Insel im „fischdurchwimmelten Weltmeer". Mit meinen Schulkameraden führte ich sogar vor den Schulstunden die Kämpfe vor Troja auf. Wir machten uns hölzerne Wurfspieße, riefen uns die Herausforderungsworte der homerischen Helden zu, und hielten große, auf Pappendeckel geklebte Landkarten als Schilde vor. Erst als die Karten durchlöchert und unsere Gesichter zerrissen waren, verbot man uns diesen Trojanerkrieg.

In unseren Knabenspielen war viel Wildheit und Roheit. Schlägereien und wilde Streiche waren bei meinen Kameraden an der Tagesordnung und sie zogen mich, der ich infolge fortgeschrittenerer Schulbildung meist mit älteren Knaben umging, mit hinein. Besonders beklage ich unsere Zerstörungssucht und häufige Tierquälerei. Nur ihrem Fluchen blieb ich fern. Als ich später Pastor in Altena war, klagten die Frauen mir oft mit großem Herzeleid, die „Straße" verderbe bei ihren Jungen alle guten Einflüsse der Erziehung. Dann fiel mir meine eigene Jugend schwer aufs Herz.

Dieser Verrohung wirkten die Einflüsse meines Elternhauses entgegen. Wenn mein Bruder und ich böse Worte von der „Straße" hereinbrachten, mußten wir vor meinem Vater den Mund mit klarem Wasser ausspülen und so handgreiflich den Schmutz von uns thun. Schon in meinen frühesten Jahren hörte ich auf meiner Mutter Schoß die biblischen Geschichten, welche sie mit Bildern erläuterte. Noch jetzt ist mir das teils schmerzliche, teils freudige Mitgefühl gegenwärtig, das ich insonderheit bei Josephs Geschichte empfand. Mit großer Besorgnis fragte ich, ob König Saul auch noch in den Himmel gekommen sei, worüber meine Mutter mir jedoch keine Gewißheit geben konnte. Meiner kleinen Schwester Marie erzählte ich dann die Geschichten wieder, doch schmückte meine Phantasie sie mit weiteren Einzelheiten aus und hüllte sie in ein buntes Märchengewand. Sah ich am Sonntag meinen Vater in seinem schwarzen Predigergewande betend am Altar stehen, so blieb ein ernster, feierlicher Eindruck nicht aus. Eine der wohlthuendsten Erinnerungen aus meinen Kinderjahren ist die, daß wir Kinder morgens früh beim Ankleiden miteinander das Morgenlied hersagten:

„Gott des Himmels und der Erden,
Vater, Sohn und Heil'ger Geist,
Der es Tag und Nacht läßt werden,
Sonn' und Mond uns scheinen heißt,
Dessen starker Arm die Welt
Und was drinnen ist erhält."

In den folgenden Versen kommt Dank gegen Gott für die Ruhe und den Schutz der Nacht, sodann die Bitte um Bewahrung vor Sünde und Unfall; danach heißt es:

„Führe mich, o Herr, und leite
Meinen Gang nach Deinem Wort!
Sei und bleibe Du auch heute
Mein Beschützer und mein Hort!
Nirgend als bei Dir allein
Kann ich recht bewahret sein."

Später dünkte mich das Hersagen auswendig gelernter Gebete zu gering und kindisch. Zu einem freien Herzensgebet fühlte ich zuzeiten den Trieb, doch ohne ihm zu folgen. Nur wenn ich in besonderer Verlegenheit war, namentlich wenn ich Ursache hatte, eine Strafe zu fürchten, so kam ein schnell abgebrochenes: „O Gott, hilf mir!" über meine Lippen.

Den stärksten christlichen Einfluß hat während dieser Jahre meines Vaters Buch gehabt, die „biblischen Historien". Dies Buch ist ohne Frage das Beste gewesen, das mein Vater je geschrieben hat, gewiß unter besonderem Beistande Gottes. Ein gemilderter Pietismus ist darin mit der werkthätigen, praktischen Seite des Rationalismus verschmolzen, beides in geheiligter, insonderheit in sehr faßlicher Weise. Die Vorrede beginnt: „Liebe Kinder, ein Mann, der die Kinder liebt, schrieb dieses Buch für euch!" Mir kam gar nicht in den Sinn, daß dieser Mann mein Vater sei, und dieser war so weise, mir das auch nicht zu sagen. Die zweckmäßige Mischung von anschaulicher Geschichtserzählung mit deutlich lehrenden, separat stehenden Bibelsprüchen, Fragen, moralischen Lehren und kurzen Liederversen, übte eine gewaltige Wirkung auf das Herz der jungen Leser aus. Daher hat das Buch auch nahezu hundert rechtmäßige und vielleicht fünfzig unrechtmäßige Auflagen erlebt und ist ins Dänische, Polnische und Französische übersetzt worden. Noch 1895 wurde es wenigstens in einer städtischen Schule von Frankfurt am Main gebraucht.

So verfloß meine Jugend in Freiheit und Glück. Vielleicht waren meine Eltern zu milde in meiner Erziehung und brachen meinen jugendlichen Trotz und Eigenwillen nicht genug. Mein Vater war selbst strenge erzogen worden und war nun milde gegen seine Kinder. Er sagte uns zuweilen: „Ihr werdet eure Kinder wieder strenger halten." Es ist dem Menschen gut, daß er sein Joch trage in seiner Jugend, sonst muß er im späteren Leben es oft nachholen.

Zweites Kapitel.
Auf dem Gymnasium in Elberfeld.
1830—1833.

Am 27. Oktober 1830, als ich noch nicht fünfzehn Jahre alt war, verließ ich Altena, um das Gymnasium in Elberfeld zu beziehen. Weinend sagte ich meinem Vater und dem Vaterhause Lebewohl und folgte still dem Boten nach, der mein Gepäck trug. Es war vier Uhr morgens. Dunkel umhüllte noch meinen Pfad, doch die Sterne schienen hell hernieder. Zu ihnen wendete ich meinen Blick und fühlte mich von oben her gestärkt.

Dieser Herbstmorgen war für mich sehr bedeutsam, denn ich trat damit aus meiner Kindheit und dem traulichen Gehege des Elternhauses hinaus. Aus dem biederen aber engen Wesen eines kleinen Städtchens trat ich in die feineren Formen und das raschere Leben einer großen Stadt. In den stillen Privatstunden meines Vaters ging alles ungezwungen her; jetzt sollte ich mich den bestehenden Formen und Schulgesetzen einer höheren Lehranstalt unterwerfen. Meinen bisherigen Gespielen war ich meist geistig überlegen; jetzt trat ich unter einen Kreis von Jünglingen, die mir an Alter und Kenntnissen weit voraus waren.

Bei der kurzen Eintrittsprüfung imponierte nämlich den Lehrern die große Leichtigkeit, mit welcher ich den Homer las und sie gewannen dadurch einen allzu günstigen Eindruck von meinen gesamten Kenntnissen. So machte man mich zum Schüler der Prima, wozu ich doch noch nicht reif war. Anstatt wie bisher mit Leichtigkeit der erste zu sein, mußte ich mir jetzt Mühe geben nur mitzukommen. Doch ließ ich es an Fleiß nicht fehlen; ich half mir in der Mathematik durch Privatstunden, nahm auf meinen eigenen Wunsch noch an manchen Stunden der Sekunda teil und erwarb mir bald die herzliche Zufriedenheit meiner Lehrer. In den vierteljährlichen Zensuren bekam ich öfters die erste Nummer, und wenn in einem Fach meine wirklichen Leistungen nicht gelobt werden konnten, so rühmte man wenigstens meinen guten Willen. Einmal heißt es: „August hat durch sein treues Streben und Ringen nach dem Guten und Wahren sich in diesem Vierteljahr den Lehrern besonders lieb und wert gemacht."

Die Schülerzahl des Elberfelder Gymnasiums war nach heutigen Begriffen nicht groß; es waren 15 Schüler auf Prima und 123 im ganzen; doch hatte das Gymnasium im Vergleich mit anderen einen guten Ruf. Leider erkrankte gleich nach meinem Eintritt der Direktor, der sonst einen großen Teil des Unterrichtes in der Prima hätte geben sollen und die anderen Lehrer wurden dadurch übermäßig belastet. Dennoch fühlte ich mich sehr gefördert und habe meine bleibende Achtung vor der deutschen Gymnasialbildung später dadurch bewiesen, daß ich meinen Sohn auf das treffliche christliche Gymnasium in Gütersloh gesandt habe. Unter meinen Lehrern war mir besonders wert der Religionslehrer Hanschke, der Geschichtslehrer Simon und vor allem der Dichter D. W. Landfermann, der uns im Homer unterrichtete. Unter den vielen Lehrern, die ich gehabt habe, ragen fünf vor allen hervor; davon war mein Vater der erste und Landfermann der zweite. Er war ein majestätischer Mann, hoch und breit, mit blitzenden Augen unter den buschigen Brauen, den niemand je vergessen hat, der ihn gekannt. Als Student war er Mitglied der Burschenschaft und seine Kameraden hatten vor, nach geschehener Revolution ihn zum König von Westfalen zu wählen, denn er „war ein Mann zum Lenker auserkoren". Er wurde zu lebenslänglicher Einkerkerung verurteilt und hat auch sieben Jahre in den Kasematten der Festung Magdeburg gesessen. Als einzige Lektüre gab man ihm die Bibel, die er fast auswendig lernte. Er wurde begnadigt und stieg dann schnell von Stufe zu Stufe und wurde zuletzt Schulrat in Koblenz, wo er auch von dem späteren Kaiser Wilhelm, damals noch Prinz von Preußen, sehr geliebt wurde. Die Lehrer der höheren Schulen der Rheinprovinz haben an seinem früheren Wohnhaus in Koblenz sein Bild in Marmor angebracht mit der Inschrift:

„Siehe, ich habe geharrt in schweren und fröhlichen Stunden;
Alles um mich versank, eines hielt festiglich aus.
War es der Treue Gewalt? Oder war es der Liebe Geheimnis?
Gottes lebendiges Wort war es in mutiger Brust."

Landfermann gestattete mir mit ein paar anderen des Abends in sein Haus zu kommen und las dort mit uns den Quinctilian. Leider zog er schon im folgenden Jahr an das Gymnasium in Soest, wo ich ihn später besucht habe. Er hat mir seine Freundschaft bis in sein hohes Alter bewahrt. Für mein Leben ist er von großer Bedeutung gewesen.

Unter meinen damaligen Mitschülern war ich mit zweien besonders befreundet. Der eine war Karl August Edelhagen, der die ganze Zeit in Prima neben mir saß. Da er die unteren Klassen durchgemacht hatte, konnte er mir in vielem helfen. Auch nahm er mich des Samstags nachmittags zuweilen nach dem anderthalb Stunden entlegenen Ronsdorf zu zu seinen Eltern mit; wir kehrten dann Montags in der Frühe zurück. Edelhagen war, wie ich glaube, schon in Elberfeld gläubig und hat dort und noch viel mehr in Berlin einen heilsamen Einfluß auf mich gehabt.

Der andere Freund war Rudolf Schleiden aus Holstein. Er war etwas älter als ich, kam aber erst später auf Prima. Sein Vater war als Kaufmann in Mexiko gestorben und die Mutter war mit den Kindern nach Elberfeld gezogen.

Schleiden und ich teilten die Liebe zur Natur. Wir machten miteinander weite Ausflüge in die Wälder am linken Ufer der Wupper, ins Bendahl und noch weiter. Ich erinnere mich, wie wir einst hoch in einen Baum kletterten, in den Ästen saßen und miteinander von der Zeit der Ritter träumten. Auch in seiner Familie verkehrte ich viel. Seine feingebildete Mutter las mit uns aus den deutschen Dichtern und mit Rudolf und seiner Schwester Angelika spielte ich Schach, was ich damals sehr gut konnte. Spielte ich mit Angelika, so machte ich zuweilen absichtlich Fehler, um sie gewinnen zu lassen, denn nach Knabenart verehrte ich das um drei Jahre ältere Mädchen damals und auch längere Zeit nachher mit schwärmerischer Zuneigung. Schleiden besuchte mich in Altena nach meinem Abgang vom Gymnasium. Auch in Berlin trafen wir später als Studenten wieder zusammen. Er hatte später hohe Stellungen in Schleswig-Holstein inne, als dies in etwa der Brennpunkt der europäischen Politik war, und hatte eine führende Rolle in den diplomatischen Verwickelungen, die dem schleswig-holsteinischen Krieg vorangingen. Später war er Ministerresident der Hansestädte in Washington und wurde durch seine gewinnende Liebenswürdigkeit und seine große Sachkenntnis der persönliche Freund und Berater der amerikanischen Staatsmänner in der schweren Zeit vor und in dem amerikanischen Bürgerkrieg. Er hat Lincoln, Sumner und Seward nahe gestanden und ebenso den leitenden Männern des Südens, und unternahm es, seine unparteiische Stellung und seinen persönlichen Einfluß zu gebrauchen, um in einer geheimen Mission nach Richmond einen letzten Versöhnungsversuch zu machen. Doch fand er, daß elementare Gewalten zum Kampf trieben, gegen welche die feinste Diplomatie machtlos war. 1870 war er Mitglied des konstituierenden Reichstags und Mitglied der Kaiserdeputation in Versailles und hat so zur Aufrichtung des neuen Deutschen Reiches mitgeholfen. Er hat mich in Amerika besucht und ich besuchte ihn in unserem Alter mehrmals in Freiburg im Breisgau, wo er schriftstellerischen Arbeiten lebte. Verheiratet war er nie.

Seine Schwester Angelika, Witwe des Professors von Worringen, wohnte auch dort, eine edle, fromme Frau. Sie hat ihr Talent für Poesie und Malerei zur Herausgabe schöner illustrierter Werke verwendet. Auf ihrem Sterbelager rief sie oft ihren geliebten Bruder: „O Rudi, Rudi!" und starb nur einige Tage nach ihm im Jahre 1895.

Auch außerhalb der Schule hatte ich mehr Anregung, als den meisten Gymnasiasten zu teil wird. Ich wohnte in dem Hause meiner Schwester Lina, die kurz vorher die Gattin des Pastor Döring geworden war. Mein Schwager war ein Mann in den besten Jahren und stand schon seit 1816 als Nachfolger meines Großvaters Hilmar Ernst Rauschenbusch in Elberfeld. Er war ein geistig hochbegabter Mann, von rastloser und fast zu vielseitiger Thätigkeit. Friedrich Wilhelm Krummacher wendete auf ihn die Worte des Paulus an: „Ich habe mehr gearbeitet denn sie alle." Er war einer der drei Begründer des „christlichen Vereins im nördlichen Deutschland". Er nahm sich besonders der Handwerksburschen an und hat geholfen, den ersten Anstoß zur Gründung der christlichen Jünglings-Vereine zu geben. Fliedner von Kaiserswerth, der Vater des Diakonissenwerkes, hatte ihm viele Anregungen zu verdanken. In seinem Haus verkehrten allerlei Leute. Von seiner ausgedehnten pastoralen Arbeit ruhte er sich aus durch schriftstellerische Arbeiten und besonders durch die Poesie. Oft war er schon um drei Uhr morgens am Schreibtisch. Die Bibel las er in zehn Sprachen. Er dichtete mit ungemeiner Leichtigkeit und hat mehrere Bände poetischer Werke herausgegeben, aus denen besonders einige Kirchenlieder ein dauerndes Besitztum der Kirche geworden sind. So strömte durch sein Haus ein reiches, geistiges Leben, an dem ich teilnehmen konnte.

Dann lebte in Elberfeld meine Großmutter, die Witwe des Hilmar Ernst Rauschenbusch und Tochter von Friedrich August Weihe. Sie wohnte mit meinen zwei unverheirateten Tanten, Christiane und Lenchen, bei ihrem Sohn, dem Dr. med. Carl Rauschenbusch. Bei ihnen und ihrem Bekanntenkreis ging ich ein und aus und verdanke besonders meinem Ohm Carl viel Anregung durch seine Gespräche und durch die Bücher, die er mir lieh.

Zu Ostern sollte ich konfirmiert werden und nahm deshalb bei Döring den Konfirmanden-Unterricht mit, in dem er ein strenger, aber tüchtiger Lehrer war. Drei Wochen vor Ostern kehrte ich dann nach Altena zurück, um noch eine Zeitlang an meines Vaters Unterricht teilzunehmen und mit 33 anderen von ihm konfirmiert zu werden.

Ich war in meinen Knabenjahren nicht ohne Regungen göttlicher Sehnsucht geblieben. In einzelnen Augenblicken stand es klar vor meiner Seele, es müsse ganz anders mit mir werden. Einst äußerte eine fremde Dame in meiner Gegenwart von ihrer Magd, dieselbe sei wahrhaft wiedergeboren. Da dachte ich: „So giebt es denn heutzutage noch wiedergeborene Menschen! Dann kannst ja auch du noch ein solcher werden!" Zuzeiten wurde ich auch in der Kirche von der Kraft der Wahrheit ganz hingenommen und es war mir zu Mute, als sei ich unter dem Zuhören schon ein anderer geworden, doch nach einigen Stunden war der Eindruck wieder verflogen. Ich ging nicht mehr aus Zwang, sondern aus eigenem Triebe in die Kirche, besonders gern in die Unter-Barmer oder Gemarker Kirche. Dann pflegte schon der Kirchweg und das Geläut von den verschiedenen Kirchen des Wupperthals einen feierlichen Eindruck auf mich zu machen. Nach der Heimkehr teilte ich meiner ehrwürdigen Großmutter mit, was ich aufgeschrieben oder im Gedächtnis behalten hatte und hörte dann aus ihrem Munde manch ernstes Wort der Ermahnung. Auch was mir von meinem seligen Großvater erzählt wurde, der 25 Jahre lang als treuer Zeuge der Wahrheit in einer ungläubigen Zeit dagestanden hatte, erweckte in mir das Gefühl, ich müsse ihm ähnlich werden.

Trotzdem zitterte ich vor der Konfirmation und trug mich mit dem Gedanken, meinem Vater zu sagen, ich sei nicht würdig, und ihn zu bitten, sie auf unbestimmte Zeit hinauszusetzen. Doch die Furcht vor dem Kopfschütteln der

Leute hielt mich zurück und ich sagte vor und nach der Konfirmation zu niemand ein Wort von dem, was in meinem Inneren vorging. Obgleich mein Herz oft voll und bewegt war, ließ ich es doch am Gebet und Bibellesen fehlen. Auch der Nahrung, die ich im Konfirmations-Unterricht erhielt, wurde dadurch geschadet, daß der Konfirmation die öffentliche Prüfung vor der Gemeinde vorherging, und darin gut zu bestehen, schien uns zum Teil von viel größerer Wichtigkeit als die Konfirmation und das Abendmahl. Die Konfirmation war am Karfreitag 1831. Ich weiß von der Feier fast nichts mehr, denn als ich zum Altar trat und niederkniete, war ich so bewegt, so in Schmerz und Weinen aufgelöst, daß ich den Zuruf kaum vernahm, den mein Vater mir als Losung für mein Leben gab:

"Hilf, Herr, uns ritterlich ringen,
Durch Tod und Leben zu Dir dringen!"

Am Abend wandelte ich mit meinem Vater am Lennestrande dahin und versuchte nachher meine Empfindungen in einem Gedicht auszusprechen, das jedoch mehr dunkle Ahnungen von der Allmacht und Unbegreiflichkeit Gottes als klares Bewußtsein von seiner Gnade aussprach.

Im Mai machte ich eine Fußtour nach Düsseldorf und Kaiserswerth, wo ich mehrere Tage bei Pastor Fliedner zubrachte. Er und ich gingen zu Fuß nach Düsseldorf zurück; er bat mich freundlich um Entschuldigung, wenn er diese Wanderung zum Lesen benutze, da er sonst fast gar keine Zeit dazu finde. So las er auf der Chaussee fortwährend Broschüren. Als er dann sein großes Diakonissenwerk anfing, konnte ich mir denken, was ihn so in Anspruch genommen hatte.

Später in jenem Sommer machte ich auch eine längere Reise den Rhein hinauf, doch denkwürdiger ist mir eine kleinere Wanderung geblieben, die ich an einem Samstag und Sonntag mit einem Freunde nach Hohensyburg machte, einer Burgruine, die sieben Stunden von Elberfeld über dem Zusammenfluß der Lenne und Ruhr liegt. Zwischen Schwelm und Hagen begegnete uns jemand und sagte, vor uns gehe ein seltsamer Mann, ein Heiliger. Sofort eilte ich ihm nach und fing ein Gespräch mit ihm an. Ich fragte, welches Handwerk er treibe. „Ich bin Schuhmacher." „So," sagte ich, „das ist ein Handwerk, aus welchem schon viele merkwürdige Männer hervorgegangen sind, der Dichter Hans Sachs, der Philosoph Jakob Böhme waren ja Schuhmacher." Da fuhr der Mann auf und fragte eifrig: „Kennen Sie Jakob Böhme?" Obgleich ich ehrlich gestand, daß ich von dem berühmten Theosophen und Mystiker nur manchmal habe reden hören, war er schon hierüber hocherfreut. Er erzählte mir aus seiner sehr ungewöhnlichen Lebensgeschichte, wie er in manchen Gegenden umhergeirrt sei, oft mit Predigern disputiert und ihnen ihre geistliche Blindheit vorgehalten habe, und nur selten jemand finde, dem der innere Sinn aufgethan sei. Ich verstand nicht alles, konnte besonders nicht fassen, daß er die Erweckten unserer Gegend, zu denen ich hoch hinaufschaute, als Kinder und Fleischlichgesinnte betrachtete. Doch machte sein ganzes Wesen auf mich großen Eindruck, der noch vertieft wurde, als ein Wegewärter, dem wir begegneten, mit ihm den Bruderkuß tauschte. Und als mein Begleiter mich ihm als einen Jüngling vorstellte, der auf gutem Wege zur Wahrheit sei, küßte der Wegewärter auch mich. Da dachte ich: welche Liebe wohnt doch in diesen Menschen, und wie sind sie eines so ganz anderen Geistes Kinder als alle anderen! Der Mann schied mit einem Segenswunsch von mir, und obgleich ich wiederholt erklärte, ich sei nicht das, wofür er mich halte, sprach er die zuversichtliche Hoffnung aus, es werde noch etwas Gutes aus mir werden.

Ich stand in der Zeit, wo die bedeutsame Wandlung des Knaben zum Jüngling sich vollzieht, wo das körperliche Kraftgefühl und das geistige Unabhängigkeitsbewußtsein zugleich schwillt und zu edeln Bestrebungen entflammt, aber auch oft zu trotzigem Selbstbewußtsein fortreißt.

Durch meine Liebhaberei für deutsche Geschichte, die schon durch meinen Vater angeregt war, erwachte allmählich in mir eine schwärmerische Vaterlands- und Freiheitsliebe. Die Zeit, wo Deutschlands Söhne in den Wäldern den Bär und Eber jagten oder die nackte Brust den Schwertern der Römer entgegenwarfen; oder das Zeitalter, in welchem die Ritter auf ihren Burgen den Feinden trotzten und als Kreuzfahrer ins gelobte Land zogen, das nur schienen mir herrliche Zeiten; dagegen schien die Gegenwart elend und entnervt. Nur ihr Streben nach Freiheit begeisterte mich und ich malte mir einen deutschen Freistaat aus, doch mit Beibehaltung der alten Gaue und Herzogtümer. Ich schwärmte für die polnische Revolution, für die Burschenschaftsbewegung der deutschen Studenten, und sog meine Nahrung aus den Gedichten Uhlands und Max von Schenkendorfs, und aus Liedern wie Ernst Moritz Arndts: „Der Gott der Eisen wachsen ließ, der wollte keine Knechte." Schiller, den ich früher so viel auswendig gelernt hatte, mochte ich jetzt nicht mehr, weil er mir undeutsch erschien. Auch gegen die fortwährende Beschäftigung mit dem klassischen Altertum faßte ich eine Abneigung und vertiefte mich statt dessen in die mittelhochdeutsche Dichtung, besonders in das Nibelungenlied. Die deutsche Sprache sollte von Fremdwörtern gereinigt werden. Ein freier Mensch, dachte ich, müsse gegen Vornehme nicht kriechend und gegen Geringe nicht stolz sein; deshalb suchte ich viel mit dem Volke umzugehen. Vor allem mußte ein freier Deutscher einen kräftigen Körper haben, um für Vaterland und Freiheit streiten zu können und der modernen Entnervung zu steuern. Deshalb übte ich mich im Ringen und in langen Märschen und suchte mich gegen Hitze und Kälte abzuhärten. Allein ich übertrieb dies alles und schadete mir wohl mehr als ich nützte. Es war in diesem Streben viel Edles und Gutes, aber es war trübe und gährend.

Unter meinen Mitschülern fand ich mit meinen Freiheitsideen nur bei wenigen Anklang. Man gab mir den Spottnamen „Sohn Teuts". Meinen älteren Freunden war die Sache sehr bedenklich. Das revolutionäre Feuer, welches 1848 überall aufloderte, glühte damals schon in vielen

Schichten des Volkes, sonderlich unter den Studenten, und wurde unter ihnen mit großer Strenge niedergehalten. Wenn ich mit diesem Geiste auf die Universität zog, war für meine zukünftige Laufbahn, ja, für meine Freiheit und mein Leben zu befürchten. Man widersetzte sich mir und das machte mich nur heftiger und trotziger. Mein Schwager Döring, der um dreißig Jahre älter war als ich, hatte wenig Sympathie für meinen unklaren Enthusiasmus und machte mich durch seinen Spott bitter. Meine Lehrer beklagten sich über allzu großes Selbstgefühl in meinem Betragen gegen sie und in meinen Schularbeiten zeigte es sich, daß ich den vorgeschriebenen klassischen Studien abgeneigt war und meine eigenen Liebhabereien trieb. Dennoch erwies man mir viel Rücksicht. Schon im ersten Jahre hatte ich an Königs Geburtstag, am 3. August, eine selbstgeschriebene lateinische Rede halten müssen: „De contemptu linguae latinae" (über die Mißachtung der lateinischen Sprache). Im zweiten Jahre ließ man mich bei derselben Gelegenheit eine Rede halten, die so recht in mein Fach schlug: „Das Zeitalter der Minnesänger und Meistersänger". Sie schloß mit einigen schwunghaften eigenen Versen, an welchen Döring solchen Gefallen fand, daß er mich öfters nötigte, sie Besuchern vorzulesen, und ich habe sie dann leider aus Trotz und Ärger verbrannt.

Mehr als Spott und starre Hinweisung auf den Gehorsam, den der Christ der Obrigkeit schulde, traf mich in meinem Freiheitszorne ein Wort Landfermanns. Er war selbst ein Mann der Freiheit, aber er schrieb mir beim Scheiden ins Album: „So euch nun der Sohn frei macht, so seid ihr recht frei!" Auch mein Vater ging mit großer pädagogischer Weisheit auf meinen Standpunkt ein. Als ich mich einmal im Gespräch mit ihm zu dem Worte verstieg, wenn es kein anderes Mittel gäbe, die Freiheit Deutschlands herbeizuführen, so gäbe es noch Dolche, die man gegen die Fürsten zücken könne, da sagte mein Vater mit Abscheu: „Einen Dolch hat kein Deutscher je gebraucht!" Hätte er gesagt „kein Christ", so hätte ich damals wenig danach gefragt; daß er sagte „kein Deutscher", machte Eindruck. Übrigens trieb ich meinen Vater, der sonst ein Freund gemäßigter Freiheit war, durch meine Heftigkeit fast in die entgegengesetzte Richtung.

Meine Zeit auf Prima hatte sich auf meinen eigenen Wunsch auf zwei und ein halbes Jahr ausgedehnt, was übrigens damals häufig vorkam. Ostern 1833 sollte ich nun, eben siebenzehn Jahre alt, mein Abiturienten-Examen machen. Schon ehe ich aufs Gymnasium ging, hatte mein Vater mir in seiner geraden, mitunter derben Weise gesagt: „Junge, wenn du nicht die Nummer Eins mit nach Hause bringst, so bist du wert, daß du mit dem Besen hinausgejagt wirst!" Bis Neujahr hatte ich mich sorglos meinen Liebhabereien in der deutschen Poesie und Geschichte hingegeben, dann aber legte sich die Sorge, meine Eltern zu kränken und zu betrüben, doch schwer auf mein Herz. Ich verabredete mit dem Nachtwächter, er solle mich jeden Morgen um vier Uhr wecken, band ein Seil an meinen Fuß und ließ das Ende zum Fenster hinaus auf die Straße hängen. Schlag vier Uhr zog der Wächter so lange, bis ich am Fenster erschien. Dann trieb ich bei Licht Mathematik, in der ich am meisten zurück war. Auch sonst entfaltete ich großen Fleiß. Ich bestand auch in dem achttägigen schriftlichen Examen „gut" und in dem darauffolgenden zweitägigen mündlichen Examen kam mir meine Erziehung im freien Ausdruck der Gedanken so zu statten, daß ich die beste mündliche Prüfung machte. Ein Lehrer, der mir sonst nicht geneigt war, sagte: „Sie haben ein besonderes Talent für Examina." Dennoch bekam ich die ersehnte Nummer Eins nicht, während ein bescheidener und anspruchsloser Mitschüler sie erhielt. Ich schreibe dies vor allem der Thatsache zu, daß ich bei aller Sorge doch nie Gott um seinen Segen gebetet hatte. Ferner mußten meine Lehrer die Mängel meiner Leistungen während des ganzen Jahres, und meine Bravourstücke in der mündlichen Prüfung konnten dieselben nicht verdecken. In der Lehrerkonferenz wurde gesagt, wenn zwischen Eins und Zwei sieben Zwischennummern gewesen wären, hätte ich die oberste derselben bekommen, aber die Eins sollte ich nun einmal nicht haben.

Ein kleines Erlebnis hat wohl auch dazu beigetragen und ist zugleich bezeichnend für meine guten und üblen Seiten in dieser Zeit. Ein sehr unliebenswürdiger Oberlehrer schalt eines Tages einen Schüler, den ich als einen treuen und frommen Jüngling ehrte, ungebührlich aus und schloß mit dem Ausruf: „Aus Ihnen wird ja nie etwas!" Das empörte meinen Gerechtigkeitssinn und ich brummte vor mich hin: „n' doch!" Der Lehrer fragte zornig, was ich damit sagen wolle. Mein Intimus, Arnold Mallinkrodt, sprang für mich in die Bresche und sagte: „O, ich sagte nur eben zu Rauschenbusch, ob er mir sein Federmesser leihen könne; und da sagte Rauschenbusch »n' doch«." Über diese kühne Erfindung brachen ich und die ganze Klasse in lautes Lachen aus. Der Lehrer aber erzürnte sich ganz unmäßig und sagte zu mir: „Ich werde Sie hinfort nicht mehr Sie nennen, sondern allzeit Du." Er ließ sich auch später durch die Bemühungen meiner guten Schwester nicht wieder versöhnen und sein Groll wird wohl bei der Entscheidung ins Gewicht gefallen sein.

Mich traf die Enttäuschung wie ein Donnerschlag, aber anstatt in mich zu gehen und meine Fehler zu erkennen, ging ich sofort in eine Leihbibliothek, holte mir einen Roman und suchte darin meinen Groll zu vergessen. Meine Eltern empfanden es sehr schmerzlich, doch hießen sie mich auch mit der Nummer Zwei willkommen. Mein Vater erinnerte mich an meine eigne Schuld dabei, tröstete mich aber mit der homerischen Lehre vom Schicksal: „Am schlimmsten steht der Mensch, dem alles glückt." Er hatte Recht. Hätte ich trotz meines Eigensinns die Eins bekommen, so würde mein jugendlicher Hochmut alle Grenzen überstiegen haben. Der Vergleich zwischen diesem und meinem späteren Staatsexamen, als ich ein bekehrter und betender Mensch war, ist ein Beweis des Spruches: „Gott widersteht den Hoffärtigen, aber den Demütigen giebt Er Gnade."

Drittes Kapitel.
Zwischenzeit im Elternhause.
1833—1834.

Als ich Ostern 1833 das Zeugnis der Reife für die Universität erhielt, war ich eben siebenzehn Jahre alt. Teils wegen meiner Jugend, teils wegen meiner demokratischen Gesinnung beschlossen meine Eltern, mich fürs erste noch von den Gefahren des Universitätslebens fern und unter ihrem Einflusse zu halten. Ich sollte ein Jahr lang daheim unter meines Vaters Leitung Geschichte treiben und allgemach meine theologischen Studien anfangen; denn daß ich Theologie studieren werde, galt als ausgemachte Sache.

Im Bewußtsein meiner neuen Würde fing ich damals ein Tagebuch an, das noch Aufschluß über mein Thun und Treiben giebt. Da ich schon gut Hebräisch konnte, las ich mit zwei Kandidaten der Theologie die Psalmen. Mit meinem Vater trieb ich Logik. Für mich selbst las ich eine lateinische Übersetzung der Kirchengeschichte des Eusebius und machte mir Auszüge daraus, um meinen lateinischen Stil zu bilden. Zugleich las ich den Herodot griechisch, Montesquieu Esprit des lois französisch, Gregorius Turonensis lateinisch und nahm bei meinem alten Rektor Englisch und Französisch. Auch übernahm ich eine Klasse von jungen Mädchen, die mein Vater in Französisch, Geschichte und Erdkunde unterrichtete. Das gefiel den Mädchen recht gut, denn ich war viel nachsichtiger gegen sie als mein Vater; aber bald wurde ich ihre Flatterhaftigkeit und Unaufmerksamkeit so müde, daß ich mich fest weigerte, sie noch weiter zu unterrichten. Dagegen unternahm ich es freiwillig, ein Paar lernbegierige Knaben in Geschichte zu unterweisen, und bald stellten sich ihrer immer mehr dazu ein.

Leider wurden meine gelehrten Studien nicht so tapfer durchgeführt, wie sie angefangen wurden. Ich war noch zu jung und zu frisch aus den fest bestimmten Bahnen des Gymnasialunterrichtes heraus, um ausdauernd auf eignen Antrieb zu arbeiten. Oft brachte ich viele Stunden bloß mit Gedichten und Romanen zu. Recht wie ein Knabe hatte ich meine Freude daran, wieder einen Hühnerhof anzulegen, und einen ganzen Tag wachte ich dann über meinen Hühnern, um sie an ihre neue Wohnung zu gewöhnen und die rauflustigen Hähne der Nachbarschaft von meinem Hahn fernzuhalten. Mit meinem Freunde Voswinkel strich ich in den Wäldern umher und suchte Vogelnester. Einst fanden wir ein Krähennest sehr hoch oben in einem Baume. Ich erkletterte wohl zwei Drittel der Höhe, dann wurde mir aber bange, und ich kam nur mit Not und mit zerschundenen Gliedern wieder herunter, beschämt, daß ich vom unerreichten Ziele umgekehrt war.

Schon Ende Mai kam eine unerwartete Veränderung für mich. Der Oberst von Quadt aus Berlin mit seiner Familie war bei seinem Schwager, dem Freiherrn von Bodelschwingh, auf „Haus Heide" bei Unna auf drei Monate zu Gast und suchte einen Hauslehrer für seine Kinder. Pastor Josephson von Iserlohn hatte mich dafür empfohlen. Meinen Eltern war das Anerbieten aus mancherlei Gründen recht lieb. Mir kam es sonderbar vor, daß ich andere Kinder erziehen sollte, da ich doch fühlte, daß ich selbst noch ein unerzogener Junge sei. Doch reizte mich die Neuheit, und ich konnte es kaum abwarten, bis ich am 3. Juni zu Fuß von Altena nach Unna marschierte.

Das Vierteljahr auf Haus Heide war wirklich wertvoll für mich. Ich verkehrte da mit vornehmen und feingebildeten

Leuten und lernte neue Kreise des Lebens kennen. Indem ich die Unarten meiner Zöglinge beobachtete und ihnen zu steuern suchte, lernte ich zugleich mich selbst erkennen und erziehen. Es waren die drei jüngeren Kinder des Obersten von Quadt, Ida, ein Mädchen von elf Jahren, und Ernst und Konstantin, Knaben von neun und sieben Jahren, die ich zu unterrichten hatte. Sie hatten keine große Lust zum Lernen; Ida besonders war ein Schmeichelkätzchen, das sich durch inständiges Bitten und gute Worte von seinen Strafarbeiten freizumachen suchte. Im Unterricht war ich wohl oft zu streng gegen die Kinder, dagegen im sonstigen Verkehr erwarb ich mir ihre herzliche Zuneigung. Wir machten zusammen Ausflüge, suchten Blumen und Beeren, und ich mußte ihnen die deutschen Sagen und Heldengeschichten erzählen, an denen ich selbst soviel Freude hatte. In den Weihern und Bächen des Gutes kahnte, badete, angelte und krebste ich nach Herzenslust, auch im strömenden Regen. Im Krebsfangen wurde ich immer geschickter, so daß ich zuletzt an einem Abend mit einem Beamten des Hofes hundert Krebse fing, die größte Zahl, die dort je gefangen war, worauf ich natürlich nicht wenig stolz war. Zu dieser Lust an körperlichen Strapazen trieb mich noch immer mein Ideal von altdeutscher Mannhaftigkeit und meine Verachtung gegen moderne Verweichlichung. Ich trug zum Beispiel nach altdeutscher Sitte mein damals noch hellblondes Haar lang im Nacken herunterhängend. Als ich es nach Jahresfrist zum erstenmal abschneiden ließ, erkannten mich meine Zöglinge kaum wieder. Meine Verachtung gegen alles, was mir weichlich und undeutsch schien, machte mich leider auch weniger empfänglich für die feinere Lebensart und die gesellschaftlichen Formen, die ich auf Haus Heide hätte lernen können.

Oberst von Quadt hatte noch eine Tochter, Frida, die mit mir fast in gleichem Alter stand. Sie hat später einen wichtigen Anteil an meiner Bekehrung gehabt und übte auch jetzt durch ihr sanftes Wesen und ihre ernste Frömmigkeit einen heilsamen Einfluß auf mich aus. Wir unterhielten uns häufig von religiösen Dingen. Sie lieh mir auch einmal Bunyans Pilgerreise, doch verfehlte das Buch seinen Eindruck auf mich, weil ich es meist litterarisch beurteilte und weil der strenge Geist der englischen Frömmigkeit mir nicht sympathisch war.

Neben meinen Pflichten als Hauslehrer blieb mir noch viel Zeit für meine eignen Studien. Ich studierte Menzels Geschichte und Michaelis Mosaisches Recht, las aber auch viel mittelhochdeutsche und neuere Poesie, besonders den Jwein des Hartmann von der Aue und Goethes Gedichte. So verfloß der Sommer recht angenehm und fördernd für mich. Als die Familie von Quadt Ende August nach Berlin zurückreiste, entließen sie mich mit größerer Freundlichkeit, als ich verdient und erwartet hatte, und luden mich ein, sie in Berlin zu besuchen. Da mein Vater jede Bezahlung für meine Dienste abgelehnt hatte, schenkten sie mir zum Andenken eine goldene Uhr. So endigte meine erste selbständige Stellung im Leben.

Mein Vater hatte in meinem Bruder und mir schon früh die Reiselust und die Freude an der eignen Anschauung der Welt und der geschichtlichen Überreste geweckt, indem er uns auf den kleinen Fußreisen, die er häufig machte, mitnahm. Wir besuchten dann die benachbarten Prediger, mit welchen mein Vater in schönem freundschaftlichem Verkehr stand, und suchten die alten Burgen und Naturmerkwürdigkeiten unserer Gegend auf. Im Herbst 1832 hatten mein Bruder und ich mit drei anderen Knaben eine mehrtägige Entdeckungsreise nach der Quelle der Lenne auf dem kahlen Astenberge gemacht, die ich dann in einer Chronik der Reise sorgfältig beschreiben mußte. Jetzt, im Herbst 1833, unternahmen wir eine noch längere Reise ins nördliche Westfalen. Mit Begeisterung betrachteten wir im Lippeschen Walde das Schlachtfeld, wo der Römer Varus vor Hermann dem Befreier erlag; auf der Wewelsburg die unterirdischen Gewölbe, in welchen die Fehmgerichte gehalten wurden; im

Dom zu Paderborn die Quelle des Paderflusses und die Gräber der alten Bischöfe. Ich trug mich damals mit keinem geringeren Plane als dem, der Geschichtschreiber meines geliebten Westfalens zu werden. Die oft so dunkle und verwickelte Geschichte der einzelnen Bistümer, Grafschaften, Städte und Burgen wollte ich erforschen, wenn es mich auch zwanzig Jahre kosten sollte, bis ich alles in einem großen Geschichtswerke niederlegen könnte.

Den Winter von 1833 bis 1834 brachte ich bei meinem Vater in Altena zu, beschäftigte mich aber weniger mit Theologie als mit der Geschichte und Litteratur des Mittelalters. Besondere Freude machte mir die Erdkunde. Ich entwarf Pläne zu den Reisen, die ich als Student machen wollte und sah mir jede Universitätsstadt darauf an, welche Reisen sich von da aus machen ließen. Käme ich nach Göttingen, so wollte ich nach den alten Hansestädten im nordwestlichen Deutschland; käme ich nach Tübingen, so wollte ich Schwaben und Bayern bereisen. Durch Landkarten und Bücher suchte ich mich im voraus mit jenen Gegenden und Städten bekannt zu machen. Das war teils jugendliche Unternehmungslust und Wandertrieb; teils erwuchs es aus meinem Interesse an der deutschen Geschichte. Als ich z. B. zum erstenmal nach Dortmund kam, erfüllte mich ein tiefes Gefühl von Verehrung für die große Vergangenheit, an der auch die alte Hansestadt Dortmund teilgenommen hatte. Oft nahm ich mir vor, es solle auch von mir heißen, wie vom Odysseus im Homer: *Πολλῶν δ' ἀνθρώπων ἴδεν ἄστεα καὶ νόον ἔγνω.* (Vieler Menschen Städte sah er und erkannte ihren Sinn.) Das ist auch in Erfüllung gegangen, aber Gott hat es auf andere Weise gefügt, als ich damals dachte.

Viertes Kapitel.
Mein Studentenleben in Berlin.
1834—1836.

Am 3. April 1834 zog ich, von dem Segen meiner Eltern begleitet, durch ein dichtes Nebelmeer aus Altena hinaus, um zu Fuß nach Berlin zur Universität zu wandern. Diese Fußreisen trugen viel zu meiner Bildung bei, denn ich band auf der Wanderung mit allerlei Leuten an und lernte ihre Verhältnisse und Denkart kennen. Auf dieser Reise hörte ich z. B. zum erstenmal Näheres über die massenhafte Auswanderung der Landleute nach Amerika; ein Bauer nach dem andern sang mir das Klagelied von den hohen Steuern, welche die Leute forttrieben.

Mein erster Halteort war bei dem Oberförster von Rappard in Bredelaer bei Brilon. Er war einst als junger Offizier in dem Hause meines Großvaters Schniewind zu Gaste und wurde das Werkzeug zu der Bekehrung meiner Mutter. Eine frühere Dienstmagd des Hauses erzählte mir nachmals, ihr und den anderen Mägden sei es aufgefallen, daß der junge Offizier und die Tochter des Hauses sich abends lange unterhielten; sie hätten daher gehorcht und mit Verwunderung vernommen, daß sie über lauter fromme Dinge redeten. Von da an ging meine Mutter oft des Sonntag-Morgens nach dem Dorf Dahle, wo der gläubige Pastor Hasenkamp predigte. Dann sagten die Leute: „Da geht die feine Mamsell wieder her!" „Fein" hieß soviel wie fromm. Der Oberförster sagte mir: „Das weiß ich gewiß, die Gebete

Ihrer Mutter werden Ihnen folgen, wohin Sie gehen." Er machte durch seinen liebevollen, frommen Sinn einen tiefen und heilsamen Eindruck auf mich.

Von da fuhr ich die Nacht hindurch im Postwagen mit lachenden und fluchenden Kaufleuten, die zur Leipziger Messe wollten, nach Cassel. Als wir nach durchwachter Nacht am Sonntag-Morgen in Cassel ankamen, ging ich in die Kirche, hörte aber von der Predigt bloß die Anrede „Meine andächtigen Zuhörer" und das „Amen" am Schluß; dazwischen schlief ich. Ich besah mir mehrere Tage lang mit Freuden die prächtige Residenzstadt mit ihren großen Plätzen, ihren Soldaten, Theatern und Kunstsammlungen. Besonders interessierte mich die Wilhelmshöhe und die hessische Ständeversammlung, der ich beiwohnte. Zu meiner Freude hörte ich von dem Hofrat Niemeier, in Cassel wohne ein Rauschenbusch. Es war meines Vaters Vetter Ernst, Sohn eines Artilleriemajors und Professors der Kriegswissenschaft in Rinteln. Er war Lehrer am Lyceum in Cassel und nahm mich mit Thränen der Rührung auf. Er war ein überaus treuherziger, ehrlicher Mann, rühmte sich aber, er könne Gott aus den Bahnen der Gestirne besser kennen lernen, als aus der Bibel.

Von Cassel ging es zu Fuß durch ein gewaltiges Schneegestöber nach Göttingen, wo ich an die Professoren Lücke und Gieseler Empfehlungen hatte; doch waren sie verreist. Hinter dem Ofen im Wirtshaus ließ ich mir von der Göttinger Revolution erzählen, und von der späteren „Erbsen-Revolution", als ein Bataillon hannöverscher Soldaten wegen ihrer schlechten Nahrung revoltierte und den Offizieren die Erbsen vor die Füße warfen. Sie wurden dafür schrecklich bestraft. Einer wurde mit dreihundert Hieben zu Tode geprügelt, und seine Mutter warf sich wehklagend über ihn: „Ach, mein Kind, mein Kind haben sie totgeschlagen." Solche Dinge gaben dann meinem Freiheitszorn neue Nahrung. Von da ging es über Einbeck, Hildesheim und Braunschweig mit allerlei Erlebnissen nach Magdeburg und von hier in zweitägiger Fahrt mit dem billigen „Blamagewagen" durch die ärmliche Sandgegend über Brandenburg nach Berlin, wo ich am 21. April, achtzehn Tage nach meiner Abreise von Altena, ankam.

Auf der Reise war ich mit einem Studenten, einem Pfarrerssohn aus der Altmark, bekannt geworden und hatte mit ihm „Brüderschaft" getrunken Wir mieteten uns zusammen bei einer stillen, ernsten Witwe, Holzgartenstraße 4, nahe bei der Hausvogtei, für je 3½ Thaler monatlich ein. Morgens und abends kochte uns unsre Wirtin Grütze; mittags aßen wir in einem Speisehaus für 3—4 Silbergroschen. Später schickte mir meine gute Mutter öfters Pumpernickel und Apfelkraut, westfälischen Schinken und selbstgemachte Würste als Zukost zum Abendbrot. Meine übereilte Freundschaft mit meinem Stubengenossen hielt nicht lange an; der böse Einfluß, den Berlin auf manche junge Männer ausübt, zeigte sich bei ihm bald in trauriger Weise.

Ich habe in Berlin im ganzen vier Semester, das heißt zwei Jahre, studiert. Im ersten Semester habe ich die Collegia leider sehr wenig besucht, sondern gab mich ganz dem studentischen Leben hin. Ich brachte viele Stunden in dem Königlichen Museum zu und genoß mit vollen Zügen die reichen ästhetischen Anregungen Berlins. Auf dem Fechtboden lernte ich den Schläger führen, in der Pfuelschen Schwimmanstalt lernte ich zuerst die edle Kunst des Schwimmens und avancierte zum „Fahrtenschwimmer". Auch das Turnen trieb ich mit Begeisterung. Damals war die Turnerei noch vom Geiste des alten Turnvater Jahn beseelt; auf dem Turnplatz begrüßte man sich mit kräftigem Handschlag und duzte jedermann. Öfters machten wir kurze, anstrengende Turnfahrten in die Umgegend von Berlin. Schon vier Wochen nach meiner Ankunft in Berlin machte ich in den Pfingstferien eine neue zehntägige Reise nach Rügen, und zwar in sehr ausgelassener Gesellschaft und leider ohne vorherige Erlaubnis meiner Eltern. In Stettin sah ich zum erstenmal die Seeschiffe fremder Länder und badete in Swinemünde im

Salzwasser des Meeres, das mir später noch so oft Erfrischung gebracht hat. Meine damalige Verwegenheit kann man daran sehen, daß ich von dem Logger, auf dem wir nach Rügen fuhren, ins Meer sprang und badete. Auf dem Rückwege über Stralsund durch Mecklenburg dauerte mich sehr die Lage der Landbevölkerung. Die Leibeigenschaft war noch nicht lange aufgehoben, und auch damals hatte der Gutsherr noch das Recht, bei der Frohnarbeit die Leute für Trägheit mit Stockschlägen zu züchtigen.

Der freie studentische Verkehr behagte mir sehr; ich machte viele Bekanntschaften, von denen freilich nur wenige zur Freundschaft reiften. Eine besonders freundliche Führung Gottes war es, daß ich — ich weiß nicht mehr wie — mit einer Anzahl Siebenbürgen bekannt wurde. Ihre Vorfahren stammten aus Sachsen und hatten auch in Siebenbürgen ihre deutsche Art bewahrt. Meine Freunde waren alle Theologen, hatten schon in Wien studiert und hielten in Berlin fest zusammen. Sie waren Rationalisten, aber sehr biedere, fleißige Menschen.

Ich hatte meinem Vater fest versprechen müssen, keiner studentischen Verbindung beizutreten. Er hatte die Universität Berlin zum Teil deshalb für mich gewählt, weil ich dort weniger als auf einer süddeutschen Universität in Versuchung kommen würde, in eine Burschenschaft hineingezogen zu werden. Man verfuhr damals sehr scharf gegen dieselben. Bei meiner Ankunft in Berlin erfuhr ich, daß wohl hundert Studenten auf der Hausvogtei gefangen säßen. Als ich immatrikuliert war und Gehorsam gegen die akademischen Gesetze geschworen hatte, las ich zu Hause diese Gesetze durch und fand zu meiner Entrüstung, daß ich schon zwei Jahre Festung verdient hätte, denn ich kannte gewisse Glieder einer Landsmannschaft und hatte sie doch der Polizei nicht angegeben, wie von mir gefordert wurde. Als ich später in Bonn war, vernahm ich, daß in Berlin 204 Mitglieder der Burschenschaft verurteilt waren; manchen wurde ihr Vermögen konfisziert, andere verloren für spätere Zeit die Berechtigung zu jeder staatlichen Anstellung, andere erhielten Festungsstrafe bis zu dreißig Jahren und neun und dreißig wurden zum Tode verurteilt. Ob diese Urteile vollstreckt worden sind, weiß ich nicht; hoffentlich sind die Jünglinge nach und nach begnadigt worden. Ich will jetzt kein Urteil darüber fällen, ob es recht und nötig war, die jugendliche Begeisterung für die Freiheit und Einigkeit Deutschlands so streng niederzuhalten. Ich erzähle es hier, weil der Leser es wissen muß, um das Leben eines Studenten in jener Zeit zu verstehen. Meine damalige Stimmung kann man aus einem Briefe ersehen, den ich im Januar 1835 an meine Eltern schrieb:

„Aus einem tiefgefühlten Bedürfnis ging die Burschenschaft hervor; sie bezweckte sittliche Veredelung des Studentenlebens, Belebung eines edlen Vaterlandssinnes, um mit beiden später auf das ganze deutsche Volk zu wirken. So haben mir alle Burschenschafter gesagt, die ich kenne. Die Fürsten jedoch wollten Gehorsam und nicht Vaterlandsliebe, und vernichteten den herrlich erblühenden, über ganz Deutschland seine Segenszweige erstreckenden Lebensbaum der Burschenschaft. — Die größte sittliche Versunkenheit, ein empörendes Sauf- und Raufleben der Studenten, duldet man gern, z. B. in Heidelberg, was durch die Herrschaft der Landsmannschaften unter der Bedingung der Unterdrückung der Burschenschaft ein wahres Sodom geworden ist; die Liebe zum Vaterland und zur Freiheit aber scheut man wie die Pest. Erst dann ward die Burschenschaft feindlich gegen den Staat, als dieser sie verfolgte. Sie hatte sich ja erboten, in jeder Versammlung wachhabende Polizeibeamte zu dulden, wenn man sie nur anerkennte."

Meinem Versprechen, keiner Verbindung beizutreten, blieb ich treu, und doch streifte ich nahe an den Ungehorsam. Eines Nachmittags nämlich kam ich mit jenen Siebenbürgen und einigen Torgauern in einem Garten an der Gartenstraße zur Unterhaltung zusammen. Als die Stimmung herzlicher wurde, ward vorgeschlagen, das bei der Auflösung der Burschenschaft in Jena gedichtete schöne Lied zu singen:

„Wir hatten gebauet
Ein stattliches Haus,
Und drin auf Gott vertrauet
Trotz Wetter, Sturm und Graus.

Wir lebten so traulich,
So einig, so frei;
Den Schlechten ward es graulich,
Wir hielten gar zu treu.

Sie lugten, sie suchten
Nach Trug und Verrat,
Verleumdeten, verfluchten
Die junge, grüne Saat.

Was Gott in uns legte,
Die Welt hat's veracht't,
Die Einigkeit erregte
Bei Guten selbst Verdacht.

Man schalt es Verbrechen,
Man täuschte sich sehr;
Die Form kann man zerbrechen,
Die Liebe nimmermehr.

Die Form ist zerbrochen
Von außen herein;
Doch was man drin gerochen
Ist eitel Dunst und Schein.

Das Band ist zerschnitten,
War Schwarz, Rot und Gold
Und Gott hat es gelitten!
Wer weiß, was Er gewollt!

Das Haus mag zerfallen,
Was hat's denn für Not?
Der Geist lebt in uns allen
Und unsre Burg ist Gott!"

Der vorletzte Vers wurde immer in dumpfem Trauerstone, der letzte in gehobenem, freudigem Tone gesungen. Nach diesem Liede fühlten wir uns alle eng miteinander verbunden, nannten uns Du und kamen hinfort jeden Sonnabend-Nachmittag, wenn ich nicht irre, in jenem Garten zusammen. Statuten und Beamte hatten wir nicht und waren deshalb keine „Verbindung", doch die Seele unsrer Zusammenkünfte waren die burschenschaftlichen Ideale. Jeder führte den Namen eines altdeutschen Helden oder Freiheitskämpfers. Ich z. B. hieß „der Greiner", nach einem Uhlandschen Gedicht.

Ich will hier gleich das Ende dieser Gesellschaft erzählen. Im März des folgenden Frühjahrs, als manche der alten Freunde Berlin verlassen wollten, zog ich mit ihnen vom Fechtboden nach der Linienstraße in einen abgeschlossenen Saal. Ich war innerlich diesem Treiben schon entfremdet, doch wollte ich an dem Abschiedskommers teilnehmen. Nach dem Abendessen wurden zwei Vorsitzer gewählt, der Sachse Bärensprung und der Siebenbürge Schiel, beides stattliche, bärtige Männer und gute Sänger. Wir sangen Ernst Moritz Arndts schönes Lied:

„Sind wir vereint zur guten Stunde,
Wir starker, deutscher Männerchor,
So bringt aus jedem frohen Munde
Die Seele zum Gebet hervor;
Denn wir sind hier in ernsten Dingen
Mit hehrem, heiligem Gefühl;
Drum soll die volle Brust erklingen
Ein volles, helles Saitenspiel."

Dann standen die beiden Präsides auf, jeder schlug mit dem blanken Schläger auf den Tisch und sagte zu dem andern: „Bruder Präses, wir singen jetzt das Weihelied." Beide sangen dann allein, klirrten zum Schluß mit den Schlägern und der Chor fiel ein. Das Lied fängt an:

„Alles schweige, jeder neige
Ernsten Tönen jetzt sein Ohr!
Hört, ich sing' das Lied der Lieder,
Hört es, meine deutschen Brüder,
Hall' es wieder, froher Chor!

Deutschlands Söhne! Laut ertöne
Euer Vaterlandsgesang!
Vaterland, du Land des Ruhmes,
Weih' zu deines Heiligtumes
Hütern uns und unser Schwert!"

Damit war die eigentliche Feier beendigt. Einer der Siebenbürgen, Giesel, fühlte sich unwohl, und mir war es willkommen, ihm einen Freundschaftsdienst zu leisten, indem ich ihn nach Hause begleitete, und so zugleich mich zu entfernen, obwohl ich mich auch begeistert und ergriffen fühlte. Wir gingen also ruhig durch die nächtlichen, stillen Straßen Berlins heim. Unseren Kameraden ging es nicht so gut. Sie zogen, ihrer etwa zwanzig, in einem Festzug heim und wurden von der Polizei angehalten. Ihre akademischen Erkennungskarten wurden nicht respektiert, und einige von ihnen mußten die Nacht in gelinder Gefängnishaft zubringen und kamen später in Kriminaluntersuchung. Mit dem Ende des Semesters verließen die meisten Berlin, und unsere Verbindung lebte nur in unserer Erinnerung weiter.

In meinem zweiten Semester wendete ich mich mit größerem Fleiße meinen Studien und mit mehr Ernst der Erforschung der Wahrheit zu und trat dadurch den ernsteren Jünglingen meines Bekanntenkreises innerlich näher. Darunter war mein Elberfelder Freund Edelhagen, von dem ich schon erzählt habe. Er hatte gleich nach unserem Abiturientenexamen die Universität bezogen und war mir somit in den Studien voraus, doch unterhielten wir uns oft über theologische und religiöse Fragen. Besonders hoch schätze ich den Einfluß meines Freundes Karl Krafft. Sein Vater, der Konsistorialrat Krafft in Köln, und mein Vater waren einander befreundet und besuchten sich oft. So waren auch wir bekannt geworden. Er war anderthalb Jahre älter als ich und hatte schon in Erlangen studiert. Dort war er im Hause seines Onkels, des reformierten Pastors und Professors Christian Krafft, bekehrt worden. Er war der erste meiner eignen Bekannten, von dem ich sagen hörte, er sei Pietist geworden; als ich nach Berlin kam, war ich begierig, ihn wiederzusehen und zu beobachten, ob er hart und abgeschlossen sei. Ich fand ihn im Gegenteil sehr herzlich. Er erzählte mir von seiner Bekehrung; das war, soviel ich weiß, das erste Mal, daß mir jemand das erzählte. Aber nun folgte sofort die Frage an mich: „Weißt du wohl, daß du dich auch bekehren mußt?" Ohne Besinnen antwortete ich: „Nein, das weiß ich nicht." „Nun, dann bitte Gott, dich das erkennen zu lassen." Das war ein richtiges Wort, aber da ich damals überhaupt noch nicht betete, half es mir noch nicht. Krafft wurde später Pastor in Elberfeld, Doktor der Philosophie und Theologie und ein hochgeachteter Schriftsteller und Seelsorger. Wir haben uns später noch oft gesehen, und er hat mir treue Freundschaft bewährt durch alle Wendungen meines Lebens.

Unter meinen Berliner Freunden hat einer in noch weiteren Kreisen Berühmtheit erlangt. Als ich vierzehn Jahre alt war, machte mein Vater mit mir und meinem Bruder eine Rheinreise. An einem Sonntag-Morgen waren wir in dem Gottesdienste in der reformierten Kirche in Oberkassel bei Bonn und speisten nachher bei dem Pastor Kinkel zu Mittag. Dessen Sohn Gottfried, der ein halbes Jahr älter war als ich, erschien mir schon vor der Kirche als „ein Strick", aber das that der Freundschaft zwischen Knaben keinen Abbruch. 1835 sah ich Gottfried Kinkel in Berlin wieder und wurde durch seine edle Erscheinung, die geistige Anmut seiner Unterhaltung und die Gleichheit unserer Freiheitsideale zu ihm hingezogen. Er verkehrte viel mit Wilhelm Bögehold aus Deutz, der später Pastor an der Elisabethkirche in Berlin wurde, wo ich ihn in segensreicher Wirksamkeit wiedergesehen habe. Der spätere Professor Dr. C. Bindemann hat in seiner Biographie ein anschauliches Bild von unserem damaligen Verkehr entworfen. Er erzählt:

„Vorzüglich habe ich oft an einen Sonntag zurückgedacht. Es war noch in früher Morgenstunde bei schönster Sommerwitterung, als Kinkel, Rauschenbusch und Bögehold

bei mir eintraten und mich aufforderten, sie auf einer Fußwanderung durch den Grunewald nach einem anmutig an der
Havel gelegenen Dorfe zu begleiten. In Charlottenburg
hielten wir kurze Rast und erfrischten uns. Bald hatten wir
den Grunewald erreicht. Unter dem Schatten der hohen
Bäume hob sich die Seele empor. Wir streckten uns an
einem Baume hin. Rauschenbusch zog ein Manuskript Gedichte hervor, verfaßt von einem Hausfreund seiner Eltern.
Er las uns daraus vor und gewährte uns den geistigen Genuß, den er uns in der schönen Waldeinsamkeit zu verschaffen
wünschte. Bei einem Wirte des Haveldorfes bestellten wir
ein frugales Mittagessen. Wir nahmen es ein in einer Laube
vor dem Gasthause. Dort saßen wir, uns ausruhend, während
der heißen Tagesstunden in traulichen Gesprächen bei einander,
vor uns die Havel mit ihren freundlichen Ufern, uns gegenüber-
liegend Spandau. Welche Tage sollte Kinkel dort noch erleben!"

Kinkels spätere Schicksale sind bekannt. Er wurde bald
nach seiner Berliner Studienzeit Privatdozent in Bonn, wo
er trotz seiner großen Jugend durch seine fesselnde Vortragsweise und den poetischen Hauch, der über allem lag, bedeutenden Erfolg errang. Er besaß wirkliche dichterische Begabung, besonders ungemeine Gewandtheit in der Handhabung
lyrischer Formen. Sein bekanntestes Gedicht ist das Epos
„Otto der Schütz". Leider wurde er aus seiner versprechen-
den Laufbahn herausgedrängt durch seine verhängnisvolle Ver-
lobung und Verheiratung mit einer Katholikin, der ge-
schiedenen Frau eines Musikalienhändlers. Das machte seine
Stellung als Pastor und Religionslehrer schwer haltbar.
Auch hat wohl ihr Einfluß ihn dem lebendigen Glauben entfremdet. So wandte er sich von der Theologie ab und der
Kunstgeschichte zu. Als die Revolution von 1848 ausbrach,
warf er sich mit Leidenschaft in dieselbe hinein und wurde
1849 bei dem Aufstande der badischen Armee zu Waghäusel
verwundet und gefangen genommen. Er wurde zu lebenslänglicher Zuchthausstrafe verurteilt und mußte im Zuchthaus
Werg zupfen. Karl Schurz, der spätere amerikanische Minister,

half ihm aus Spandau entfliehen, worüber ganz Deutschland sich freute.

1851 kam er nach Amerika. Eines Tages ging ich, in Gedanken vertieft, durch die engen Straßen des unteren Teils von New York, als ich auf einmal einen stattlichen Mann erblickte, der mir bekannt vorkam. Ich redete ihn an: „Sind Sie Kinkel?" „Jawohl, Rauschenbusch, du altes Haus, und was heißest du mich Sie?" Ich bat ihn, mir eine Stunde zu schenken, doch war seine ganze Zeit so besetzt, daß er mich nur auf 6 Uhr morgens im Astor House einladen konnte, doch sagte er mir, er werde am selben Abend eine Rede halten. Ich ging natürlich hin und hörte zu meinem Erstaunen eine revolutionäre Brandrede; die Revolution sei fehlgeschlagen; man müsse jetzt durch Verschwörung eine neue vorbereiten. Mir graute; er schien mir fast wie von einem Dämon besessen. Der Besuch am Morgen war nicht sehr befriedigend; er war vom vorigen Abend noch ermüdet, konnte sich mit seiner Garderobe nicht zurechtfinden und hatte auch noch einen anderen Besucher dort. Als ich mich darüber beklagte, sagte er: „Sieh', der hat mit mir bei Waghäusel gekämpft; muß er mir nicht ebenso wert sein wie du?" Am folgenden Tage besuchte ich ihn noch auf dem Schiffe, mit dem er nach England zurückfuhr. In London hielt er litterarische Vorträge, wurde auch Professor der deutschen Sprache und Litteratur an der London University. Später fand er eine ehrenvolle Stellung am Polytechnikum zu Zürich. Seine erste Frau war in London durch einen Sturz aus dem Fenster ums Leben gekommen; seine zweite Ehe war recht glücklich. Ich besuchte ihn 1879 in Zürich, und er stellte mich seiner Frau, die einen wohlthuenden Eindruck auf mich machte, mit den Worten vor: „Dies ist mein Freund Rauschenbusch, welcher der heiligen Theologie besser treu geblieben ist als ich." Es klang fast wie Wehmut, daß er von ihr abgewichen sei. Sein Sohn kam aus dem anderen Zimmer herüber, weil er mit Verwunderung gehört hatte, daß sein Vater sich mit jemand duzte.

Als Kinkel im Sommer 1835 Berlin verließ und in seine Heimat zurückkehrte, schrieb er mir folgendes Gedicht ins Stammbuch:

„Meinem Rauschenbusch!

Freund, mich ruft von hinnen
Jetzt der Vater Rhein,
Der mit Bergeszinnen,
Wie mit Edelstein,
Krönt die Flur des Heimatlandes,
Stickt die Säume des Gewandes.

Wieder werd ich tauchen
In die grüne Flut;
Wieder von mir hauchen
Bergluft, rein und gut;
Rudern in dem leichten Kahne
Auf der glatten Spiegelbahne.

Wieder werd' ich wallen
An des Hügels Rand,
In den Thälern allen,
Heimisch, wohlbekannt;
Wieder mir die Traube schwillet,
Draus der rote Blutstrom quillet.

Auch mein Lied wird schallen
Männlich stolz, voll Mark,
Und es widerhallen
Felsen, steil und stark.
Ernste Freude wird mich krönen
Mit dem Kranze jedes Schönen.

Aber wenn die Rebe
Beut des Weines Duft,
Aber wenn ich strebe
Zu der Bergesluft:
Wenn in stiller Abendwonne,
Fern im Westen strahlt die Sonne:

Wird der Wein mir wecken
Bilder, hell und klar;
Arme werd' ich strecken —
Aber fruchtlos gar!
Dann wird meine Laute klagend
Schallen, aller Lust entsagend.

> Hörst in Abendkühle
> Einst du solchen Klang;
> Denke, daß ich fühle
> Allgewalt'gen Drang
> Nach dem fernen Freund im Norden,
> Der mir folgt an allen Orten.
>
> 13. August 1835. Gottfried Kinkel."

Ich meinerseits widmete ihm folgendes Gedicht, das sich natürlich an poetischer Schönheit mit dem seinen nicht messen kann:

> „Auf eines Berges hohem Gipfel steht,
> Sich freuend ihrer Kraft, die hehre Eiche
> Und dehnet weithin aus ihr stark Gezweig,
> Drin jeder schaut, was Großes nährt sein Herz.
> Und bei ihr hebt das ernste Haupt empor
> Der Tannenbaum; nicht Blumen um sich duldend
> Und nicht erzeugend frisches, luft'ges Grün,
> Strebt er empor mit stillem, sicher'm Wuchse.
> So steh'n die beiden, eines fern dem andern.
> Da fällt des ew'gen Gottes Wetterstrahl
> In ihre Häupter, und in einer Flamme lobert
> Ihr Leben nun empor zum Quell des Lichts.
>
> Eint hier ein Feuer das Getrennte, wie vielmehr
> Wird's Menschenherzen einen! Der entsproß
> Im heiter'n Thal bei luftigen Gefährten,
> Und jenen zogen rauhe Berge auf;
> Doch lebt in beiden nur ein Lebensfunke,
> Empfing sein Licht der von dem ew'gen Lichte,
> Erwärmt er diesen gleich und strebt zu ihm.
> So schlägt ein Herz fürs and're, eng verbunden.
> Fremd ist hier Trennung, nimmer wird der Tod
> Und nimmer auch die Hölle beide scheiden."

Drei Jahre später in Bonn knüpfte ich ein anderes Gedicht daran an, in welchem ich schilderte, wie der Tannenbaum von der Hand des Meisters zu einem Kreuz gestaltet und auf hohem Bergesgipfel aufgerichtet sei; doch habe es nicht kahl dagestanden, sondern Blumen umsproßten und Rosen umschlangen es, und so habe es hinausgeschaut in ein

Land, das noch vom Himmelsschein unerleuchtet war. Die Eiche dagegen sei vom Meister zum Erbauen eines herrlichen Doms gebraucht worden, in dessen Gestalt auch das Kreuz zu finden sei; in dessen Steinverzierung die Blumen neu erblühten und in dessen heiligen Melodien der Sang der Vögel, der einst den Wipfel der Eiche durchklang, schöner gehört würde. Als ich Kinkel das vorlas, sagte er wohlmeinend: „Da hast du mir aber zu sehr geschmeichelt!" Ich erwiderte: „Nein, denn ich habe dir nicht beschrieben, was du bist, sondern was du durch die Gnade Christi werden sollst." Leider ist mein Freund nicht geworden, was er nach seiner von Gott geschenkten Begabung hätte werden sollen und können.

Mein Umgang in Berlin war jedoch nicht, wie es bei Studenten oft der Fall ist, auf gleichaltrige Freunde beschränkt. Die weiten Verbindungen und der schriftstellerische Ruf meines Vaters öffneten mir die Thüren mancher hervorragenden Männer und Familien Berlins. Der Oberst von Quadt, dessen Kinder ich im vorhergehenden Sommer auf Haus Heide unterrichtete, hatte mich eingeladen, ihn in Berlin zu besuchen. Als ich meinen Besuch machte, fragte ich: „Ist der Herr Oberst zu Hause?" „Nein." „Kann ich dann die Frau Oberst wohl sprechen?" Der bejahrte Lakai gab mir die Antwort: „Ja, aber die Frau Oberst ist Frau Generalin geworden." So wußte ich dann, wie ich sie zu begrüßen hatte. Der General war Kommandeur des zweiten Garderegiments. Ich war dort von Anfang an ein willkommener Gast und wurde mit der Zeit jeden Sonntag zu Tisch erwartet. Der General war ein echter Aristokrat, dessen Gesicht sich in Falten zog, wenn er eine revolutionäre Idee nur witterte. Er war mir von Herzen zugethan; oft saß ich den ganzen Sonntag-Nachmittag bei ihm und den Kindern und erzählte von meinen Reisen. Die Generalin hatte inmitten der Berliner Theezirkel und Hoffeste sich eine edle Natürlichkeit bewahrt. Ich habe viel Ursache, dieser frommen Familie mit Dankbarkeit zu gedenken und freue mich, daß ich versuchte, ihre Güte zu vergelten, indem ich mich viel mit ihren Kindern beschäftigte.

Viel Aufmerksamkeit erwies mir auch der Professor und Oberhofprediger Strauß, der Verfasser der „Glockentöne", wohl zu unterscheiden von dem ungläubigen David Strauß. Er stammte aus unserer Gegend und war meinen Eltern und meinem Schwager Döring befreundet. Ich verkehrte viel in seinem Hause und teilte längere Zeit seine Spaziergänge regelmäßig. Er war ein begabter, liebenswürdiger Mann, von viel praktischer Einsicht und Gewandtheit, doch hatte ich stets den Eindruck, daß das Hofleben und der Verkehr mit der vornehmen Welt seinen Charakter nicht ganz günstig beeinflußt hatte. Seine geistvolle Gattin entdeckte bald meine Bekanntschaft mit der mittelhochdeutschen Litteratur, und ich mußte öfters ihren Gästen Stücke aus dem Niebelungenliede vortragen oder Geschichtliches aus alter Zeit erzählen.

Sehr hoch schätzte ich den Garnisonprediger Ziehe. Er war ein ernster würdiger Mann, der tiefe Trauer hegte über das höfische Treiben und über die Verweltlichung der Kirche. Als einmal ein gewisser Prinz, dessen Wandel kein musterhafter war, bei ihm in der Kirche war, predigte er scharf über die Unkeuschheit. Darauf gab ihm Prinz C. einen Verweis, aber Ziehe beklagte sich beim König, und der Prinz bekam mehrere Tage Arrest. In der christlichen Lehre verwarf Ziehe alle nebelhaften und unechten Gestaltungen und mißtraute besonders, und wohl nicht ohne Grund, der Schleiermacherschen Theologie. Durch seine entschiedene Frömmigkeit hat er großen Einfluß auf mich gehabt.

Ferner nenne ich unter meinen Bekannten den liebenswürdigen evangelischen Bischof Roß; den Geheimen Regierungsrat von Nikolovius; den General-Auditeur Friccius, der nach der Schlacht bei Leipzig als Major der Königsberger Landwehr eines der Thore Berlins erstürmte, an dem noch jetzt sein Name zu lesen ist; zwei geistreiche Frauen, die Professorin von Twesten und Professorin Horkel, die mich gern in ihren Kreis zogen; und den Professor und Hofprediger Ehrenberg. Es waren noch andere, aber ich kann sie jetzt nicht mehr nennen. In meinem ersten Semester schloß ich mich in meiner altdeutschen Schroffheit noch gegen allen feineren Verkehr ab; später erkannte ich, daß vornehme Formen nicht notwendig Unwahrheit und Herzlosigkeit decken, und der Umgang mit diesen gereiften und erfahrenen Männern und Frauen hat seinen Einfluß damals nicht verfehlt.

Von meinen Studien und Lehrern habe ich bisher noch wenig gesagt, denn im ersten Semester hat das studentische Leben außerhalb der Hörsäle mich mehr hingenommen als die Vorträge der Professoren. Überhaupt habe ich in Berlin die Vorlesungen nicht so eifrig besucht wie später in Bonn, sondern studierte mehr daheim. Dennoch habe ich vom zweiten Semester an viel Nutzen aus den Vorträgen geschöpft. Ich hörte bei Hengstenberg, Vatke und Uhlemann die Auslegung alttestamentlicher Bücher, bei Twesten den Römerbrief, und bei Neander, der in der Exegese fast ebenso groß war wie in der Kirchengeschichte, seine herrliche Auslegung von Matthäus und Johannes. Ferner hörte ich bei Neander alle drei Teile der Kirchengeschichte, bei Marheineke theologische Encyklopädie und bei Twesten Einleitung in die Dogmatik. Von der praktischen Theologie hatte ich bei Strauß Liturgik, Homiletik und Pastorallehre. Auch nahm ich fleißig an seinem homiletischen Seminar teil. Endlich hatte ich noch einige allgemeine Fächer, z. B. Geschichte der Philosophie bei Trendelenburg und neueste Geschichte bei dem später so berühmten Ranke, der mir damals aber nicht sonderlich zusagte. Der berühmte Schleiermacher war eben gestorben, als ich die Universität bezog.

Über allen meinen damaligen Lehrern ragt einer empor, an den ich mein lebenlang mit Dank und Verehrung gedacht habe: August Neander. Er wirkte im Hörsaal und im Privatverkehr tief auf mich ein; nicht bloß auf mein Denken, sondern vor allem auf mein Herz. Und wie es mir ging, so ging es vielen anderen. Er hatte den größten Hörsaal der Universität inne, oft von dreihundert Studenten gefüllt. Oft sah man auch Gelehrte von anderen Ländern vor ihm sitzen. So sah ich einmal einen stattlichen Mann, der mir als ein schottischer Geistlicher bezeichnet wurde; später in Amerika lernte ich ihn als Professor Barnas Sears kennen, der Oncken getauft hat. Neanders äußere Erscheinung war nicht anziehend; er hatte allerlei Sonderbarkeiten an sich; er zauste z. B. während des Vortrages immer an einer großen Gänsefeder, die ihm jedesmal frisch von den Studenten hingelegt wurde. Aber seine Sprache war wohltönend, einfach und klar und strömte in ununterbrochener Gedankenfülle dahin, und um der Wahrheit, Klarheit und Kraft seiner Worte willen übersah man gern alles Sonderbare. Fremde belustigten sich freilich daran. Einmal kamen zwei junge Mediziner herein und führten spöttische Reden über ihn. Ich wandte mich mehrmals um und sah sie strafend an, um sie zum Schweigen zu bringen. Am Schluß der Vorlesung kam einer von ihnen auf mich zu und sagte: „Sie sind vor mir ein dummer Junge, um der Gesichter willen, die Sie gemacht haben." Wenn ein Student in Deutschland einen andern einen „dummen Jungen" heißt, so muß dieser ihn zum Duell fordern, um den Schimpf abzuwaschen. Das wußte ich wohl, aber ich donnerte meinen Beleidiger an: „Bilden Sie sich doch nicht ein, daß Sie mich zu einem dummen Jungen machen können; davon, daß Sie mich so heißen, bin ich es noch lange nicht." Die andern Studenten riefen mir Beifall zu. Neander hörte durch seinen Famulus von dem Vorfall und schickte diesen zu mir mit der Bitte: „Sie werden sich doch nicht schlagen (d. h. duellieren)?"

In den letzten Semestern trat ich auch Neanders kirchenhistorischem Seminar bei. Ein „Seminar" auf der deutschen Universität ist eine Zusammenkunft eines Professors mit einem kleinen Kreise schon fortgeschrittener Studenten. Da werden Quellenstudien betrieben, und die Schüler arbeiten schriftliche Arbeiten aus, die vorgelesen und gemeinschaftlich besprochen werden. In den gewöhnlichen Kollegien werden keine Fragen gestellt, und es findet kein Austausch zwischen Lehrer und

Schülern statt. In den Seminaren dagegen treten die Schüler in persönliche Beziehung zu ihren Lehrern, und darum sind sie sehr lehrreich. Wir lasen bei Neander Schriften griechischer Kirchenväter, z. B. die Auslegung des Evangelium Johannis von Origenes und die Glaubenslehre des Gregor von Nyssa. Diese griechischen Schriften mußten wir daheim durchlesen und im Seminar lateinisch wiedergeben. Überhaupt wurde im Seminar nur lateinisch gesprochen. Meine lateinische Abhandlung handelte über Bonifacius, den Apostel der Deutschen.

Noch näher trat man Neander, wenn man ihn am Sonnabend-Abend besuchte; dann hatte er eine Gruppe von zehn bis fünfzehn Studenten um sich, mit denen er in freundlichen Verkehr zu treten wünschte. Von meinem zweiten Semester an war ich sehr oft bei ihm. Um viertel nach sieben wurde Thee und Butterbrot hereingebracht, und dann stand der gute Neander auf und faßte an die Theekanne, um einzuschenken. Er selbst wußte und wir wußten, daß er viel zu unbehilflich dazu war, denn in allen äußerlichen Geschicklichkeiten war er wie ein Kind. Doch war mir dies Handanlegen immer sehr rührend, denn es zeigte den guten Willen, uns zu bewirten. Es stand dann einer von uns auf und nahm ihm diese Pflicht ab. Gleichzeitig begann eine anregende Unterhaltung. Manchmal eröffnete sie Neander, indem er ein wichtiges Zeitereignis besprach; noch häufiger legten wir ihm Fragen vor, die uns beschäftigten. Darauf ging er immer bereitwillig und geduldig ein, auch wenn es die Fragen von Neulingen waren. Zuweilen war aber jemand da, der von der Voraussetzung ausging, daß die damals herrschende Hegelsche Philosophie die allein richtige und endgültige sei. Dieser Wahn war Neander so zuwider, daß er dann heftig und aufgeregt werden konnte. Einige von uns, seine Getreuen, fühlten, daß er sich durch diese Heftigkeit eine Blöße gebe, und so traten wir dann rasch in das Gespräch ein und antworteten dem Hegelianer. Das war die einzige Schwäche, die ich je an Neander beobachtet habe.

Auch des Sonntag-Mittags war ich zuweilen bei ihm zu Tische und hatte mehrmals die Ehre, neben seiner reichbegabten Schwester Johanna zu sitzen, die sein Haus verwaltete und ihrem hilflosen Bruder in treuester Liebe zur Seite stand. Am allerwichtigsten wurden mir einige Unterredungen, die ich mit ihm allein auf seiner Studierstube hatte, wo ich ihm die Fragen des Glaubens, die mein Herz bewegten, vorlegen konnte. Ich weiß von keinem anderen Professor in Berlin, der seinen Schülern gestattet hätte, ihn auch in seiner Arbeitszeit so aufzusuchen. Alle anderen, wenn ich nicht irre, hatten ihre bestimmten Sprechstunden. Neander liebte seine Schüler und besonders, wenn er bei einem Jüngling eine ernste Liebe zur Wahrheit fand, fühlte er warme Zuneigung für ihn. Als ich im Frühjahr 1836 Berlin verließ und von ihm Abschied nahm, war mir zu Mute, wie wenn ich von einem Vater schiede. Die herzlichste Dankbarkeit und tiefste Wehmut erfüllten mich. Wenn ich durch die Gnade Gottes in den Himmel komme, hoffe ich dort Neander wiederzusehen und ihm meinen Dank auszusprechen für die überaus große Liebe, die er mir erzeigt hat.

Fünftes Kapitel.
Als Wanderbursche durch Österreich und Deutschland.

Sommer 1834 und 1835.

Der Leser wird sich erinnern, wie ich schon in Altena herrliche Reisepläne geschmiedet und mit der Landkarte in der Hand mich in die Ferne geträumt. Während der zwei Jahre, die ich in Berlin zubrachte, habe ich denn auch zwei Sommerreisen gemacht, die mir stets mit der Frische jugendlicher Eindrücke im Gedächtnis geblieben sind und von denen ich Näheres erzählen möchte. Die erste ging durch Böhmen, Salzburg und Mähren, die zweite durch Süddeutschland.

Im Sommer 1834 bat ich also meine Eltern, mir eine Reise durch Böhmen bis in die Alpen zu gestatten, aber sie hatten ihre ernsten Bedenken dagegen. Für eine Reise in so fremde Gegenden war ich ihnen noch zu jung und unerfahren. Dazu war damals in Österreich freies Denken und Reden sehr gefährlich, und ein junger Heißsporn wie ich konnte leicht hinter Schloß und Riegel kommen. Bis Dresden, höchstens bis Prag wollten sie mir die Reise gestatten, aber das war mir nicht genug. Der Wandertrieb war schier überwältigend in mir. So legte ich ihnen noch einmal in einem Briefe meine Wünsche dringend vor und reiste ab mit der Hoffnung, nachträglich ihre Zustimmung zu erhalten. Mein jugendlicher Eigenwille hat darin gegen meine gütigen Eltern sehr gefehlt, aber Gott hat gerade diese Sünde mir zum Segen gewendet. Es gingen nämlich mehrere Briefe meiner Eltern an mich verloren, und ich blieb sechs Wochen lang ohne Nachricht von daheim, ohne ein Wort der Zustimmung und Vergebung, und wanderte einsam durch die Fremde mit dieser Last auf meinem Gewissen. Das hat mitgeholfen, meinen heißen Mut zu kühlen und diese Reise zu einem Wendepunkt in meinem Leben zu machen.

Dazu kam noch ein zweites. Ich hatte einem leichtsinnigen und unehrlichen Landsmann in Berlin nach und nach eine bedeutende Summe Geldes vorgeschossen, und die Rückzahlung blieb aus. Das Geld, das meine Eltern mir für die Sommerreise schickten, mußte ich meist in Berlin zur Bezahlung meiner Schulden zurücklassen, und da die erbetenen Zuschüsse von meinen Eltern ebenso wie ihre Briefe mich lange nicht erreichten, war ich auf der Reise in großer Geldverlegenheit. Und Not lehrt beten.

Doch von dem, was meiner harrte, wußte ich noch nichts, als ich am 17. August 1834 mit geringer Barschaft, aber frohem Herzen in die Weite zog. Bis Meißen fuhr ich zu Wagen mit anderen Studenten, doch verließ ich dieselben bald, denn weil ich erst ein Semester hinter mir hatte, behandelten sie mich als „Fuchs"; ich sollte ihnen Fidibus verabreichen, Wein ponieren und als „alten Häusern" Ehre erweisen. In Dresden hatte ich meine Freude an den reichen Kunstschätzen der Stadt, besonders an der sixtinischen Madonna von Raphael. Jetzt könnte ich mich nicht mehr so daran erfreuen, denn sie trägt allzusehr das römisch-katholische Gepräge. Von Dresden durchwanderte ich zu Fuß die sächsische Schweiz. Sie übertraf bei weitem meine Erwartung. Ich hatte nie eine so romantische Gegend gesehen. Einmal verließ ich die Straße und kletterte eine wilde Schlucht hinauf, wo steile Felswände mir immer wieder den Weg versperrten; ich mußte wiederholt den reißenden Bach überspringen oder knietief durchwaten, aber zurück wollte ich nicht und kam auch endlich zu einer Mühle und zum gebahnten Weg. Einige

Jahre später machte mein Bruder Wilhelm dieselbe Reise; da wurde ihm gesagt, es sei seit Menschengedenken niemand diese Schlucht hinaufgekommen.

Dann ging es über die Grenze nach Böhmen hinein. Dort schlief ich gleich die erste Nacht zum erstenmal in meinem Leben auf Streu. Bei Leitmeritz überschritt ich den Egerfluß und kam nun in stockböhmische Gegenden. Gewöhnlich half ich mir durch Gebärdensprache, lernte auch bald die tschechischen Wörter für Brot, Wasser, Pflaumen 2c. Dagegen wurde mir schwül, als ich abends in einem geringen Wirtshaus zu Bett gehen wollte, und der Wirt und seine Frau unterhielten sich tschechisch. Ich dachte, die können in deinem Anhören ausmachen, wie sie dich umbringen wollen. Ich verriegelte die Thür, legte mein bißchen Geld unter den Rücken, meinen gewaltigen Ziegenhainer neben mich und war entschlossen, mein Leben teuer zu verkaufen.

Als ich nach Prag kam, fühlte ich mich recht einsam. Meine Füße waren wund, mein Herz schwer, weil ich keinen Brief vorfand, und in der ganzen Stadt hatte ich niemand. Doch machte ich bald interessante Bekanntschaften. Als ich in den düsteren Hallen des Prämonstratenserklosters umherwandelte, traf ich einen liebenswürdigen, gebildeten jungen Mann in dem weißen Gewande der Novizen. Wir standen über zwei Stunden auf einem Vorsprung im Freien, wo man auf die Stadt im Thale hinabschauen konnte, und er erklärte mir alles aufs beste. Ich erzählte ihm von Berlin, namentlich von meinem schon damals verehrten Lehrer Neander, wie derselbe bei seinen Schülern christliches Leben zu wecken und zu nähren suche. Er dagegen erzählte mir die Geschichte seines Ordens und dessen Verdienste um Wissenschaft und Seelsorge. Die Strenge der Ordensregeln war jedoch schon sehr ermäßigt. Der Prior, der stets im Ordenskleid in die Stadt ging, galt deswegen als Sonderling; die anderen trugen bei ihren Ausgängen meist bürgerliche Kleidung, um nicht als Mönche erkannt zu werden.

Kurz vor meiner Abreise aus Prag erhielt ich Botschaft, daß mein Freund Karl Krafft auf seiner Ferienreise erkrankt sei und in Prag im Hospital liege. Ich eilte hin und bot ihm an, bei ihm zu bleiben, doch war er schon auf der Besserung und nahm nur einige kleine Freundschaftsdienste von mir an.

Da es von Prag bis Passau fünfzig Wegstunden sind, meist durch tschechische Gegenden, fuhr ich mehr als halbwegs, bis Strakowiz, in einem billigen Wagen für nur 24 Silbergroschen. Es waren unser sechzehn Personen, darunter ein Mönch, fünf Juden, ein Offizier, ein Beamter ꝛc., und wir unterhielten uns sehr angenehm. Ich bekam damals einen Einblick in die ersten Bemühungen, eine böhmische Nationalität und Litteratur zu schaffen, die heute solche Höhe erreicht und so viele Wirren verursacht haben. Im ganzen fiel mir auf, wie wenig Freiheit und wieviel geistige Stumpfheit in Österreich damals herrschte. Man wagte nicht, zu reden und zu denken, sondern unterwarf sich der Autorität der Kirche und des Staates und lebte oberflächlich dahin.

Von Strakowiz ging es wieder zu Fuß weiter. Es war ein gar lustiges Wandern in schlichtem Kittel, die Burschenmütze mit schwarz-rotem Bande auf dem Kopf, meine ganzen Habseligkeiten im Ranzen auf dem Rücken, den Ziegenhainer in der Faust, die Wangen von der Sonne gebräunt und das Herz bald voll ernster, bald voll heiterer Gedanken. Öfters wurde ich von Gasthäusern zurückgewiesen, weil man mich für einen Handwerksburschen hielt; dann flößte ich den Leuten durch mein Reden Achtung ein. Der letzte Teil des Weges nach Passau ging über den Böhmerwald durch bayrisches Gebiet. Da traf ich einen ehrlichen, kräftigen, aber sehr katholischen Schlag Leute.

Als ich durch ein Felsenthor im Ilzthale trat und zum erstenmal die majestätische Donau vor mir sah, ward mir wunderbar zu Mute. Nachdem ich mich im Bade in ihren Fluten gelabt hatte, saß ich lange und schaute auf den Zusammenfluß der Donau und des Inn und dachte an die großen weltgeschichtlichen Begebenheiten, die sich einst in diesen Thälern zugetragen. Aus dem kleinen Ort, wo ich die Nacht zugebracht hatte, ging ich am andern Morgen in Begleitung von der Wirtin Töchterlein, einem freundlichen, netten Mädchen, zu Fuß weiter nach Süden. Sie fragte mich, was mein Vater sei, und als ich ihr antwortete, "ein Pfarrer," errötete sie für mich, denn sie meinte, dann sei ich ein uneheliches Kind. Als ich ihr erklärte, mein Vater sei lutherischer Pfarrer, und die dürften heiraten, fand sie das ganz verständig und recht. Anders erging es mir mit einem älteren Manne, der mich angelegentlich fragte, was denn die Lutheraner von der Mutter Gottes glaubten. Als ich ihm erwiderte, sie hielten sie für die frömmste Frau, die es je gegeben, aber nicht für sündlos, noch für eine Mittlerin zwischen Gott und uns, denn das sei allein Jesus, da deuchte ihm diese Erklärung sehr ungenügend und verletzte sichtlich sein religiöses Gefühl.

Nach einigen Tagen erreichte ich Salzburg und ging sofort aufs Postamt, um zu erfahren, ob ein Geldbrief für mich angekommen sei. Es war mir sehr hart, als ich eine verneinende Antwort erhielt, denn meine Barschaft war schon sehr zusammengeschmolzen. Der Brief kam kurz nach meiner Anfrage an, aber ich war nicht bedachtsam genug, diese Möglichkeit abzuwarten. Er folgte mir dann nach Wien, aber das wußte ich nicht und suchte ihn dort nicht auf. Erst Ende Januar kam er in Berlin in meine Hände.

Nun ging es nach Süden, immer weiter in die Alpen hinauf, zuerst nach Berchtesgaden und dem nahe dabei liegenden berühmten Königssee, wo von ungeheurer Höhe Bäche in den See hinabstürzen. Hier ist in einer engen, hohen Felsschlucht bei einem Wasserfall eine Inschrift in den Felsen gehauen, die auf viele Besuchende, und sonderlich auf mich, einen unauslöschlichen Eindruck gemacht hat, so daß ich dem Manne, der sie gesetzt hat, einst in jenem Leben meinen Dank dafür aussprechen will. Sie lautet:

„Ewiger! Dich spricht das Gestein,
Dich das Rauschen des Gewässers!
Wann wird meine Seele Dich schauen?"

Das drang mir ins Herz, und diese Frage wurde während meiner weiteren Reise und späterhin die Hauptfrage meiner Seele, über die ich in der Einsamkeit meiner langen Märsche nachdachte.

Ich ging noch bis Bad Gastein, doch war meine Kleidung schon zu abgetragen und mein Geldbeutel zu leer, um mich in die vornehme Gesellschaft dort zu mischen. Ich besah noch an der Salzach den Ort, wo die evangelischen Salzburger den berühmten „Salzbund" schlossen, infolgedessen ihrer an 30000 nach Littauen und anderwärts im Norden hinzogen, und ging dann über den Traun-See an die Donau zurück. Mein Geld war nun beinahe aufgebraucht; ich aß fast nichts mehr als „Mehlspeise", ein Gericht von Mehl und Eiern, daß spottwohlfeil und doch nahrhaft war. Nur fünf „Zwanziger" bewahrte ich sorgfältig als letzten Sparpfennig auf. In Linz an der Donau hoffte ich Geld zu finden. Schlug auch diese Hoffnung fehl, so mußte ich mich bis Wien „durchfechten", wo ich bei Freunden oder bei dem preußischen Gesandten vielleicht borgen konnte.

In Linz eilte ich sofort aufs Postamt und fragte, ob ein Geldbrief für mich da sei. Antwort: „Nein!" Das war mir ein Donnerwort. Wie verzweifelt saß ich auf der steinernen Bank im Posthof. Doch fand ich unter meinen Papieren einen Empfehlungsbrief an einen Herrn Aders, einen Elberfelder Kaufmann und Freund meiner Eltern. Als ich ihn abgab, empfing er mich aufs herzlichste und streckte mir genug zur Reise bis Wien vor. Dadurch fühlte ich mich hocherfreut und getröstet und schrieb meinen Eltern: „Ich habe jetzt gesehen, Gott verläßt keinen Westfalen." Diese Anerkennung der erfahrenen Hilfe Gottes ist, soviel ich weiß, die erste derartige Anerkennung in meinem Leben und ist deshalb von Wert und Bedeutung, wenngleich der Ausdruck verfehlt war. Ich war unter fremden Stämmen und fühlte, daß der Gott meiner Heimat mich geleitete. Meine Eltern waren mittlerweile auch in großer Sorge um mich, denn meine Briefe gingen ebenfalls zum Teil fehl, und mehrere Wochen glaubten sie mich tot.

Von Linz fuhr ich die 50 Stunden Weges die Donau hinab in einem Ruderschiff für 16 Silbergroschen. Wir waren eine recht gemischte Gesellschaft von 34 Personen: ein viel gereister österreichischer Edelmann, ein liebenswürdiger Engländer, ein oldenburgischer Edelmann, Studenten, Handwerksburschen, schäkernde Mädchen und ein alter ungarischer Husar, der in vielen Kriegen gedient hatte und uns seine Abenteuer in einem schlechten Deutsch erzählte, das mit unflätigen Kraftausdrücken gewürzt war. Ende September kam ich in Wien an und fand mit freudiger Bewegung seit sechs Wochen den ersten Brief von meinen Eltern und einen Wechsel. Fast vierzehn Tage blieb ich in Wien und genoß dort die herzliche Gastfreundschaft einer Gruppe von zwölf Siebenbürgen, an die ich durch meine Freunde in Berlin empfohlen worden war. Sie begleiteten mich auf Schritt und Tritt und liehen mir anständige Kleider, damit ich in Wien mich sehen lassen konnte. Wir besuchten die Gemäldegallerien, die Schlösser in der Umgegend, den berühmten Esterhazyschen Keller, wo einmal am Tage der Besuchende den gepriesenen Tokayerwein für einen Spottpreis bekam, ihn aber stehend trinken mußte. Ich ging mehrmals abwechselnd in die vornehmen und geringen Theater Wiens und amüsierte mich an dem Unterschied der Behandlung. In den ersteren kamen die Kellner mit Erfrischungen auf prächtigen Tellern: „Belieben die Herrschaften Punsch, Limonade, Mandelmilch?" In den letzteren hieß es: „Wer schafft a' Bier?"

Am 9. Oktober verließ ich Wien und zog durch Mähren nach Schlesien zu, über Brünn, Proßnitz, Olmütz und Neiße. Ich hatte noch nie einen Menschen sagen hören, daß er Mähren bereist habe; deshalb wünschte ich es kennen zu lernen. Es gefiel mir aber grundschlecht. Eichenwälder und

Maisfelder, schlechte Dörfer, Landleute in Schafspelzen, slavische Sprache und „nix deutsch". Auf dem Wege nach Brünn begegnete ich dem Kaiser in einem sechsspännigen Wagen. Eine weite Strecke reiste ich mit zwei Handwerksburschen. Der eine war ein hübscher und gescheiter Mensch, aber er erzählte immer von seinen liederlichen und widerlichen Erlebnissen in Berlin. Ich reiste ganz nach Handwerksburschenmanier; wir schliefen für fünf Pfennig auf einer Streu; abends schlug der Wirt die eisernen Windladen von außen zu, damit wir nicht morgens früh hinaussprängen, ohne die Zeche bezahlt zu haben. Meine ganzen Unkosten waren in dieser Zeit 7—10 Silbergroschen täglich. Drei Wochen lang sah ich keine Butter in Österreich; man hatte nur Käse. In $8^{1}/_{2}$ Tagen hatte ich 42 deutsche oder 210 englische Meilen zu Fuß gemacht.

Ich war froh, als ich die preußische Grenze überschritt und statt stumpfen Mißtrauens ein reges Streben nach Besserem wiederfand. In Österreich lernte ich das viele Gute, das Preußen hatte, dankbar anerkennen. Österreich hatte mich politisch zufriedener gemacht.

In Breslau hatte ich von meinem Schwager Döring eine Empfehlung an einen vornehmen Beamten, den Vize-Präsidenten Hundrich. Aber wie sollte ich bei ihm erscheinen in meinen, auf der langen Fußreise ganz abgeschliffenen Kleidern? Ich ließ mir für Geld bei einem Schneider einen Frack und schwarze Hosen und wurde von Herrn Hundrich sehr liebevoll aufgenommen; er stellte mich sogar seinen halberwachsenen Söhnen als Muster der Bildung vor. Das war ein rechter Kontrast gegen mein Leben während der vorhergehenden Woche. Er half mir in den drei Tagen meines Aufenthaltes Breslau sehen. Ich wohnte unter anderem einem feierlichen Akt in der Aula der Universität bei, wo der Rektor eine lateinische Rede über die politischen Bestrebungen der Studenten hielt. Die Schlesier gefielen mir sehr; sie schienen mir die Bildung des Nordens mit der Fröhlichkeit des Südens zu vereinigen.

Von da eilte ich zurück nach Berlin, meist zu Wagen und durch fortwährenden Regen. In Berlin war Messe; alle Gasthäuser in jenem Teile der Stadt waren besetzt. Ich schlief noch einmal auf Streu, und obgleich in demselben Zimmer eine Menge Menschen tranken und lärmten, schlief ich recht gut. So fest war damals meine Gesundheit noch; ein Jahr später war es nicht mehr so. Ich hatte nicht mehr genug Geld, um meine Zeche zu bezahlen, aber das setzte mich nicht in Verlegenheit. Ich packte meine abgetragenen und wertlosen Kleidungsstücke in meinen Ranzen, ließ denselben als Pfand in den Händen des Wirtes, der nicht wußte, wie wenig es wert war, eilte zu einem Freunde, borgte mir einen Thaler und löste meinen Ranzen wieder ein.

So war ich daheim, um manche Erfahrung reicher und mit manchem bleibenden inneren Gewinn im Herzen.

Im folgenden Sommer, von Ende August bis Ende Oktober 1835, machte ich dann eine zweite lange Reise, auch meist zu Fuß. Doch reiste ich nicht durch so wildfremde Gegenden und war selbst schon gesetzter und weniger burschenhaft. Das Jahr, welches zwischen beiden Reisen lag, war voll ernster, wissenschaftlicher Arbeit gewesen und, wie im nächsten Kapitel sich zeigen wird, auch eine Zeit religiöser Entwickelung. Die Stadien meiner Entwickelung prägen sich in dem verschiedenen Charakter der beiden Reisen aus.

Ich reiste zu Wagen nach Wittenberg und von da zu Fuß nach Halle, das burgenreiche Saalethal hinauf nach Jena, über den Thüringer Wald nach Koburg und Bamberg, brachte einige Tage in Erlangen zu und hatte meine helle Freude an der alten Reichsstadt Nürnberg. Im Donaumoos bei Ingolstadt besuchte ich den frommen Vikar Pechtner; er setzte mir im Glase etwas Gelbes vor. Ich fragte: „Ist das Bier?" „Nein, das ist unser Mooswasser; das macht allweil a bißle satt." Dann ging's nach Augsburg und München, wo ich an den Kunstschätzen der Stadt und an dem freien Volksleben der Bayern mich erfreute, dann auf einem Floß die Isar hinunter nach Landshut und weiter nach Regensburg und Bayreuth, über das Fichtelgebirge nach Leipzig, und zurück nach Berlin.

Mehrere der genannten Städte sind Universitätstädte, und ich benutzte die Gelegenheit, in den Kollegien mancher hervorragender Theologen zu hospitieren und etwas Eindruck von dem Leben der Universitäten zu gewinnen. Auf dem Prediger-Seminar in Wittenberg lernte ich den später so berühmten Theologen Richard Rothe persönlich kennen. In Halle hörte ich Tholuck, der gerade über die Kreuzigung Jesu sprach. Sein Vortrag war so ergreifend, wie ich noch nie etwas gehört hatte. Die bleiche, hagere Gestalt mit dem zusammengefallenen Antlitz sprach Worte voll von Kraft und Gefühl. Ein Empfehlungsbrief von Hofprediger Strauß verschaffte mir Tholucks persönliche Bekanntschaft; ich war an seinem Hause und ging mit ihm spazieren. Auch Ullmann, den Verfasser der „Sündlosigkeit Jesu", lernte ich durch eine Empfehlung von Neander kennen, ebenso in Halle den Theologen Baumgarten-Crusius, dessen trockene, aber gehaltvolle Vorträge jedoch anziehender waren, als die Unterhaltung mit ihm in seinem mit Büchern bedeckten, unordentlichen Gartenhause, wo man kaum Platz finden konnte, sich hinzusetzen. Tholuck hatte mich an den Kirchenhistoriker Hase empfohlen, an dem ich einen liebenswürdigen und geistreichen Mann fand. Er hatte als Burschenschaftler drei Jahre auf der Festung verlebt, war aber zur Zeit meines Besuchs in edelster Frische. Später, im Jahre 1890, traf ich ihn noch einmal als gebrechlichen Greis, als ich mit meinem Freund und lieben Kollegen, Professor True aus Rochester, Jena besuchte. Wir waren mit mehreren Professoren in einem öffentlichen Garten, und Hase ließ sich am Schluß von mir, dem 74jährigen, als jüngerem „Burschen", hinausführen. In Erlangen lernte ich unter anderem den Geschichtsforscher Karl von Raumer kennen. Am meisten Eindruck machte auf mich Professor Krafft, ein Onkel meines Freundes. Er war zu jener Zeit wohl der strengste Theolog Deutschlands, der selbst Neander und Tholuck als zu schlaff verurteilte, was mich schmerzte. Aber man fühlte ihm seine mutige Entschlossenheit und sein ernstes Glaubensleben ab. Auch den berühmten Philosophen Schelling besuchte ich mit einer Empfehlung Neanders in seiner Sommerwohnung bei München und unterhielt mich mit ihm eine halbe Stunde lang über die Philosophie Hegels und die moderne Theologie.

Ein reicher Ertrag dieser Reise war auch die direkte Berührung mit der katholischen Kirche, deren Geistesdruck und Verfinsterung ich vielfach beobachten konnte. Ich hörte viel von den reformatorischen Bewegungen, die damals innerhalb der katholischen Kirche aufkamen, aber bald wieder niedergedrückt wurden. Auch der Eindruck vom süddeutschen Volkscharakter und Volksleben, den ich auf meinen Wanderungen gewann, war mir von großem Wert; dergleichen kann man nie aus Büchern bekommen. Ich gewann Süddeutschland sehr lieb und habe auch in späteren Jahren oft die oberdeutschen Gaue wieder aufgesucht.

Sechstes Kapitel.
Innere Kämpfe und Bekehrung.
1834—1836.

In den beiden vorhergehenden Kapiteln habe ich von meinem Thun und Treiben während meiner zwei Studienjahre in Berlin und von den beiden großen Reisen im Sommer 1834 und 1835 erzählt. Aber während dieser Zeit ging in meinem Herzen etwas vor, das von größerer Wichtigkeit war als alles andere, und davon will ich jetzt erzählen.

Meine Erfahrungen auf der Reise durch Österreich hatten mich ernster gemacht. Die Inschrift am Königssee hatte ein Verlangen nach Gott und Wahrheit in mir wachgerufen. Ferner hatte einer der Siebenbürgen in Wien, Giesel, ein begabter und edler Mensch, die ersten Zweifel an der Wahrheit der Kernlehren des Christentums, insonderheit der Lehre von der Gottheit Christi, in mir erweckt. Bisher hatte ich mich für theologische Fragen eigentlich noch wenig interessiert; jetzt ging mein ganzer Sinn darauf, Theologie zu studieren und zu erforschen, was Wahrheit sei.

Als ich im Herbst nach Berlin zurückkehrte und in mein zweites Semester eintrat, wollte ich gleich mit der Dogmatik beginnen, um diesen Fragen auf den Grund zu kommen, doch riet mir Edelhagen, zuerst mit der Bibel anzufangen. So hörte ich bei Neander die Auslegung des Matthäus und bei Hengstenberg Einleitung in das Alte Testament. Hengstenberg, ein Landsmann von mir, damals

noch ein junger Mann, ist viele Jahre lang einer der
schärfsten Vorkämpfer der Orthodoxie in Deutschland
gewesen, so scharf, daß auch der milde Neander sich verletzt
von ihm zurückgezogen hat. Er bekämpfte den Rationalismus
auf dem Gebiete des Alten Testamentes mit großer Gelehrsamkeit, aber auch mit Heftigkeit und zuweilen mit schneidendem
Sarkasmus. Das waren Eigenschaften, die mich damals
nicht anziehen konnten. Nun las zu gleicher Zeit der
Lizentiat Vatke, ein Rationalist und Anhänger Hegels,
gleichfalls über Einleitung ins Alte Testament. Eines Tages
fragte mich ein Zuhörer Vatkes: „Wo steht ihr jetzt bei
Hengstenberg?" Ich erwiderte: „Er ist gerade fertig mit
dem Beweise, daß der Pentateuch von Mose ist." Da
sagte er: „Und Vatke fängt gerade an mit dem Beweise,
daß er nicht von Mose ist." Sofort sagte ich: „Das muß
ich hören!" Ich hörte nun die ganze Einleitung ins Alte
Testament bei Vatke, und dieselbe sagte mir in hohem Maße
zu. Ich fand z. B. die Beweisführung ganz schlagend, daß
im ersten Buche Mose schon Quellenschriften enthalten sind,
die sogenannte Elohim-Urkunde, die Jehovah-Urkunde 2c.
Das glaube ich auch jetzt noch; aber ich glaube nicht, wie
Vatke lehrte, daß daraus nun folgt, daß das erste Buch
Mose erst lange nach Mose entstanden sei; sondern ich
glaube, daß diese schriftlichen Urkunden schon vor Moses
Zeit vorhanden waren und von ihm benutzt worden sind.
Spätere Entdeckungen haben bewiesen, daß die Schreibkunst
weit älter ist, als man zu meiner Studentenzeit annahm.
Doch damals leuchteten mir Vatkes Beweise sehr ein.

Doch bald traten ganz andere Persönlichkeiten und
Anschauungen bestimmend in mein Leben ein. Eines Abends
beim General von Quadt, als die anderen Glieder der
Familie noch nicht zugegen waren, fragte mich die älteste
Tochter, Fräulein Frida, zum Zwecke ihrer eignen Belehrung:
„Herr Rauschenbusch, was lehren doch die Rationalisten?"
Sie hatte, denke ich, gar keine Ahnung davon, daß ich
selbst einer sei. Mir war es sehr erwünscht, ihr alle meine

ungläubigen Ansichten bei dieser Gelegenheit auszukramen. Sie erstaunte über dieselben und sprach ihren Schmerz darüber sehr nachdrücklich aus, noch immer, denke ich, ohne völlig zu erkennen, daß diese Lehren auch meine Ansichten waren. Dann erwähnte ich auch mit Geringschätzung das Hohelied. Da schwieg sie ganz, aber ich sah, ihre Gefühle waren sehr tief, und ich hatte ihr an ein Heiligtum gerührt. Ich dachte: „Sie schweigt, aber sie glaubt doch. In ihr wohnt etwas, das von meinen Vernunftgründen nicht erschüttert wird. Das ist echter Glaube!" Ich schämte mich aufs tiefste einer Denkweise, gegen welche diese reine und ernste Christin einen solchen Abscheu hatte. Sie war erst 18 Jahre alt, schön von Ansehen; aber der Eindruck hiervon schwand ganz vor der Reinheit ihres Sinnes. Sie sagte nie ein Scherzwort, noch ein heftiges Wort, war stets ernst und doch ungemein freundlich. Die große Wirkung, welche dies Gespräch auf mich hatte, kann ich kaum beschreiben. Ich weiß nur, daß ich als ein anderer Mensch aus dem Hause fortging.

In den folgenden Tagen las ich die Bibel mit anderen Augen. Ich suchte auch gläubige Studenten wie Edelhagen und Krafft auf und erfreute mich an ihren Gesprächen, wo ich vorher widersprochen hatte. Ich hörte gläubige Prediger und ging zuweilen in Hausversammlungen bei einem pietistischen Tapezierer Wohlgemuth. Bei ihm kaufte ich mir gleich nach jener Unterredung Thomas a Kempis' Nachfolge Christi, brachte es als einen wertvollen Schatz nach Hause und las eine Zeitlang täglich darin. Ich scheute mich anfangs, das Buch offen hinzulegen, denn meine siebenbürgischen und anderen nichtgläubigen Freunde würden darüber ihre geringschätzigen Bemerkungen machen. Doch dachte ich: „Ich lese es einmal; so sollen sie auch wissen, daß ich es lese." So wurde das Hinlegen des Büchleins gleichsam mein erstes Bekenntnis zu Christo. Die ernsten Mahnungen dieses Buches erklärten meine ganze bisherige Denk- und Handlungsweise für verkehrt und töricht und förderten mich mächtig in Selbsterkenntnis und Buße. Unter meinen gläubigen Freunden waren zwei ältere Studenten, Wolf und Bull, die im Christentum schon tief gegründet waren, ernst und doch sehr liebevoll gegen mich. Auf einer Reise in den Osterferien 1835 brachte ich einige Tage mit Bull bei seinen frommen Eltern in Magdeburg zu. Sein Vater war ein schlichter Schuhmachermeister, und ich hatte nur ein bescheidenes Plätzchen in einem Schlafzimmer, das von einem großen Teil der Familie mitbenutzt wurde, aber ich habe viel Segen dort empfangen. In jenem Frühling 1835 machte ich mich aus innerem Triebe mit der Bibel bekannt, vornehmlich mit dem Neuen Testament, und las manche gute christliche Schriften. Ich erinnere mich noch deutlich, wie ich an einem Sonntag-Abend in mein Tagebuch schrieb: „Heute habe ich zum erstenmal einen Sonntag verlebt, da ich in Gott fröhlich war."

Doch im Sommer wendete es sich mit mir auf eine beklagenswerte Weise. Der Apostel sagt uns Phil. 2, 12: „Schaffet, daß ihr selig werdet mit Furcht und Zittern." Diesem Spruche gemäß lebte ich nicht, sondern meinte selig werden zu können mit Leichtfertigkeit. Ich dachte auch nicht, daß Gott stets das Wollen und Vollbringen in mir wirken müsse, sondern meinte, das Gute werde von selber kommen. Ich ließ mich also gehen und kämpfte nicht gegen meine sündlichen Neigungen. Besonders die Reise durch Süddeutschland im Sommer 1835, obwohl sie mir durch den Verkehr mit einigen entschieden gläubigen Leuten Förderung brachte, hat mir an meinem jungen und schwachen Glaubensleben geschadet. Ich schrieb damals meinen Eltern offenherzig, es stehe nicht mehr mit mir wie im Frühjahr. Als ein Zweifler kehrte ich im Herbst 1835 nach Berlin zurück.

Ich hoffte jetzt doch im Sinne der Hegelianer vielleicht noch ein Christ bleiben zu können. Der große Hegelianer Marheineke sollte mir beweisen, daß das Christentum sich mit der Hegelschen Philosophie vereinbaren lasse. In seiner ersten Vorlesung über Dogmatik hieß es: „Wir beginnen mit der Lehre von der Dreieinigkeit." Ich war hocherfreut, denn mit dieser Lehre vor allem stimmte ich nicht überein. Die Hegelianer behandelten alles dreiteilig; so sagte er: „Wir betrachten zuerst die biblische Anschauung, zweitens die kirchliche Lehre, drittens den Begriff von der Dreieinigkeit." Die zwei ersten Teile legte er ganz sachgemäß dar, als er aber an den dritten Teil kam, konnte ich darin nur Pantheismus erkennen. Das stieß mich gänzlich zurück, denn ein erklärter Pantheist wollte ich nicht sein, während ich mich zu anderen Formen des Unglaubens hingezogen fühlte.

In dem schweren inneren Kampf dieses Winters verlor ich mit meinem Glauben auch immer mehr den sittlichen Halt, und hätte nicht Gottes Gnade mir Stillstand geboten, so wäre ich gewiß in schwere Sünden verfallen. Anfang Januar 1836 erwachte ich zu einem Bewußtsein meines verlornen Zustandes. Ich fühlte, daß ich an den Rand des Abgrundes geraten war. Es hieß in mir: „Jetzt brich durch, oder du bist verloren auf immer!" In mehrstündigem, brünstigem Flehen suchte ich Vergebung, fand sie aber durch Gottes Gnade noch nicht, denn hätte ich sie sogleich gefunden, so wäre mein Leichtsinn noch nicht gebrochen worden und ich hätte es später mit der Gnade Gottes leicht genommen. Ich mußte nun nahezu zwei Wochen lang stundenlang jeden Morgen beten, ehe ich die Gewißheit meiner Errettung erlangte und mich mit Gott wieder versöhnt fühlte. Eines Abends beim Anhören eines Oratoriums machte folgende Stelle auf mich einen unaussprechlichen Eindruck:

„Erhebe dich, steh' auf mit Macht,
Verirrtes Kind der Erde!
Gott führt dich in der Hölle Nacht,
Daß es dir Himmel werde.
Zum Abgrund bringt der Gnade Blick,
Und was verloren, bringt zurück
Der treue Hirt der Herde."

Die Worte: „Zum Abgrund bringt der Gnade Blick" paßten ganz auf mich und vollendeten mein Hindurchdringen aus einem Zustande, in welchem ich der Verzweiflung nahe war, in einen Zustand christlichen Glaubens und Lebens. Dies geschah etwa am 17. Januar 1836. Hinfort war ich entschlossen, nie wieder ins Theater zu gehen, noch lose Reden zu führen. Von dieser Zeit an bin ich, aller sonstigen Wandlungen ungeachtet, stets ein betender Mensch geblieben.

Ich schrieb nun auch meinen Eltern, daß mein langes Schwanken zwischen Glauben und Unglauben ein Ende genommen habe, und bat sie, mir zu erlauben, gegen Ostern zu ihnen zurückzukehren, um daheim längere Zeit mich zu erholen und zu völliger innerer Ruhe zu gelangen. Mit Freuden bewilligten sie dies.

Die letzten Monate in Berlin waren sehr wichtig und wirkten wohlthätig auf mich. Ich besuchte meine zahlreichen Freunde und Bekannten. General von Quadt und seine ganze Familie nahmen herzlichen Abschied von mir und sprachen die Hoffnung aus, mich in Westfalen bei ihren Verwandten wieder zu sehen, was auch geschehen ist. Fräulein Frida von Quadt schenkte mir ein kleines Schatzkästchen, betitelt: „Eine dreifältige Schnur", mit drei Sprüchen für jeden Tag im Jahre, das ich lange wie ein Heiligtum bei mir getragen und täglich benutzt habe.

(Zusatz des Herausgebers.)

Obiges enthält die Umrisse seiner Bekehrungsgeschichte, wie sie in seinem Alter meinem Vater vor Augen standen. Glücklicherweise hat er im Januar, Februar und März 1835, und wieder von Ende Oktober 1835 bis Anfang März 1836 ein ausführliches Tagebuch geführt, das noch vorhanden ist und in dem sich die langen und heftigen Schwankungen seines inneren Lebens klar ausprägen. Diese Vorgänge sind von solcher Wichtigkeit und solchem Interesse, daß ich den Lesern zu dienen glaube, wenn ich obigen Bericht durch eine Auswahl derjenigen Stellen des Tagebuches vervollständige, welche den Fortschritt des inneren Kampfes oder irgend ein besonders wichtiges Moment desselben klar machen. Zum

Verständnis darf nicht vergessen werden, daß mein Vater damals ein Jüngling von erst neunzehn Jahren war, daß seine Aufzeichnungen die wechselnden Eindrücke des Augenblicks festhalten und durchaus nicht für spätere Veröffentlichung bestimmt waren, und daß das Tagebuch auch nicht einseitig innere Kämpfe berichtet, sondern außer den angeführten Stellen voll ist von anderen Interessen, die freilich immer mehr sich um die religiösen Vorgänge konzentrieren.

Die berichteten Kämpfe erstrecken sich von seiner Rückkehr aus Österreich Ende Oktober 1834 bis zu seiner schließlichen Bekehrung im Januar 1836, also über einen Zeitraum von fünfviertel Jahren.

Das Tagebuch setzt Neujahr 1835 ein.

1. Januar 1835. Die Selbsterkenntnis ist mein Ziel. Leicht erreicht wäre dasselbe an der Hand der Theologie, aber ihr folge ich nicht mehr unbedingt; sie ist mir nur Ratgeberin; was soll ich mich darüber grämen? Auch den Rechtgläubigen giebt die Theologie nicht über alles Aufschlüsse; dies und die Unhaltbarkeit mancher von den Aufschlüssen, die sie giebt, zwingen uns, selbst zu denken. Laßt sehen, wohin wir damit kommen!

2. Januar 1835. Soeben verläßt mich Edelhagen, mit dem ich einen langen Streit über Sünde und Erlösung hatte. Von diesem Kern der christlichen Lehre habe ich mich immer mehr entfernt; er ist mir fremd und unverständlich. Ich fühle keine Sünde an mir — mich schaudert es zu sagen, und dennoch denke ich so. Früher war es anders. Lieblosigkeit und böse Gedanken, die ich bei mir fand, versetzten mich oft in einen Zustand schrecklicher Zerknirschung. Jetzt glaube ich die gröbern Thatsünden gehoben zu haben, und als mir Edelhagen die vielen Gedankensünden vorhielt, wollte mir nicht einleuchten, daß sie eigentliche Sünden seien. Christi eigne Worte sollen mir Licht darüber geben; ich will die Evangelien lesen.

12. Januar 1835. Zapp war bei mir und noch ein Theolog, der rationalistische Ansichten äußerte. Merkwürdig war es zu sehen, wie Zapp dadurch an der Theologie irre ward und ihr Haltlosigkeit vorwarf. Es ist in der That ein harter und furchtbarer Kampf für und gegen den Offenbarungsglauben; ich werde immer folgerichtiger vollkommener Gegner desselben und sehe nicht, wohin mich dies ewige Forschen und Zweifeln führt. Das ist überhaupt der Jammer einer

Neues gestaltenden Zeit, daß die in ihr Lebenden gleichsam blinde Werkzeuge einer höheren Macht sind, daß sie kämpfen und ringen, ohne die tiefste Bedeutung des Kampfes zu erkennen. Ich bin jetzt so weit gegangen, daß ich an die Versöhnung durch Christum gar nicht glaube, da mir unmöglich fremdes Verdienst angerechnet werden kann, und habe jetzt die Idee, der Rationalismus sei die Wegnahme der mit der Erscheinung des Christentums zusammenhängenden willkürlichen Formen und die Umgestaltung des Christentums zu einer abstrakten Weltreligion. Dann würde es sich fragen, ob unsere Zeit schon zur Abschüttelung dieser Formen reif sei, und ich glaube, sie ist es nicht.

19. Januar 1835. Heute hörte ich statt bei Hengstenberg bei Vatke Einleitung ins Alte Testament. Ersterer hatte die Echtheit des Pentateuch bewiesen, doch so, daß man sah, wie er mit vorgefaßter Meinung ans Werk ging, die Gegengründe nur halb widerlegte, durch Heftigkeit ersetzte, was ihm an Wahrheit fehlte. Vatke fing heute den Beweis gegen die Echtheit des Pentateuch an; ruhig legte er seine Gründe hin, aber sie waren klar und schlagend.

21. Januar 1835. Da ich zu Hengstenberg gar kein Vertrauen und kein Herz mehr hatte, trat ich über zu Vatke, muß aber sagen, daß ich jetzt in noch traurigerem Zwiespalt bin. Die Folgerungen, die aus Vatkes Ansicht hervorgehen, daß Abrahams, Isaaks, Jakobs und Josephs liebliche Geschichte, an die sich Erinnerungen aus der ersten Kinderzeit knüpfen, nur Mythe ist, daß Moses herrlicher Segen künstlich von einem Priester nachgebildet ward, vor allem, daß die Lehre von e i n e m Gott nicht die rein erhaltene Uroffenbarung, sondern philosophische Spekulation einer Priesterkaste sei, kann ich nicht annehmen und bin mehr als je geneigt, mich im Glauben der ganzen biblischen Lehre zuzuwenden. Das seichte Gerede mancher Rationalisten, die ungeheure Anmaßung im Absprechen über Dinge, die man früher allgemein glaubte, die in einem Bedürfnis des Herzens ihren Grund haben und jedenfalls schöne Symbole sind, erbittert mich.

8. Februar 1835. Mit Eifer lese ich das Alte Testament und bedaure, meine früheren Ansichten darüber ganz umstoßen zu müssen, da ich in der alttestamentlichen Religion wirklich einen helleren Strahl des Lichtes finde als in den Heiden, dennoch aber große Trübung desselben durch hierarchischen Geist und gereizten, fieberhaften Nationalstolz.

14. Februar 1835. Gestern war mein Geburtstag. Ich bin jetzt neunzehn Jahre, in der Blüte des Jünglingsalters, der geistigen Reife mich immer mehr nähernd. Möchte ich nur nicht so oft gehemmt

werden durch Tage, wo die edle Begeisterung für das Gute sinkt! Davor behüte mich, o Gott! Denn ich glaube jetzt wieder, was ich lange nicht geglaubt, daß ein Gott ist, der auf der Sterblichen Flehen hört.

In meines Vaters Erzählung ist viel Gewicht gelegt auf den Eindruck, den die Unterredung mit Frida von Quadt auf ihn machte. Nachstehende Stellen beziehen sich darauf.

4. März 1835. Abends war ich bei General von Quadt, der eben seinen Geburtstag hatte. Ich war so thöricht, gegen Frida meine Zweifel an der Göttlichkeit des Alten Testaments zu äußern, wodurch ich das arme Mädchen nur gestört habe in ihrem unschuldigen, frommen Glauben, gewiß aber nichts Gutes gewirkt. — Meine rationalistischen Meinungen wanken immer mehr. Es giebt Augenblicke, wo ich jeden Zweifel ärgerlich zurückweise; auch die Versöhnungslehre will ich wieder mit Liebe in mich aufnehmen.

„O Herr, behüt' vor fremder Lehr',
Daß wir nicht Meister suchen mehr
Denn Jesum Christ mit rechtem Glauben
Und Ihm aus ganzer Macht vertrauen."

7. März 1835. Vorgestern ging ich zu Tapezierer Wohlgemuth, um mir Thomas a Kempis' De Imitatione Christi zu kaufen. — Als ich mich letzten Dienstag etwas leichtfertig und ungläubig über das Alte Testament und die darüber stattfindende traurige Meinungsspaltung äußerte, Frida aber dadurch so still bekümmert und heimlich verwundet schien, ward ich von Reue über mein Reden ergriffen, und der fromme, unschuldige, wenn auch manchmal blinde Glaube des Mädchens dünkte mir beneidenswerter als mein Unglaube. Ich weiß nicht, wie es kam, daß durch ein Gespräch mit Strauß am andern Tage, worin ich mein Nichtwissen in der Theologie erkannte, diese Reue sehr vergrößert wurde und ein Gefühl der Zerknirschung in mir geweckt ward. Ich bat Gott flehentlich, mir Erkenntnis der Wahrheit und noch mehr bittern Schmerz über meine Sünden zu geben. Ich erkannte, daß der Rationalismus oder das bloße Wissen von Gott und Unsterblichkeit und die Ausübung einiger auf der Oberfläche liegender Pflichten nicht viel besser sei als gänzlicher Unglaube. Ich erkannte, daß das tiefe Sehnen des Menschen nach seinem Urquell durch das weltliche Treiben untergraben werde, daß der natürliche Zustand des Menschen ein in sich zerrissener, fried- und freudloser sei, daß unser ganzes Wesen sich nach einem Erlöser aus diesem Zustande

sehne, dem wir vertrauensvoll und von ganzem Herzen uns ergeben müssen. „Stellt euch nicht dieser Welt gleich." Diese so ernsten Worte wurden mir klar und lebendig. Ich fühle das Bedürfnis völliger Veränderung des ganzen Menschen. Hilf Du mir, lieber Gott, durch Deinen teuern Sohn!

9. März 1835. Ich war verstimmt und traurig, bis ich mittags mit Edelhagen zusammentraf, mit dem ich, nachdem meine Ansichten sich geändert, gar wohl übereinstimmte und schöne Gespräche führte, Doch, undankbar gegen Gottes Segen, der mir ins Herz strömte, ging ich bald im Gespräch mit ihm und Krafft zur Ausgelassenheit und Leichtfertigkeit und Selbstgefälligkeit über, und der innere Zwiespalt erwachte mit neuer Stärke. Ach Gott, hilf mir!

12. März 1835. Ich lese noch in Thomas a Kempis, bin aber gegen seinen Eindruck abgestumpft. Gott, hilf mir!

17. März 1835. Vorgestern (Sonntag) hörte ich Liskov predigen, dessen Richtung mir früher mißfallen hatte, jetzt aber mich wegen ihrer innigen Frömmigkeit sehr ergriff. Er stellte die Leidensgeschichte des Herrn dar. Neben mir saß Neander — ein Umstand, der mich zu fleißigem Kirchenbesuch anspornte. Ich war seltsam bewegt, von tiefer Wehmut, von inniger Liebe zu Gott erfüllt, als ich die Kirche verließ. — Heute ging ich zwei Stunden mit Giesel spazieren und hatte eine eigentümliche Freude daran, die rationalistische Richtung, die ich von ihm zuerst empfangen, in der ich ihm dann eine Zeitlang völlig beigestimmt, gerade bei ihm zu bekämpfen.

Sonntag, den 29. März 1835. Ich ging zum Mittagessen zu General von Quadt; Frida war zum Abendmahl gegangen; ihre Züge hatten einen schöneren, seligen Ausdruck. An ihr sehe ich, wie die Liebe Gottes fähig ist, den ganzen Menschen zu durchdringen. — Ich war — vielleicht zum erstenmal in meinem Leben — heute fröhlich und selig in Christo, fern von Bitterkeit gegen irgend einen Menschen und von unfruchtbaren Zweifeln an Glaubenssätzen. O Gott, erhalte mir diese Stimmung um Deines teuern Sohnes willen und laß immer innigere, selbstverachtende Liebe gegen Dich und meine Brüder in mir entstehen! Amen.

Hier schloß das Wintersemester, und hier schließt auch der erste Teil des Tagebuches. Erst dritthalb Monate später, am 13. und 15. Juni, folgen zwei kurze Abschnitte, deren Geist aus den folgenden Sätzen zu erkennen ist:

Sonnabend, den 13. Juni 1835. Vom Schwimmen ermüdet, griff ich zu dem alten Tagebuch, um die Geschichte der Torheiten und Sünden einer durch Gottes Gnade hinter mir liegenden Zeit zu betrachten. — Bis hierher hat der Herr geholfen, Er wird auch weiter helfen, wird mich nicht in die bedauernswerte frühere Zeit, in die Knechtschaft des Satans, in das Buhlen um die Gunst der Welt, die doch keinen Frieden hat, in die innere Zerrissenheit zurückfallen lassen. — Ach Herr, nimm mich lieber hinweg aus dieser Welt, als daß ich je Dich vergäße und so durch meinen Abfall Dich kreuzigte! Du hast ja alles für mich gethan und gelitten! Sollte ich noch eine andere Liebe haben, noch einem anderen Herrn dienen? Das sei ferne! Und doch bin ich oft so nahe daran, Dich zu verleugnen, und mein armes Fleisch und Blut würde mich nicht davon abhalten, wenn es nicht der Beistand Deines Heiligen Geistes thäte!

Wie aus meines Vaters Erzählung zu ersehen ist, hielt die erste Freude seines Glaubenslebens nicht Stand. Schon im Sommer in Berlin wurden sowohl seine neuen Überzeugungen, wie auch sein inneres Leben erschüttert, und es folgten Wochen, wo Glauben und Zweifel miteinander abwechselten. Aus dieser Zeit ist nachstehendes Gedicht ein rührender Rest.

> Genug gekämpft! O wirf vertrauensvoll
> Zu Jesu, deines Mittlers, Füßen dich!
> O such' Versöhnung an des Kreuzes Stamm,
> Wo Ihm das Blut aus heißen Wunden quoll!
> Hier wird die Wunde deiner Brust gestillt
> Und süßer Himmelsfriede senkt ins Herz sich nieder.
> Ich hatt' empfunden schon der Liebe Weh'n,
> In sel'gen Augenblicken tief empfunden.
> Da blickt ich froh empor zum blauen Himmel:
> Dort weilt mein Schatz, dorthin eilt auch mein Herz!
> Und all die Strahlen, die ich eingesogen
> Dort oben aus des Heilands mildem Antlitz,
> Sie leuchteten so fröhlich ringsumher,
> Mit inn'ger Lieb' die weite Welt durchdringend.
>
> Doch aus dem schwarzen Abgrund drang hervor
> Aufs neu' des Drachen alte Saat, drang mir ins Herz,
> Das schon in falscher Sicherheit sich wiegte,
> Den Kampf vergaß, vergaß des Heilands Wunden,

Die seine Jünger mit Ihm tragen sollen,
Solange sie durchs Erdenleben wallen.
Bald war der alte Zwiespalt heimgekehrt.
Doch nicht wie früher, nein, noch gräßlicher
Zerfleischt des Herzens Heiligtum die Sünde,
Mit eiteln Lügen höhnt sie Gottes Gnade,
Mit falschen Wahngebilden malt die Welt,
Die arge Welt, sie aus als Glück und Frieden.
Und jammernd schleppt' ich ungeheures Weh'
Mit mir herum im irren, matten Geist;
Der Tag war qualvoll und der Nächte Traum.
Des Glaubens schwacher Funke ist im Sturm
Der wilden Leidenschaften ausgeblasen.

Doch ewig wacht die ew'ge Liebe, ruft
Ihr arm, verloren, irrend Kind zurück
Und drückt es an ihr treues Mutterherz.
Sie trieb mich, als die Not aufs höchste stieg,
In einer Kirche heil'ge Räume, wo
Die Pfeiler stolz gewölbt gen Himmel strebten
Und an die Kraft des Christenglaubens mahnten.
Es blickten milde Engel lächelnd nieder,
Die lieben Heil'gen standen ringsumher,
Die Märt'rer auch, mit Kronen auf dem Haupt,
Uns armen Erdenpilgern Mut einhauchend.
Und über dem Altar, da stand Er selbst,
Der Heiland mit dem festen, lieben Blicke,
Des Todes und der Sünde Macht besiegend.
„Wohl hast du Angst hienieden," sprach Er, „aber sei
Getrost, durch meinen Sieg kannst du auch siegen;
O bleibe bei mir! Laß den Glauben nicht!"

Nun ist der Streit vergessen, es ist Friede,
Und meinem Heiland dien' allein ich nur.
Er wird sein Kind nicht lassen, hält es fest,
Bis es auf ewig dort sich Ihm vereint.

Den 9. August 1835.

Im September und Oktober 1835 war er auf der Fußwanderung in Süddeutschland. Sein Tagebuch setzt gleich nach seiner Rückkehr ein:

Sonntag-Morgen, den 25. Oktober 1835. Heimgekehrt nach vielem Umherwandern in die trauliche Stube, wo ich im vorigen

Winter so mancherlei Gedanken im Haupte umherwälzte, lebe ich ruhig und still nur den Wissenschaften. — Die vielfachen Trübungen, die wirren Zustände der Seele, die ich auf meiner Reise so oft erfuhr wegen meines Wiederzurücktretens von dem einmal ergriffenen Glauben, den ich doch aus innerer Notwendigkeit fahren lassen mußte, haben aufgehört, und ich bin ruhiger geworden. Zwar habe ich keinen Glauben, keinen Anhaltspunkt, nichts, was meine ganze Seele beschäftigte; doch wenn ich's nicht habe, so ist doch mein Verlangen dahin gerichtet, es zu erlangen, besonders dadurch, daß ich mir durch wissenschaftliches Streben Kenntnis der philosophischen Systeme, durch Ausbildung des spekulativen Talents die Fähigkeit erwerbe, nicht Göttliches zu empfangen, aber doch das Empfangene richtig zu verarbeiten. Gestern nachmittag las ich zufällig das vorstehende Gedicht. Mir ward klar, das, was ich im vorigen Sommer gefühlt habe, müsse Wahrheit sein, wenn auch die Form, wie ich's begrifflich entwickelte, falsch sei; ich warf mich nieder und bat Gott um Verzeihung, daß um meiner Sünde willen notwendig gewesen sei, was geschehen ist, flehte Ihn an, mir Licht um meiner Schwachheit willen allmählicher und ruhiger aufgehen zu lassen. Besonders beschloß ich, mich nie wieder an eine bestimmte Form, an eine Partei zu binden, lieber die Liebe Gottes recht tief zu empfinden und im Leben darzustellen, als in jedem Punkte mit dem orthodoxen System übereinzustimmen.

26. Oktober 1835. Rudolph Schleiden besuchte mich mit einem Vetter. Derselbe hatte eine sehr bestimmte Moralphilosophie und war überzeugt, es werde bald durch die zunehmende Sittenlosigkeit eine große moralische Umwälzung herbeigeführt werden, deren Prinzipien er meinte jedem vorbemonstrieren zu können. Ich erklärte ihm nun, nach meiner Meinung locke man mit der Moral keinen Hund vom Ofen. Der Widerstand gegen die flachen, verneinenden Angriffe gegen die ewig göttlichen Ideen des Christentums machte mich zum eifrigen Verteidiger dieser Ideen. Sie begeisterten mich so sehr, aber der Zweifel an ihrer thatsächlichen Wahrheit blieb.

9. November 1835. Die ganze vorige Woche habe ich sehr glücklich verlebt. Ich fühlte ungeheure Kraft und Lebenslust im Innern, jede Lebenserscheinung trat mir freundlich entgegen. Dem Christentum stehe ich jetzt nicht mehr feindlich entgegen, wie dies leider, als ich noch nicht völlig davon losgerissen war, stattfand. Die Ideen desselben, die ganze Erscheinung Christi erscheinen mir sehr schön, nur zweifle ich an der thatsächlichen Wahrheit, überhaupt an allem und jedem,

sobald man jene Lehren als unbedingt bindend hinstellen will. Der Mittelpunkt meiner Grübeleien ist immer die Lehre von der Sünde.

Sonnabend, den 28. November 1835. Endlich ist in die lange Kette der Verwirrung in meinem Innern, der gewaltsamen Übergänge vom Glauben zum Unglauben, ein Lichtstrahl gefallen, durch den ich den Punkt, auf dem ich jetzt stehe, und das Ziel, dem ich zustreben muß, zu erkennen glaube. Im vorigen Frühjahr erfaßte mich die Kraft des Glaubens, die Liebe zu Christo mit einer Macht, wie sie nur von oben gegeben werden kann, und ich meinte, alsbald mich ganz und gar umzukehren, der Welt bittere Fehde anzukündigen und allein im Fortschreiten im Glauben und in der Liebe, und in dem rastlosen Streben, andere dafür zu gewinnen, meine Seligkeit zu finden. Allein das Christentum fand einen sehr schlechten Boden bei mir; zwar hatte es in meinen frühen Jahren mehrmals schon Wurzel gefaßt, daher mir auch ein Bild von dem, was dazu gehöre, ein Christ zu sein, selbst in der tollsten Zeit meines Freiheitsschwindels immer vorschwebte; doch war es nie zu völliger Herrschaft gelangt, und das wilde Aufbrausen eines gewissen feindseligen Triebes in meinem Inneren behielt die Oberhand. Ich war unfähig, mich zu einer Entsagung zu bequemen, in einem Streite nachzugeben. In der Periode der Flegeljahre, meinte ich, sei es so in der Ordnung, jedem aufwallenden Gelüste nachzugeben.

Als nun die Wehen der Wiedergeburt begannen, war ich bereit, mich ganz ihnen hinzugeben, entschloß mich sogar, meinen langgehegten demagogischen Ideen den Abschied zu geben und einer ewig gleichen, friedsamen und milden Stimmung nachzutrachten. Zuerst aber zeigte sich die Reaktion des alten feindseligen Triebes in einem heftigen Hasse gegen die Rationalisten. Dann, als ich dies als Sünde erkannte und den meiner Natur am schwersten fallenden Tugenden der Demut und Sanftmut am meisten nachstrebte, wandte sich jene Reaktion gegen das ganze Werk des Glaubens. Es sei Thorheit, meinte ich, in meiner frischen, jungen Kraft diesem ernsten, düstern Mystizismus, diesen Greises- und Weibertugenden nachzustreben, dem schönen, heiteren Leben, das mich von allen Seiten anlächle, abzusagen; Thorheit, mich schon in die Fesseln eines Systems hineinschmieden zu lassen, das zu erfassen ich durch mangelhafte philosophische Bildung noch nicht fähig sei, das ich mit ganz anderer Umsicht und Kraft erfassen würde, wenn ich vorher alle anderen Richtungen und Systeme durchforscht und mitgemacht hätte, um dann das Verhältnis eines jeden von ihnen zum Christentum recht zu erkennen, das Wahre daraus festzuhalten, das Falsche mit Entschiedenheit zu verwerfen.

Hiergegen erwiderte nun die Richtung des neuen Lebens in mir, daß die Bekehrung, je früher, desto leichter sei, daß ich später vielleicht nie, oder nur nach den fürchterlichsten Kämpfen zurückkehren würde, daß das Christentum sich gerade im Gemüte des Jünglings mit eigentümlicher Schönheit darstelle und ihn für die Entbehrung äußerer Freuden durch innere Seligkeit beim Anschauen der Natur, der Denkmale der Kunst, der wahrhaft guten Züge der Menschheit, die sich in der Geschichte und dem gewöhnlichen Leben kundgeben, durch das schmerzliche und doch so wohlthuende Mitgefühl mit den Leiden der Menschheit, durch die innere Kräftigung im Kampfe gegen die Sünde den reichsten Ersatz gebe, daß das Christentum nicht ein System sei, sondern neues Leben mitteile, das in verschiedenen Entwickelungen noch mancherlei Gestaltungen annehmen könne, daß ich die Bekanntschaft mit entgegengesetzten Richtungen am besten unter seiner Leitung machen könne.

So wohnten zwei Seelen in meiner Brust, und die eine wollte sich von der anderen trennen. Hier war keine Vermittelung und ebensowenig eine allmähliche Entwickelung möglich, denn der Kampf war zu wild dazu. Bekam die christliche Richtung die Oberhand, so schickte sie sich an, die andere mit Stumpf und Stiel auszurotten. War ich z. B. auf dem Wege zum Theater oder nur zur Wagnerschen Gemälde-Sammlung (die ich deshalb bis jetzt noch nie gesehen), so kehrte ich manchmal plötzlich um und ging auf meine Stube und betete; selbst eine Turnfahrt mitzumachen schien mir manchmal bedenklich. Ebenso suchte auch die Weltlust und Zweifelsucht, wenn sie Siegerin war, sich sogleich in den Alleinbesitz meines Herzens zu setzen und machte sich mit so wilder Gewalt darin geltend, daß ich am Ende aus bloßer Erschöpfung und Mattigkeit zum alten Glauben zurückkehrte. In den letzten Tagen des August war der Kampf am ärgsten; schon im Mai und Juni fehlte er nie, aber der Glaube ging immer mit verjüngter Kraft daraus hervor, so daß ich meinte, dies würde das Ergebnis aller Kämpfe sein, und ich dürfe mich ihnen ruhig überlassen. — Während der ganzen Dauer meiner Reise dauerte der Kampf fort, und als ich zurückkehrte, hatte er noch nicht aufgehört. Der alte Glaube begann zum letztenmal sich zu regen und der Unglaube gleichfalls die letzte und stärkste Reaktion zu machen. Nie habe ich an allem, am Dasein Gottes und an der Unsterblichkeit mehr gezweifelt, als vor vierzehn

Tagen. Ich bedauerte nur, daß ich — — Schriften nicht bekommen konnte, um daraus neue Nahrung für meine Zweifel zu ziehen. Doch las ich die Wolfenbütteler Fragmente, die Möncherey und manches andere, nur um das Christentum recht angreifen zu können. So ging der Rest des Glaubens in mir unter.

Nachdem nun endlich der Kampf aufgehört und der Unglaube den Sieg gewonnen hatte, ging ich darauf aus, das Gebiet, worauf ich mich fortan bewegen wollte, näher zu bestimmen. Das Lesen der Möncherey hatte in dieser Hinsicht großen Einfluß auf mich. Anfangs suchte ich dem Spott, den der elende Verfasser dieses schändlichen Buches über das Christentum ergießt, beizustimmen, aber mehr und mehr empörte mich der ganze Ton des Buches, die Zerrissenheit und der wollüstige Sinn des Verfassers. Ich erhielt Kunde von den Bestrebungen des „jungen Deutschlands" und fragte mich, was denn mein Verhältnis zu diesen Leuten sei, und mußte mir antworten, daß, wenn es so fortgehe, ich der ihrige werden würde, da mit dem frommen Glauben an Gottes Liebe auch das Vertrauen, daß das Herz höherer Natur sei und etwas Besseres in ihm lebe, zusammenfiele. Dies ergriff mich am Dienstag-Mittag, den 24. November, mit großer Gewalt. Ich ward sehr finster und mochte mit niemand reden. Dann fiel ich nieder und bat Gott um Verzeihung der unendlich großen Sünde, die auf mir laste. Ich erhielt im Innern die Gewißheit, daß ich nun nicht wieder in die alte Finsternis zurückgestoßen werden würde. Am Mittwoch fühlte ich, daß nicht sogleich die Zuversicht meiner Versöhnung mir gegeben werde, daß die Sündenschuld und die Entfremdung von Gott noch zu schwer auf mir lasten; doch hoffte und hoffe ich, daß es jetzt besser werde. Die Zweifel, die sich in mir regten, sind keineswegs alle schon überwunden. Doch das Eine steht mir fest, das niemand ableugnen kann, es habe einmal einen Christus gegeben, der frei von Sünde und Irrtum und also Gottes Gesandter gewesen sei. So denke ich denn durch beständiges Flehen zu Gott und ruhiges Forschen das Verlorne zu dauerhafterem Besitze wiederzugewinnen.

Diese Errungenschaft dauerte nicht lange. Schon am 9. Dezember umlagert ihn wieder ein Heer von Zweifeln. Am 14. Dezember berichtet er eingehend von einer Unterredung mit Neander über die Inspiration. Neander nahm eine Mittelstellung ein; er behauptete nicht eine Unfehlbarkeit der Schrift oder ihrer Verfasser, sondern behauptete nur, daß die Apostel in der Grundlage ihres Lebens und Denkens vom Heiligen Geiste geleitet seien. Dies war seinem jungen Schüler nicht folgerichtig genug. „Ganz oder gar nicht, ist in dieser Hinsicht mein Wahlspruch."

Übrigens verlasse ich Neander immer mit heiliger Achtung vor ihm und mit Verachtung meiner selbst, weil ich in solchen Zerwürfnissen bin und den kindlichen Glauben von mir gestoßen habe. Oft bin ich traurig darüber, werfe mich auf die Kniee, kann aber nichts beten, als: „O Gott, erbarme Dich meiner!" Doch alsbald ist die Traurigkeit wieder vorbei, und ich bin fest überzeugt, die Lehre unserer Kirche, von der ich beim Lesen der Bibel nicht absehen kann, sei nicht die Wahrheit.

In der Auswahl seiner Lektüre spiegelt sich das Hin und Her seines Suchens:

31. Dezember 1835. Ich habe Speners Leben von Hoßbach gelesen und daraus die Pietisten als die Verfechter der Geistesfreiheit, als die ersten Bekämpfer der alten Vorurteile des siebzehnten Jahrhunderts erkennen gelernt. Ferner las ich eine Rezension von Guido Görres „Leben der Jungfrau von Orleans"; was soll man von ihrer göttlichen Sendung, ihren Wundern sagen? Welches Kriterium hat man, die ebenso beglaubigten Wunder des Mittelalters von den neutestamentlichen zu unterscheiden? Ferner lese ich Rousseaus Discours sur l'origine de l'inegalité parmi les hommes und bedaure, daß ein solcher Kopf so ganz verkehrten Ansichten anhing.

Am 7. Januar 1836 kam dann das Erwachen, als er sich am Rande des Abgrundes sah und verzweifelnd die Hand seines Retters erfaßte. Am 16. Januar preist er die Liebe Gottes, welche selbst Mutterliebe übertrifft und auch ihn zurückgebracht hat. „O Herr, thue mit mir nach Deinem Wohlgefallen! Ich bin ganz Dein!"

23. Januar 1836. O hätte ich früher Ihm gefolgt! Da ging's von einem Vorgefühl der Seligkeit zum anderen; da gab mir jeder Tag neues Licht. Jetzt ist immerdar meine Stimmung die des Buße thuenden Sünders, auf dem seine Schuld so schwer liegt, daß er gern durch achtzig Jahre um Vergebung betteln möchte. Und diese Stimmung erhalte mir Gott ewiglich; sie allein kann meinen Leichtsinn vor neuem

Falle bewahren. So bleibe ich ewig des Herrn größter Schuldner, und ein unabläſſiges, ernſtes Trachten nach ſeiner Gnade mache nie einem leichten, fröhlichen Weſen Platz. Das Gefühl der Sünde bleibe in mir wie ein Pfahl im Fleiſch, auf daß es auch von mir heiße: Wenn ich ſchwach bin, bin ich ſtark.

Allen, die in ſpäteren Jahren den Ausdruck ſeines tiefen Sündenbewußtſeins von ihm gehört haben, wird vorſtehende Stelle faſt prophetiſch erſcheinen.

Er geht jetzt in ſeinem Eifer über ſeinen verehrten Lehrer hinaus:

7. Februar 1836. Drei Lehrer hatte ich bisher, die bedeutend auf mich einwirkten: meinen Vater, Landfermann und Neander. Wie ich Landfermanns Anſichten einſt blind folgte, dann von ihm abging, ſo iſt's mir nun auch mit Neander gegangen, und ich ſehe, daß es Zeit iſt, daß ich Berlin verlaſſe. Geſtern war ich bei ihm. — Wir kamen dann auf die Lehren von der heiligen Dreieinigkeit und den beiden Naturen in Chriſto zu ſprechen, und ich erſchrak zu hören, daß er die Beſtimmungen der alten Kirchen-Verſammlungen darüber, die mir ſo notwendig aus dem chriſtlichen Bewußtſein hervorzugehen ſcheinen, gar nicht achtete und meinte, das werde der Rationalismus bewirken, daß dieſe Lehren freier aufgefaßt und ausgebildet würden. Ich war ſehr betrübt darüber, da ich mich nicht entſchließen kann, die alte Kirchenlehre gegen die wechſelnden Auffaſſungen der heutigen Dogmatiker aufzugeben; doch ſah ich, wie verkehrt es war, zu denken, ich habe ſchon feſten Boden in der Auffaſſung des chriſtlichen Glaubens gewonnen, da mir darin noch ſo unendlich viel zu thun bleibt. So möge denn der Herr mich hierin erleuchten!

10. Februar 1836. Geſtern ſah ich die königliche Kunſtkammer: Götzenbilder aus China und Otaheiti, die Keulen und Tomahawks der Wilden. — Bei den Gerätſchaften der Wilden wurde mir recht das Elend offenbar, in dem dieſe Leute ſind und worin ſich der begiebt, der ihnen den Frieden verkündigt, aber auch die unendlichen Segnungen, die bei ihnen aus dieſem Frieden hervorgehen würden. Ihnen dieſe zu bringen nach meinen ſchwachen Kräften, danach ſehne ich mich recht herzlich und möchte allen Ernſtes Miſſionar werden. In unſerer über-verſtändigen, hochgebildeten oder verbildeten, dabei kalten und herzloſen europäiſchen Welt gefällt mir's nicht; ich möchte dem Laſter wenigſtens

in der glänzenden, feinen Gestalt, die es hier annimmt, gern aus dem Wege gehen und timore Christi et peregrinationis amore ductus nach dem fernen Abessinien hinüberfahren.

  18. Februar 1836. Die Lehre von der Genugthuung Christi wird mir immer festere Überzeugung. Gott helfe mir!

Siebentes Kapitel.
Im finsteren Thal.
März 1836 bis Oktober 1837.
(Vom Herausgeber.)

Im März 1836 kehrte mein Vater zu Fuß nach Altena zurück, wie er zwei Jahre vorher nach Berlin gezogen war. Wieviel hatten diese zwei Jahre für ihn bedeutet! Noch halb als Knabe, lustig, in trotzigem Kraftgefühl, dürstend nach dem freien Studentenleben, war er ausgezogen. Seine Wanderlust hatte er auf weiten Zügen bis über die Grenze der deutschen Gaue befriedigt. Sein ungestümer Freiheitsdrang hatte sich durch die Beobachtungen, die er in Österreich gemacht, und durch die ernüchternde Berührung mit anderen Studenten, die noch heftiger waren als er, allmählich gemäßigt. Er hatte Umgang mit vielen bedeutenden Menschen gehabt, und die absichtliche Rauheit seiner altdeutschen Zeit hatte feineren gesellschaftlichen Formen Platz gemacht. Geistig war er sehr gereift. Die Briefe, die er als achtzehnjähriger Jüngling im ersten Halbjahr an seine Eltern geschrieben hat und die noch vorhanden sind, waren ungemein reich; aber anderthalb Jahre später ist eine ganz andere Klarheit und Kraft der Gedanken und des Ausdrucks unverkennbar. Ohne hervorragende Begabung wäre er nicht von so bedeutenden Leuten herangezogen und ausgezeichnet worden; denn dies war noch viel mehr der Fall als in seiner anspruchslosen Erzählung hervortritt. Sein Freund,

Pastor Krafft, sagte mir einst bei einem Besuch in Elberfeld: „Ihr Vater ragte um eines Hauptes Länge über dem Durchschnitts-Kandidaten empor."

Aber die bedeutendste Wandlung dieser zwei Jahre war die religiöse. Als er nach Berlin kam, kümmerte er sich noch wenig um die großen Probleme des Lebens und Glaubens. Als er aber auf seiner Reise nach Österreich diesen Fragen einmal ins Auge geschaut hatte, gab er sich dem Suchen nach Wahrheit mit verzehrendem Eifer hin. Wer selbst nie die Wahrheit mit Herzensangst gesucht hat, sondern seine Weltanschauung ruhig von anderen überkommen hat oder zu gleichgültig gegen die Ewigkeitsfragen des menschlichen Herzens gewesen ist, um deshalb Schlaf zu verlieren, der wird diesem bangen Sehnen, wie es im vorigen Kapitel geschildert ist, befremdet oder bedauernd gegenüberstehen. Aber andere werden es verstehen. Seine Bekehrung hatte zwei Seiten, die intellektuelle und die sittliche, die bei ihm Hand in Hand gingen. Das Selbstvertrauen, welches mit eigner Kraft die Wahrheit finden wollte, und der trotzige Stolz, der weder göttliche noch menschliche Zucht gern ertragen wollte, waren im Grunde dieselbe Selbstbehauptung, derselbe natürliche Egoismus, der in sich selbst Mittelpunkt des Daseins, Ziel des Strebens und Kraft des Wirkens finden will. Die vernichtende Erfahrung der eignen sittlichen Hilflosigkeit, die ihn hilfeflehend vor Gottes Füße warf, war zugleich ein Geständnis seines geistigen Unvermögens und die Beugung unter die Autorität des Glaubens.

Es ist wohl zu beachten, daß das neue Leben und Denken, das für ihn mit seiner Bekehrung anfing, auch noch kein fertiges und harmonisches war. Derselbe ungestüme Drang, die äußersten Konsequenzen zu ziehen, der ihn vorher zum völligen Unglauben trieb, trug ihn jetzt in ein extremes religiöses Leben hinein. Die Welt hatte ihn beinahe überwunden; jetzt wollte er ganz aus ihr heraus; sein Motto war: „Ich achte es alles für Kot, auf daß ich Christum gewinne." Er wollte keine Freuden mehr kennen außer den Freuden in Gott. Alle Theologie, die nicht streng rechtgläubig war, verwarf er ganz. Seine Schwester sagte ihm einmal, sie lasse die Ewigkeit der Höllenstrafe dahingestellt. Er antwortete, wenn sie das nicht glaube, gehe sie verloren. Sein Vater, der seine religiöse Wandlung im vorhergehenden Sommer aus seinen Briefen mit großer Freude beobachtet hatte, mißbilligte seine jetzige Stellung. In einem späteren Bericht an einen Arzt sagte er von seinem Sohn nach dessen Rückkehr aus Berlin: „Er kam an, und man sah sofort einen pietistischen Zelotismus, der kaum eine Grenze kannte, eine Verdammung der Hegelschen Lehre, die auch deren Feinden nicht gefallen konnte, eine totale Gleichgültigkeit gegen Umgang." Es war dies eine sehr natürliche Reaktion, und er hat sie überwunden, doch verging noch einige Zeit darüber.

Noch eine Veränderung, eine traurige, trat den Eltern an ihrem heimkehrenden Sohn entgegen: seine Gesundheit war gebrochen. Schon den ganzen Winter hindurch erwähnt er in seinem Tagebuch zunehmende Schlaflosigkeit, Tage der geistigen Schlaffheit, an denen anhaltende Arbeit ihm fast unmöglich war. Sein Nervenleben war augenscheinlich schon lange geschwächt. Das hatte verschiedene Ursachen. Die Summe, um die ihn im ersten Semester ein Freund betrogen hatte, ebenfalls die Mehrkosten seiner großen Reisen, hatte er sich am Munde abzusparen gesucht und oft des Mittags nichts als Butterbrot und Obst gegessen. Ferner die Ideale altdeutscher Kraft und Männlichkeit verführten ihn zu übertriebenen Leibesübungen; sein Tagebuch erwähnt Fälle, wo er auf dem Fechtboden nach zwölf Gängen sich erschöpft hinwerfen mußte, und Turnfahrten, von denen er ganz ermattet heimkehrte. Auf seinen Reisen badete er in allen Flüssen, an die er kam, und zuweilen drei- oder viermal am Tage; das allein wäre genug, um eine gewöhnliche Gesundheit zu untergraben. Er hat, wie manche junge Leute, erst durch Erfahrung lernen müssen, daß körperliche Kräftigungsmittel im Übermaß schwächen. Endlich kam dazu seine aufreibende Geistesthätigkeit und sein Seelenkampf. Er war wie ein

Vogel, der im Heimweh seine Flügel an den Drähten seines Käfigs zerschlägt.

Schon im Februar hatte er an seine Eltern geschrieben und um Erlaubnis gebeten, bei ihnen auszuruhen. Nach seiner Ankunft fing er an, privatim zu arbeiten. Er las Marheinekes Reformationsgeschichte und trieb exegetische Arbeiten, machte dabei weite Spaziergänge, aber statt sich zu heben, nahmen seine Kräfte ab. Er mußte wissenschaftliche Arbeit aufgeben und beschäftigte sich nur mit Luther, Augustins Bekenntnissen, Johann Arndt, Goßners Leben heiliger Seelen und besonders mit Tersteegen und anderen mystischen Schriftstellern. Nach und nach hörte auch dies auf, und die Evangelien waren seine ganze Nahrung, und endlich waren drei Sprüche aus dem Büchlein, das Frida von Quadt ihm geschenkt, der einzige Faden, der ihn noch mit seiner früheren geistigen Welt verband. Der Schlaf floh ihn; wenn er schlief, stellte sein Gehirn seine Thätigkeit nicht ein; er führte im Traum aufregende theologische Gespräche und erwachte matt und unerquickt. Seine Verdauung hatte schwer gelitten. Auch seine Brust war angegriffen, er hustete öfters Blut. Die Leute hielten den blassen Jüngling, der von einem kurzen Spaziergang so gebückt sich nach Hause schleppte, für einen Todeskandidaten, verehrten aber die ernste Gestalt fast wie einen Heiligen. Den Schmerz der Eltern um ihren ältesten Sohn, das Kind ihres besonderen Stolzes und ihrer schönsten Hoffnungen, kann man sich denken.

Doch, „ob ich schon wanderte im finsteren Thal, fürchte ich kein Unglück, denn Du bist bei mir, Dein Stecken und Stab trösten mich". Seine treue Mutter war besonders der Stab Gottes, auf den er sich stützen konnte. Sie hat, wie sein Vater später einmal sagte, in jenem Jahr ihn mit Schmerzen noch einmal zum Leben geboren durch ihre Pflege. Gegen Frühjahr 1837 fingen seine Kräfte an, sich etwas zu heben. Er arbeitete im Garten und half die Bäume an der Chaussee beschneiden. Er lernte Obstbäume pfropfen, und die theoretische Unterweisung darüber war die erste geistige

Thätigkeit, die er ertragen konnte. Bei schlechter Witterung half er einem Buchbinder Papier falzen. Es ist um so auffallender, daß er sich derartigen Beschäftigungen zuwendete, weil mechanische Kunstfertigkeit ihm von Natur sehr abging. Er hat z. B. in seiner Kindheit vor der Erfindung der Streichhölzer nie gelernt, mit Stahl und Feuerstein Feuer zu schlagen. Die Gartenarbeit war ihm das liebste, und Mitte Juni setzte er es gegen die Bedenken seiner Eltern durch, daß er nach Düsseldorf gehen und dort im botanischen Garten und in der damit verbundenen Baumschule als freiwilliger Gehilfe arbeiten durfte. Jetzt ging seine Genesung mit raschen Schritten vorwärts. Bücher waren ihm noch zuwider; sie hatten ihm soviel Wehe bereitet, daß sein Instinkt davor zurückschreckte; aber mündliche Unterweisungen nahm er immer mehr und zusammenhängender in sich auf. Vor Theologie und Philosophie hatte er auch noch instinktive Furcht; dagegen die Naturwissenschaften hatten ihm kein Leid angethan, und ihnen wandte er sich mit wachsender Begeisterung zu. Sein Vater ermutigte ihn darin von Herzen und prophezeite ihm, daß er durch diese Kenntnisse noch vielen nützen und auch für sein geistliches Amt Gewinn daraus ziehen werde.

Ende September kehrte er von Düsseldorf nach Altena zurück, um von dort nach Bonn zu gehen und seine Universitätsstudien nach anderthalbjähriger Unterbrechung wieder aufzunehmen.

Seine Gesundheit hat sich von diesem Zusammenbruch nie wieder völlig erholt. Er ist sein lebenlang infolge davon ein anderer Mensch gewesen, als er sonst hätte sein können. Diese anderthalb Jahre und die daraus folgende Kränklichkeit haben auf seinen Charakter und sein Gemütsleben tief eingewirkt und selbst in seinen gesellschaftlichen Manieren und seinem litterarischen Stil wehmütige Spuren hinterlassen. Doch hat er auch aus dieser schweren Zeit unter Gottes väterlicher Führung Segen gezogen. Es ist rührend, wie kindlich demütig er seinen Eltern gegenüber in seiner Krankheit ist und welch schlichtes Vertrauen auf Gottes endliche Hilfe aus seinen Briefen atmet. Auch hat er aus dieser Zeit als bleibendes Besitztum seine Liebe zur Natur und Naturwissenschaft herausgenommen; seine Geistesrichtung wäre sonst wohl viel einseitiger theologisch und spekulativ geworden.

Achtes Kapitel.
Meine Studien in Bonn.
1837—1839.

Nachdem ich durch Gottes Gnade und durch die Beschäftigung mit der Natur meine Gesundheit einigermaßen wiedergewonnen hatte, bezog ich Ende Oktober 1837 die Universität Bonn, wo ich nach anderthalbjähriger Unterbrechung meine Studien wieder aufnahm und zwei Jahre sehr glücklich verlebte. Ich wohnte die ganze Zeit in dem schönen Dorfe Poppelsdorf bei Bonn, denn in dem Schloß dort wurden die meisten naturwissenschaftlichen Vorlesungen gehalten, und dort lag auch der botanische Garten. Ich wollte nämlich, mit der vollen Genehmigung meines Vaters, die theologischen Studien fürs erste noch beiseite lassen und die Naturwissenschaften, die mir so lieb geworden waren, weiter treiben. So habe ich im Laufe der vier Semester Botanik, Zoologie, Anatomie, Mineralogie und Petrefaktenkunde (Kunde der Versteinerungen), Anthropologie, Anatomie und Physiologie der Gewächse 2c. gehört. Nur Physik, Chemie und Astronomie blieben mir fremd, denn dazu gehören mathematische Kenntnisse, in denen ich immer schwach geblieben bin.

Doch beschränkten sich meine Studien durchaus nicht auf das Anhören von Vorlesungen. Von dem Direktor des botanischen Gartens hatte ich Erlaubnis erhalten, dort mitzuhelfen, wo es mir gerade zusagte. Seine Gehilfen kamen mir mit großer Freundlichkeit entgegen. Oft stand ich stundenlang im Treibhaus des botanischen Gartens, konnte mich nicht satt sehen an den Pflanzen und Blumen und beschrieb sie mir dabei selbst nach ihren wissenschaftlichen Bezeichnungen. Auch in der Zoologie machte ich unter dem Mikroskop meine eignen Studien, die mich wunderbar fesselten. Selbst das Ausstopfen der Tiere lernte ich und war nicht wenig stolz, als ich meine erste Krähe ausgestopft hatte. Dadurch daß ich in Poppelsdorf wohnte, hatte ich während meiner Bonner Jahre fast mehr Umgang mit Studenten der Medizin und Naturwissenschaften als mit Theologen. Mit meinen naturwissenschaftlichen Freunden machte ich im Frühjahr und Sommer oft weite botanische Wanderungen. Sie suchten dann wohl zwanzig Exemplare jeder seltenen Pflanze zu bekommen, preßten dieselben für ihr Herbarium und tauschten mit anderen, um ihre Sammlungen zu vervollständigen. Daran habe ich nie Gefallen gefunden; ich nahm nur zwei oder drei Exemplare und analysierte sie, während sie noch frisch waren. Während der zwei Sommersemester hatte ich die Ehre, dem Professor Treviranus als Assistent zu dienen. Als solcher hatte ich die Pflicht, die Pflanzen, welche er für seine Vorträge brauchte, herbeizuschaffen und jeden Zuhörer mit zwei Exemplaren zu versorgen. Das war oft keine kleine Mühe, aber es machte mir Freude. Einst wollte er die weiße Seerose, Nymphaea alba, vorzeigen. Nun wuchs dieselbe nur in einem Teiche des botanischen Gartens. Bei Morgengrauen, als noch kein Mensch im Garten war, schwamm ich hinüber, wo die schönen Blüten auf dem Wasser lagen, zog ihre Stengel schwimmend aus der Tiefe und trug sie ans Ufer. Dabei kam mir meine Schwimmkunst sehr zu statten. Auch hatte ich durch meine Stellung den Vorteil, daß ich in nahe und angenehme Beziehungen zu Professor Treviranus trat. Sein Kolleg hatte ich frei und bekam für meine Dienste 15 Thaler Gehalt von der Universität. Im Sommer machte Professor Treviranus mit seinen Studenten jede Woche einen botanischen

Im Palmenhause...
...zu Bonn 1838.

(Nach der Zeichnung eines Freundes.)

Ausflug, wobei die Pflanzen, die man gerade fand, analysiert und erklärt wurden. Dabei kamen die Studenten oft mehr zu mir als zu ihm, weil ich mit meinen Antworten rascher bei der Hand war. Im zweiten Sommersemester hatte ich einen Vortrag über die Orchideen in dem botanischen Seminar zu halten. Professor Treviranus lud schon eine Woche vorher dazu ein und sprach sehr lobend von mir, so daß ich doppelt froh war, als der Vortrag mir auch gut gelang. Auch hatten wir eine naturwissenschaftliche Gesellschaft, in der jedesmal einer von uns einen Vortrag zu halten hatte. Besonderen Gewinn hatte ich von dem freundschaftlichen Umgang mit Eduard Regel, der im botanischen Garten angestellt war. Er konnte sehr gut Französisch und las mit mir manche wichtigen französischen Werke, z. B. Mignets Geschichte der Revolution und Rousseaus Bekenntnisse; letztere zu lesen kostete mir einige Überwindungen, nachdem ich die herrlichen Bekenntnisse des Augustin kennen gelernt hatte. Ich unterrichtete meinen Freund Regel dafür wieder in anderen Dingen, und zwar eigentümlicherweise besonders in der Geographie Amerikas, die ich später noch ganz anders kennen lernen sollte. Regel wurde später Direktor des botanischen Gartens in St. Petersburg und Inhaber vieler Orden, mit dem Titel Exzellenz.

Ich erwähnte eben, daß ich mit ihm die Geographie Amerikas studiert habe. Meine naturwissenschaftlichen Studien mehrten überhaupt mächtig meine Bekanntschaft mit fernen Ländern und meine Sehnsucht nach ihnen. Während andere sich meist die heimischen Pflanzen zur Behandlung auswählten, nahm ich mir mit Vorliebe die Gewächse und Tiere der Tropenwelt und hatte keine lieberen Gespräche als über die Ferne.

Ich betrachte es als eine besonders gütige Fügung Gottes, daß ich an das Studium der Naturwissenschaften kam. Als ich kurz nach meiner Ankunft in Bonn dem Professor Dr. Nasse, von dem ich ärztlich behandelt werden sollte, den Lauf meiner Krankheit erzählte und ihm mitteilte, ich studiere jetzt fast nur Naturwissenschaft, rief er beifällig aus: „Wer hat Ihnen denn den Rat gegeben?" Auch mein Vater nahm den lebhaftesten Anteil an diesen Studien und wünschte sich einmal über das andere, daß er wieder auf ein Jahr Student werden und mit mir Geologie und Anatomie treiben könne. Er besuchte mich einmal im zweiten Sommer in Bonn, und ich hatte die große Freude, ihn in mein Thun und Treiben einzuführen und mit meinen Freunden bekannt zu machen. Anderen theologischen Freunden dagegen wollte diese Hingabe an die Naturwissenschaften nicht ganz gefallen. Professor Sack, in dessen Hause ich viel verkehrte, fragte mich einmal, nur halb im Scherz, ob ich einst Professor der Naturwissenschaften am Hofe des Königs von Birma werden wolle. Die Beschäftigung mit der Natur hat mir nicht bloß damals meine Gesundheit wiedergewonnen und sie mir später erhalten, sondern auch meinen Gedankenkreis und meine Weltanschauung sehr bereichert. Zum Beispiel beschäftigte mich das Gesetz von der Metamorphose der Pflanzen, welches Goethe dichterisch behandelt hat; ich versuchte, in meiner eignen Entwickelung und in dem Gang des Reiches Gottes ähnliche gesetzmäßige Perioden und Wandlungen zu entdecken, wie im Pflanzenreich.

Mit dem zweiten Semester in Bonn fing ich meine theologischen Studien wieder an, und im dritten Semester wogen sie vor. Ich hörte bei dem berühmten Bibelforscher Bleek Einleitung ins Neue Testament und las in seinem Seminar den Philipperbrief. Bei Redepenning hörte ich neuere Kirchengeschichte und las in Sacks Seminar die Schrift des Athanasius über die Menschwerdung des Worts. Mein Freund Kinkel hatte sich während meiner Krankheitszeit schon als Lizentiat in Bonn habilitiert, und ich hörte seine Vorlesungen über die Korinther- und Johannesbriefe. Seine Vortragsweise war ungemein anziehend. Wir setzten den freundschaftlichen Verkehr unserer Berliner Zeit fort, nannten uns „Du", stellten Schwimm- und Fechtübungen miteinander an, und Kinkel half mir die Würste verzehren, die meine gute Mutter mir schickte. Er hielt mit seiner Schwester Haus; ich wohnte dicht neben ihnen und war wohl täglich bei ihnen; sie wünschten, ich sollte bei ihnen wohnen, doch zerschlug sich die Sache wieder. Bei diesem freundschaftlichen Verkehr war mir dann zuweilen sonderbar zu Mute, wenn ich ihm wieder als Schüler gegenüber saß, und bedauerte ihn, daß er als Dozent schon Urteile fällen mußte, wie sie seiner Jugend eigentlich noch nicht zustanden. Er las mit mir und einigen anderen den Minucius Felix; dabei wurde nur lateinisch gesprochen.

Wie in Elberfeld Landfermann und in Berlin Neander, so ragte auch in Bonn einer unter meinen Lehrern in seinem Einfluß weit über die anderen hervor, nämlich Professor Karl Immanuel Nitzsch. Er ist der vierte in der Reihe meiner großen Lehrer gewesen, eine der edelsten Gestalten der protestantischen Kirche in der ersten Hälfte dieses Jahrhunderts. Ich hörte bei ihm Kirchenrecht, Seelsorge, Symbolik, Theologie des Neuen Testaments, und im letzten Semester mit erstaunlichem Gewinn Dogmengeschichte. Ferner war ich in seinem homiletischen Seminar wohl der fleißigste Teilnehmer, doch verstand er es nicht so gut wie Strauß in Berlin, die Anwesenden in die Besprechung hineinzuziehen, sondern dieselbe blieb beschränkt auf den Lehrer und zwei Studenten, die etwas zu liefern hatten. Ich schloß mich an Nitzsch mit großer Hingabe an, und er kam mir auch mit Liebe entgegen, erlaubte mir unter anderem, an seinem Mittwochabend-Kränzchen regelmäßig teilzunehmen.

Unter seiner Leitung hielt ich auch im Juni 1838 in der Universitätskirche meine allererste Predigt, die dann nachher von ihm vor den anderen Studenten besprochen wurde. Sie handelte über die Geschichte von der großen Sünderin und bewies, daß die Liebe des Weibes nicht der Grund der Vergebung, sondern die Folge der Vergebung ihrer Sünden war. Ich unternahm die Predigt mit großem Bewußtsein meiner Schwäche, und darum ließ mir Gott sie gelingen. Ich erinnere mich, daß Nitzsch sagte: „Es ist Wille in ihrer

Predigt." Noch lieber war mir eine Bemerkung der Frau
Professorin Sack: die Predigt mache den Eindruck, daß sie
erlebt sei und aus der Erfahrung geschöpft. Unter meinen
Papieren ist noch ein Brief an meinen Vater, in welchem
Kinkel jene Predigt beurteilt. Da es nicht jedem Prediger
zuteil wird, einen so bedeutenden Kritiker bei seiner Erstlings-
predigt zu haben, erlaube ich mir, den Teil des Briefes,
welcher über mich handelt, hier wörtlich anzuführen:

„Mein verehrter, väterlicher Freund!

„Mein Vertrauen zu Augusts Genesung in seelischer
und leiblicher Hinsicht hat mich also nicht getäuscht. Er ist
fast mit der alten Kraft zu uns zurückgekehrt, sein Leben
blüht im Verkehr mit der Natur freudigst auf. Als mein
Hausnachbar kommt er wohl täglich zu mir oder ich zu ihm;
so wohlthuend ist es auch für mich, noch einen aus der alten
Berliner Zeit zu haben, der mich »Du« nennt. Wir spazieren,
baden und leben zusammen. Ich finde ihn gleichmäßig
heiter und, was ich in letzter Zeit an Menschen als das
Höchste habe schätzen lernen, wahrhaft und von ent-
schiedenem Charakter. Hierzu kommt, daß diese Entschiedenheit (und wie ich hoffe, bei uns beiden) eine christliche ist.
So können wir uns gegenseitig etwas sein, einer dem andern
Frucht schaffen; denn wir freuen uns unserer Gemeinschaft.

„Was die Predigt angeht, so werden Sie die schriftliche
Ausführung selber beurteilen, da August sie Ihnen zuschickt;
auch Nitzsch' Urteil mag er selber Ihnen schreiben. Die
Predigt machte durchweg den Eindruck, nicht Rede, sondern
That zu sein, etwas ausrichten zu wollen. Im Vortrag
zeigten sich schöne Anlagen. Ruhe, fast zu groß, ernst,
würdig, nie schroff; große Besonnenheit auf der Kanzel, die
Deklamation klarer, ununterbrochener, als er sonst im gewöhnlichen Leben zu sprechen scheint. Die große Kraft der (wie
bei Anfängern oft, etwas zu tief angelegten) Stimme
ungebrochen bis zum Schluß. Alles Eckige vermieden.
Totaleindruck der eines sanften Ernstes. Am allermeisten

die Aktion, fast ganz fehlerlos, sehr plastisch schön. Hier hat die Natur oder frühere Studien viel vorgearbeitet. Es wird im ganzen Vortrag noch mehr Lebhaftigkeit, besonders mehr Schärfe zu wünschen sein. Auf keinen Fall war der Eindruck der einer Anfängerpredigt.

„Verzeihen Sie die Flüchtigkeit dieser Mitteilung; ich hoffte Ihnen dadurch Freude zu machen, sonst hätte ich nicht das kurze Viertelstündchen angewandt, sondern lieber eine längere freie Zeit abgewartet.

„Ich bin mit vollkommener Hochachtung und Bruderliebe der Ihrige.

„Poppelsdorf, 28. Juni 1838.   Lizentiat Kinkel."

Im ganzen studierte ich in meiner Bonner Zeit lange nicht soviel für mich wie in Berlin, besuchte dagegen mit großem Fleiß die Kollegien und arbeitete zu Hause das Vorgetragene durch. Nur die Bibel las ich eifrig für mich und hatte viel Segen daraus. Meine Mutter und ich richteten es so ein, daß wir gleichzeitig ein biblisches Buch lasen. Sie that mir in ihren Briefen immer mit mütterlicher Liebe geistlichen Zuspruch. Mein geistliches Leben hatte in diesen zwei Jahren zwar auch Zeiten der Trübung und Niedergeschlagenheit, doch im ganzen konnte ich mich meines Gottes freuen und in innerem Frieden leben. Dazu hat gewiß ein christlicher Verein viel beigetragen, den ich im Frühjahr 1839 mit acht anderen Studenten gründete. Wir versammelten uns wöchentlich abwechselnd bei einem von uns, der uns mit Thee und Butterbrot bewirtete und darauf die Versammlung leitete. Er erklärte eine längere Bibelstelle oder teilte aus der Kirchengeschichte oder der neueren Missionsgeschichte etwas mit, das dann von den anderen besprochen wurde. Auch wurde zu Anfang ein Lied gesungen und am Anfang und Schluß frei gebetet. Als ich 1853 aus Amerika zurückkehrte, fand ich in Bonn einige junge Theologen, die damit umgingen, eine derartige Versammlung anzufangen. Ich ermutigte sie dazu und redete ihnen besonders zu, mit freiem

Gebet zu beginnen, aber sie beklagten, daß keiner von ihnen Freimütigkeit genug dazu besitze.

Unter diesen christlichen Freunden stand mir besonders nahe Viktor Hermann Andreae, Sohn einer wohlhabenden Kaufmannsfamilie in Frankfurt am Main. Er zog im Herbst 1838 mit seinem Freund Louis Appia in demselben Hause ein, in welchem ich wohnte, und die beiden machten mir bald einen freundschaftlichen Besuch, durch welchen ein herzlicher Verkehr angebahnt wurde. Andreae war Jurist, Appia Mediziner. Andreae war in seiner Kindheit ein frommer Knabe gewesen, war aber durch rationalistischen Religionsunterricht irre geworden und hatte sich durch kühne Spekulationen allmählich eine pantheistische Philosophie gebildet, die er mir schon bei unserem ersten Zusammentreffen darlegte. Ich versuchte ihm etwas anderes zu bieten, fand aber dabei wenig Eingang und muß zu meiner Unehre gestehen, ich hatte wenig Hoffnung, daß er je aus diesen Irrgängen herauskommen werde. Im Laufe unseres Verkehrs machte ich ihn einmal auf die Schönheit der prophetischen Schriften des Alten Testaments aufmerksam. Er hatte sie noch nie gelesen und nahm es dankbar an, als ich ihm einen Band des von Meyerschen Bibelwerkes lieh, denn er selbst hatte keine Bibel. In den folgenden Tagen hörte ich Andreae, der unter mir wohnte, öfters stundenlang laut und lebhaft lesen. Als ich ihn danach fragte, sagte er, er lese sich selbst den Propheten Jesaja vor, fügte aber gleich hinzu, ich solle nicht denken, daß er ihn in demselben Sinne lese, wie ich; er bewundere bloß die erhabene Sprache und Poesie. Dann lieh ich ihm auch Bunyans Pilgerreise. Auch diese gefiel ihm sehr, aber wieder betonte er, er bewundere lediglich die ungemeine Menschenkenntnis in dem Buch. Ich war damit schon ganz zufrieden und dachte: „Du wirst bald noch mehr in diesen Büchern finden."

Nicht lange danach kam er auf mein Zimmer und erzählte mir, wie er am Abend zuvor beim Lesen des Jesaja an das 53. Kapitel gekommen sei zu den Worten: „Darum

will ich Ihm viele zur Beute geben, und Er soll die Starken
sich zum Raube nehmen; darum daß Er sein Leben in den
Tod hingegeben und den Übelthätern gleich gerechnet ist, so
trägt Er vieler Sünde, und für den Übelthäter tritt Er
ins Mittel." Da warf er sich mit brünstigem Herzensdrang
auf die Kniee und flehte: „O Jesus, wenn Du wirklich Gottes
Sohn bist, so gieb mir ein Zeichen." Da hörte er auf der
Straße Gesang von einigen jungen Leuten; es war ein welt-
liches Lied, in welchem eine Mutter ihre Liebe zu ihrem
Kinde ausspricht, aber Andreae deutete die Worte von dem
Jesuskinde:

>„So hängt mein Herz an diesem Kinde,
>Und seiner Augen off'ner Blick
>Zieht mich aus einer Welt voll Sünde
>In eine Unschuldswelt zurück."

Von dieser Zeit an bekannte er offen, er sei ein Christ, was
seinem Freunde Appia ganz unglaublich vorkam. Doch überzeugte dieser sich bald von der Realität der Umwandlung,
die mit Andreae vorgegangen war, und wurde selbst auch ein
ernster Christ.

Andreae verließ zugleich mit mir die Universität Bonn,
machte bald mit Glanz sein juristisches Examen und wurde
Advokat in seiner Vaterstadt Frankfurt. Doch aus den
Händeln seiner Mitmenschen sein Brot zu gewinnen, sagte
ihm auf die Dauer nicht zu, obgleich er guten Erfolg in
seiner Laufbahn hatte. So entschloß er sich, als 32 jähriger
Mann und Vater von fünf Kindern noch seinen Beruf zu
wechseln, ging noch einmal nach Bonn und gewann schon
nach anderthalb Jahren mit großer Auszeichnung den medi-
zinischen Doktortitel zum juristischen hinzu. Endlich nach
längerer erfolgreicher Praxis als Arzt drang das theologische
Interesse, das eigentlich von Anfang an seine Herzensneigung
gewesen war, durch, und er widmete seinen Lebensabend dem
theologischen Studium, verfaßte Auslegungen der Psalmen,
des Hiob und zuletzt des Propheten Jesaja, durch den er
zum Glauben gekommen war, und erhielt 1869 ohne sein

Zuthun von der Universität Marburg den theologischen Lizentiatentitel. Er ist der erste Mensch, zu dessen Bekehrung ich etwas beitragen durfte. Am Abend unsers Lebens waren wir in Frankfurt oft zusammen, und ich konnte ihm noch ein wenig behilflich sein bei der Abfassung seiner Auslegung des Jesaja, des Buches, das ich 1838 ihm geliehen.

Schon in Berlin nach meiner Bekehrung war der Gedanke in mir wach geworden, ich möchte als Missionar zu den Heiden gehen. In Bonn wurde dieses Verlangen durch mein Studium fremder Länder, durch die fleißige Lektüre der Missionsnachrichten und durch das Studium der Mission in unserem Verein mächtig genährt, und ich fühlte oft den Drang gewaltig in meinem Herzen. Meinen Eltern war dies sehr schmerzlich. Ihr Verlangen war, ihren ältesten Sohn als Stütze ihres Alters bei sich zu haben, und ich willigte auch ein, Gottes Willen abzuwarten, aber diese Sehnsucht ist nie in meinem Herzen erloschen.

Weite Reisen habe ich in dieser Zeit nicht gemacht. In den beiden Weihnachtsferien und den ersten Osterferien war ich daheim in Altena und konnte meine neuen Kenntnisse über die Pflege der Bäume und besonders über ihre Veredelung durch Pfropfen in meinem elterlichen Garten und bei meinen Verwandten üben. Die zweiten Osterferien war ich bei meiner Schwester Lina in Elberfeld und genoß bei ihr viel Liebe. Doch hatte das geistliche Leben des Wupperthals damals keinen hilfreichen Einfluß auf mich; das scharfe Urteilen stieß mich ab. In den Pfingstferien war ich einmal in Neuwied am Rhein, in der Niederlassung der Herrnhuter. Meine Eltern waren dort befreundet; besonders meine Mutter hatte in ihrer Jugend in naher Beziehung zu den Herrnhutern gestanden und an ihren Festen innige Freude gehabt. Auch auf mich machte ihr schönes Gemeinschaftsleben einen wohlthuenden Eindruck, doch schien es mir, als hätte die Brüdergemeinde damals schon etwas von ihrem Eifer und ihrer ersten Liebe verloren. Meine Mutter meinte einmal, sie hätte sich in zu engen Grenzen gehalten und den forschenden, weiterstrebenden Geist eingezwängt, und so hätte sie an Leben und Feuer verloren.

Mit einem interessanten Zusammentreffen will ich diesen Bericht abschließen. Damals wohnte der edle Dichter und Vorkämpfer deutscher Freiheit, Ernst Moritz Arndt, in Bonn. Ich hatte ihn mit einer Empfehlung aufgesucht, aber nicht getroffen. Als ich nun eines Tages bald nach meiner Ankunft in Bonn am Rhein entlang ging, um Dr. Perthes aufzusuchen, sah ich am Abhang im Gesträuch einen Mann in schlechtem Kittel mit dem Spaten arbeiten und fragte ihn: „Können Sie mir nicht sagen, wo Dr. Perthes wohnt?" Indem erkannte ich an dem seltsamen Lächeln des Mannes im blauen Kittel, daß es Arndt sei, entschuldigte mich und sagte, wie es mich freue, daß er nach dem alten Gebot Gottes handle: „Ihr sollt die Erde bauen." „Ja, und die Erde soll euch decken," setzte er hinzu. Wir kamen dann in eine Unterhaltung, und er lud mich freundlich ein, ihn zu besuchen.

Neuntes Kapitel.

Meine Kandidatenzeit.

Herbst 1839 bis Frühjahr 1841.

Im Herbst 1839 kehrte ich nach zweijähriger Studienzeit in Bonn nach Altena zurück, um mich daheim auf mein Kandidaten-Examen vorzubereiten. Was angestrengtes Studium anbetrifft, war das Halbjahr 1839—1840 die arbeitsvollste und zugleich angenehmste Zeit meines Lebens. Mit Hilfe meiner Kollegienhefte und der reichhaltigen Bibliothek meines Vaters wiederholte ich, was ich in meinen vier Studienjahren gelernt hatte. Von früh morgens bis spät abends schrieb und arbeitete ich und ging bloß nach Mittag einige Stunden meditierend in den Bergen und Wäldern spazieren. Mit dem jüdischen Rabbiner in Altena, einem unansehnlichen, aber gelehrten und geachteten Mann, las ich die hebräischen Psalmen, weil bei der Prüfung gewöhnlich aus den Psalmen ein Abschnitt zum Lesen ausgewählt wird. Von ihm lernte ich die hebräische Intonation beim Lesen der Poesie; das sollte mir bald sehr zu statten kommen.

In dieses Winterhalbjahr fallen auch meine ersten öffentlichen Predigten. Ich hatte zwar die licentia concionandi (die obrigkeitliche Erlaubnis zum Predigen) noch nicht, doch ermächtigte mich der Superintendent der Synode, in Heedfeld beim Totenfest und in Dahle beim Weihnachtsfest zu predigen. Ich that das mit Freudigkeit, und die Predigten wurden von den Gläubigen gut aufgenommen. Auch arbeitete ich während des Winters an meinen schriftlichen Examenarbeiten. Ich hatte eine Predigt auszuarbeiten über den schönen Text: „So besteht nun in der Freiheit, damit uns Christus befreit hat." Mein deutscher Aufsatz handelte über die vier vornehmsten Moralisten der lateinischen Kirche in der Periode von Konstantin bis auf Karl den Großen, meine lateinische Arbeit über die Stellung des Predigers zum Zeitgeist.

Eine traurige Unterbrechung kam in mein Studienleben durch die Erkrankung meines Vaters. Der Verkehr mit ihm war zuerst sehr anregend, aber seine geistige Kraft war sichtlich am Abnehmen, und am 10. Dezember 1839 traf ihn ein Schlaganfall, der seine linke Seite lähmte. Er erholte sich jedoch schnell, lehrte und predigte wieder und hätte vielleicht noch länger leben können, wenn er seine rastlose Geistesthätigkeit eingestellt hätte und mehr spazieren gegangen wäre. So erfolgte am 25. März 1840 ein zweiter Schlag, von dem er sich nicht mehr erholte. Ich mußte nun zu meinen eignen Arbeiten seinen Konfirmanden-Unterricht übernehmen und manche andere Amtsgeschäfte besorgen. Es war mir sehr rührend, wie der vielgereiste und rastlose Mann alle halbe Stunde aus dem Bett in den großen Lehnstuhl oder zurück gehoben werden wollte; wenn ich aus meiner Studierstube heruntergekommen war und ihm diese seine Erquickung, wie er es nannte, verschafft hatte, dankte er mir immer mit rührender Liebe. Meine Mutter und meine jüngste Schwester Marie pflegten ihn mit großer Hingabe. Mein Bruder Wilhelm stand gerade in seinem juristischen Examen, eilte aber vor des Vaters Tode herbei.

Gegen das Ende war er viel bewußtlos. Zwei Tage vor seinem Tode erinnerte ich ihn daran, daß es Karfreitag sei und sagte ihm das Lied: „O Haupt voll Blut und Wunden" vor. Ich empfahl ihm besonders die zwei Verse: „Ich danke Dir von Herzen" und: „Wenn ich einmal soll scheiden". Am Nachmittag sagte er, ich habe einen ihm besonders lieben Vers ausgelassen, nämlich:

> „Ich will hier bei Dir stehen,
> Verachte mich doch nicht;
> Von Dir will ich nicht gehen,
> Bis Dir das Herze bricht."

„Das ist so schön," fügte er hinzu, „verachte mich doch nicht."

Das war, soviel ich weiß, sein letztes Wort und auch mein letztes Wort an ihn. Er entschlief sanft, bloß aus dem Innehalten des Atems war zu ersehen, daß sein Geist dem Leibe entflohen war. Es war am 19. April 1840, dem ersten Ostertag, dem 25. Jahrestag seines Einzugs in Altena. Am selben Tage starb sein Freund, der Landrat von Holzbrink in Altena, und König Friedrich Wilhelm III. von Preußen, den er stets sehr verehrt hatte. Die Familie wünschte eine stille Beisetzung, doch bestand die Gemeinde darauf, eine Trauerfeier zu veranstalten. Unter Glockengeläut und dem Gesang von mehreren Hundert Schulkindern wurde der Sarg nach dem neuen Friedhof gebracht, für dessen Erwerbung er unter vielen Kämpfen gesorgt und den er eingeweiht hatte. Rührend war es, seine alten Waffengenossen aus dem Befreiungskriege im Zuge zu sehen und die vielen Juden, denen er ein besonderer Wohlthäter und Freund gewesen war. Am Grabe redete Pastor Wilsing, in der Kirche nachher sein Kollege Pastor Hammerschmidt. Er führte meines Vaters Worte: „Verachte mich doch nicht", als einen schönen Beweis seiner demutsvollen Hingabe an den Heiland an. Mein Schwager Döring, der von Elberfeld gekommen war, schloß die Feier mit einem weihevollen Gebet. Auf das stattliche Grabdenkmal, welches seine zahlreichen Freunde ihm errichteten, setzte ich den Spruch: „Er hat gearbeitet und ist nicht müde geworden."

Schon zehn Tage nach meines Vaters Tode mußte ich mich in Münster zum theologischen Examen stellen. Münster, als Hauptstadt der Provinz Westfalen, war nämlich der Sitz des Provinzial-Konsistoriums, dessen Präsident der Oberkonsistorialrat Möller war. Auch mein früherer Lehrer Bleek war Mitglied der Prüfungs-Kommission. Gleich zu Anfang mußte ein hebräischer Psalm gelesen und übersetzt werden. Die andern Examinanden, ihrer vielleicht zehn, hatten zu diesem Zweck alle Psalmen durchgelesen, ich nur ein Dritteil, denn die Krankheit meines Vaters und die Übernahme der Kinderlehre für ihn hatte mich zuletzt in meiner Vorbereitung sehr beeinträchtigt. Allein Gott fügte es so, daß für mich ein Psalm gerade aus diesem Dritteil gewählt wurde. Als ich dann mehrere Verse mit der von dem Rabbiner erlernten Intonation las, war der alte Möller ganz entzückt davon; er war ein besonderer Liebhaber des Hebräischen und sagte, es sei ihm noch nie ein Kandidat vorgekommen, der ihm diese Freude gemacht habe.

Eine interessante Episode des Examens wurde dadurch hervorgerufen, daß ich gefragt wurde, ob ich den zweiten Teil des Jesaja, Kap. 40—66, für authentisch hielte. Ich erwiderte: „Allerdings." „Ist das Ihre wirkliche Überzeugung?" fragte Bleek. „Allerdings," sagte ich. „Dann sagen Sie uns einmal die Gründe, die man dagegen vorbringt." Als ich dieselben angegeben hatte, fuhr Bleek fort: „So, die haben Sie richtig angegeben; nun sagen Sie einmal, was Sie dagegen zu sagen haben." Das that ich in einer längeren Rede, worauf die Herren Examinatoren viele Einwendungen machten, welche ich jedoch nach meiner Ansicht überzeugend entkräftigte. Meine alte Fähigkeit, mich zusammenzunehmen und im gegebenen Augenblick das Beste zu leisten, die man schon bei der Abiturientenprüfung bei mir bemerkt hatte, besaß ich jetzt durch Gottes Beistand noch viel mehr. Die Disputation dauerte wohl eine halbe Stunde, dann brach sie Bleek ab: „Nun, Sie werden uns natürlich nicht überzeugen, aber wir haben gesehen, daß Sie über die Sache nachgedacht haben und Gründe für Ihre Ansicht vorzubringen wissen."

Ein Kandidat hatte sonst immer zwei Prüfungen zu machen; die erste verschaffte ihm die Erlaubnis zu predigen (pro licentia concionandi), die zweite die Erlaubnis zu amtlicher Anstellung (pro ministerio). Weil ich aber nach dem Urteil des Konsistoriums die erste Prüfung „ausgezeichnet gut" bestanden hatte, wurde mir auf seine Empfehlung vom Ministerium die zweite erlassen, und ich wurde für wählbar erklärt. Diese Auszeichnung war wohl in zehn Jahren niemand zu teil geworden. Wahrscheinlich wußte das Konsistorium, daß man in Altena mich zum Nachfolger meines Vaters wählen wollte, und räumte mir so die Hindernisse aus dem Wege.

In Altena machte natürlich der gute Ausfall meines Examens einen günstigen Eindruck. Ich war nun der Kandidat Rauschenbusch und hatte im Auftrage des Presbyteriums manche Amtsgeschäfte zu verwalten, namentlich im Sommer 1840 die Katechumenen meines Vaters zu unterrichten. Diese Arbeit that ich mit Lust, und auch die Kinder hatten an meinem Unterricht Freude. Manchmal nahm ich einen Teil von ihnen mit ins Freie und machte sie mit Pflanzen und Blumen bekannt. Doch befremdete dies die Eltern. Die sonntäglichen Predigten wurden in bestimmter Reihenfolge von den Predigern der Synode versehen, doch fielen auch mir mehrere Predigten zu. Eine derselben, über den Text: „Kommt her zu mir, alle, die ihr mühselig und beladen seid," machte einen besonders guten Eindruck. Dies ist stets mein liebster Predigttext in der Bibel geblieben, über den ich vor allerlei Versammlungen zu Wasser und zu Lande gepredigt habe. Hausbesuche zu machen war ich als Kandidat nicht verpflichtet, außer wenn man mich, besonders zu Kranken, eigens einlud. Doch machte ich auf eignen Antrieb viele Besuche, besonders bei den Nadlern, welche damals die ärmste Klasse in Altena bildeten. Doch mißdeutete es den Leuten, daß ich selten durch die eine lange Straße der Stadt ging, sondern aus Liebe zur Natur und aus Hang zur Einsamkeit lieber auf der anderen Seite der Lenne und durch den „Burghagen", einen schmalen Weg am Berge oben, die Stadt umging.

Im Oktober 1840 machte ich eine längere Fußreise durch das nördliche Westfalen, die für mich von großer geist-

licher Bedeutung wurde. Ich verkehrte dort mit ernsten
Christen, z. B. der Abtissin von Blomberg in Leeden, einer
wahrhaft gottseligen Dame. Ihren Titel führte sie von
einem längst aufgehobenen, protestantisch gewordenen Kloster.
Sie widmete ihre ganze Zeit und Kraft christlichen Liebes-
werken. So nahm sie mich z. B. zu einem jungen Bauern
mit, der einen Krebsschaden am Vorderkopf hatte und unter
großen Schmerzen seinem Tode entgegensah. Die Abtissin
scheute den übeln Geruch dieser Krankheit nicht, sondern
suchte aufs liebevollste den Unglücklichen zu trösten. Ein
junges Mädchen war bei ihr zum Besuch gewesen und mußte
nun eine Stunde Wegs allein im Dunkeln nach Hause. Ich
sprach ihr mein Bedauern darüber aus, aber sie erwiderte
ganz ruhig: „O, die Abtissin geleitet einen so treulich mit
ihren Gebeten, daß man sich gar nicht zu fürchten braucht."

In Osnabrück traf ich einen Kreis edler christlicher
Leute, die wöchentlich zusammenkamen und schöne christliche
Gespräche führten, darunter den Kanzleidirektor Meyer, den
ersten Mann in Osnabrück, und den gastfreien Kaufmann
Westmann-Meier. Soviel ich weiß, ist ein solches christliches
Leben in Osnabrück jetzt nicht mehr vorhanden. In diesem Kreise
lernte ich auch den Pastor Weibezahn persönlich kennen. Als
ich am Sonntag vorher ihn predigen hörte, fand ich in ihm
zum erstenmal in meinem Leben, und soviel ich mich erinnere,
auch zum letztenmal, mein Ideal von einem Prediger voll-
kommen befriedigt. Bei den ersten Sätzen seiner Predigt
dachte ich: „Stimmung und Betonung sind vortrefflich, ja,
wunderschön, der innere Gehalt wird geringer sein." Allein
der tiefe Gehalt seiner Predigt über den Text: „Werdet wie
die Kinder," machte meine Befürchtung zu schanden. Er
wurde hoch geachtet. Ich sah einen Trupp Bauern, welche
fünf Stunden weit gekommen waren, um ihn zu hören. Ein
einfacher Mann nannte ihn immer „Weibessam" und meinte,
an ihm sei die Verheißung erfüllt, des Weibes Same solle
der Schlange den Kopf zertreten. Zu aller Schmerz starb
er schon früh. Bei seinem Begräbnis meinten zwei junge

Mädchen, sein bleicher Mund rufe sie noch immer zur Buße. Gewiß wird sein Gedächtnis noch lange fortgewirkt haben.

Einen anderen gewaltigen Prediger lernte ich in Jöllenbeck kennen, nämlich Pastor Volkening, den seine Feinde den „Pietisten-General" nannten. Er war noch mehr als Weibezahn ein Meister der volkstümlichen Beredsamkeit und übte auch unter der Kanzel in der ganzen Gegend einen erstaunlichen Einfluß aus.

Unter den vielen gläubigen Pastoren, die es damals im Ravensbergischen und Mindenschen gab, fühlte ich mich durch keinen so angezogen, wie durch Pastor Kunsemüller in Preußisch-Oldendorf. Mit ihm verband mich innige Freundschaft. Er wie Volkening hatte eine treffliche Frau. Unvergeßlich ist mir der schöne Tod seines fünfjährigen Söhnleins; es sagte mehrmals: „Bin so müde, müde bin ich, kann gewiß wohl sterben."

Bei Herford besuchte ich zum erstenmal den Rauschenbusch-Hof, von dem unsere Familie herstammt, in Bünde die Kirche, wo mein Großvater Hilmar Ernst Rauschenbusch lange im Segen gewirkt hat, und in Gohfeld Grab und Kirche meines Urgroßvaters Weihe. Auch sonst fand ich in jener Gegend viele liebe Verwandte, unter anderem meinen Vetter Heinrich Rauschenbusch, der viele Jahre lang in Herford Pastor gewesen ist. Um meiner frommen Vorfahren willen wurde ich überall mit Liebe aufgenommen und durfte erfahren, daß der Segen der Eltern den Kindern folgt.

Die Bekanntschaft mit den ernsten, entschiedenen Christen im Ravensbergischen und Lippischen machte auch mich ernster, und ein heißes Verlangen brannte in mir, auch selbst einmal eine solche Erweckung zu erleben und ein solches christliches Leben zu pflegen, wie ich es dort angetroffen hatte.

Zehntes Kapitel.
Mein Pastorat in Altena.
1841—1845.

Die lutherische Gemeinde in Altena hatte zwei Pfarrer, den Pastor und späteren Konsistorialrat Hammerschmidt und meinen Vater. Als nun mein Vater gestorben war und ein Nachfolger gewählt werden sollte, lenkte die Verehrung, welche man für sein Andenken fühlte, die Herzen der Leute mir zu; es wurde gesagt, man wolle jetzt am Sohne gut machen, was man vielleicht dem Vater an Anerkennung vorenthalten habe. Meine Thätigkeit als Kandidat, besonders mein Umgang mit den Konfirmanden, gewann mir wohl auch die Zuneigung der Leute. Freilich hatte ich auch viele Gegner, denn man wußte wohl, ich würde es mit den „Feinen" halten, und fürchtete das. Dennoch wurde ich am 17. Februar 1841 mit bedeutender Mehrheit von den etwa fünfzig Repräsentanten der Gemeinde gewählt. Die Ordination sollte am 3. Juni 1841 stattfinden.

Gerade vor derselben war ich noch einmal im Ravensbergischen. Bei der Heimkehr wollte man mir einen großen öffentlichen Empfang veranstalten. Es wurden Kränze gewunden und Ehrenpforten gebaut. Die Schulkinder standen am Wege, um mich mit Liedern zu begrüßen. Die angesehensten Bürger waren nach dem Posthaus Grüne, zwei Stunden von Altena, gefahren, um mich dort in einem bekränzten Saal zu empfangen. Pastor Wulfert in Hemer, bei dem ich zuletzt anhielt, wußte wohl von diesem Empfang und hatte mir ein Pferd geliehen, damit ich feierlich einziehen könnte. Ich dagegen suchte nach meiner Gewohnheit die einsamsten Wege auf und kam hinten am Gartenpförtchen des Pfarrhauses an. Meine Mutter und Schwester erschraken, als sie mich sahen. Die Leute waren sehr enttäuscht, und die freudige Stimmung war in eine unmutige verwandelt.

Die Ordination war mir eine sehr heilige Handlung; ich fühlte meine Unwürdigkeit und wollte in heiligem Ernst mich diesem großen Amte weihen. Aus diesem Grunde aß ich verfehlterweise den ganzen Vormittag nichts. Während der Reden, die von den leitenden Mitgliedern der Synode an mich gerichtet wurden, stand ich, ganz in deren Inhalt versenkt, vor dem Altar. Liebende Hände hatten vor mich ein Kissen gelegt, auf welches ich knieen sollte, mit der Inschrift: „Der Herr sende dir Hilfe vom Heiligtum und stärke dich aus Zion!" Dieses Bibelwort übte eine erstaunlich wohlthuende Wirkung auf mich aus. Nachdem ich durch die Handauflegung der anwesenden Prediger die Ordination empfangen hatte, ging ich in die Sakristei, die etwas erhöht lag, zwischen Orgel und Altar. Hier bat ich meinen künftigen Kollegen, Pastor Hammerschmidt, flehentlich, er möge der Versammlung erklären, es sei mir wegen der tiefen Bewegung meines Herzens unmöglich, jetzt die Antrittspredigt zu halten. Ich hatte mich abgehalten gefühlt, mich auf diese Predigt vorzubereiten, ob durch den Geist Gottes oder durch menschliche Gefühle, wußte ich nicht. Da Pastor Hammerschmidt sich weigerte und darauf bestand, ich müsse selbst predigen, aß ich während des Gesangs ein wenig, trat dann auf die Kanzel und predigte über Apg. 3, 19—21: „So thut nun Buße und bekehret euch, daß eure Sünden vertilget werden." Ich predigte gegen das Schein- und Namenchristentum und forderte Buße und Bekehrung. Auch hielt ich den Leuten die besonderen Sünden der Altenaer vor und schilderte dieselben eingehend. Die Predigt machte einen gewaltigen Eindruck, doch war derselbe vorwiegend ein abstoßender; namentlich erbitterte die Schilderung der Gottvergessenheit und Sünden Altenas, denn die zahlreichen Fremden aus anderen Ortschaften sagten nachher: „Jetzt haben wir aber einmal gehört, was für Leute ihr Altenaer seid." Jedoch wurden auch eine ganze Anzahl Leute in dieser Predigt erweckt, wie ich schon in den nächsten Tagen bei meinen Hausbesuchen erfuhr; da baten mich mehrere dringend, ihnen Anleitung zu geben, wie sie andere Menschen werden könnten. Noch lange nachher, im Jahre 1898, als ich einen hochbetagten Draht= zieher in Altena besuchte, begrüßte er mich mit einem Kuß, was sonst in Westfalen sehr ungewöhnlich ist, und dankte mir, daß er von mir durch jene Antrittspredigt zu einem gött= lichen Leben erweckt worden war.

Einige Tage nach meiner Antrittspredigt erhielt ich einen Besuch von dem Stellvertreter des Superintendenten unserer Synode; er sprach mir einen sehr nachdrücklichen Tadel aus wegen meiner Predigt, denn dieselbe sei nicht eine Buß= predigt, sondern eine Strafpredigt gewesen, und das dürfe eine Antrittspredigt durchaus nicht sein. Ich antwortete: „Ich weiß, daß es Ihnen zusteht, mir eine solche Vorhaltung zu machen, und daß es mir obliegt, derselben nachzudenken." Bei mir selbst dachte ich, er habe ganz recht gehabt. Wenn ich jetzt nach so vielen Jahren über meine Antrittspredigt urteilen soll, so möchte ich sagen, sie war einerseits eine Kundgebung meines Mangels an Umsicht und Berücksichtigung der obwaltenden Umstände, anderseits aber auch ein Zeugnis meines christlichen Muts. Meine eigne Erfahrung hatte mich gelehrt, die Sündhaftigkeit des Menschen und die Not= wendigkeit einer Bekehrung zu erkennen. Meine Kandidaten= zeit hatte mir gezeigt, wie wenig die Menschen in Altena davon wußten und danach fragten. Mein Verkehr mit den bekehrten Kreisen im Ravensbergischen und ihren Erweckungs= predigern, wie Volkening, Weibezahn und Kunsemüller, hatte ein gewaltiges Verlangen in mir wachgerufen, daß auch in unserer Mark eine solche Erweckung ausbrechen möchte. Dies alles, verbunden mit der Erregung der Stunde und dem

Mangel an Vorbereitung, gab der Predigt ihren stürmischen und donnernden Charakter. Pastor Josephson von Jserlohn, ein älterer Freund unserer Familie, der Verfasser von Josephsons „Brosamen", schrieb mir gleich nachher: „Mir hat gefallen, was ich von Ihrer Antrittspredigt hörte, und was vielen mißfallen hat. Sie sollen zu stark, zu verneinend, selbst Ihrer Gemeinde Unrecht thuend, geredet haben, und es kann daran sehr viel Sündliches, Unreifes und Unreines gewesen sein, was ich zugeben will. Aber es war mir doch lieber, daß — vergeben Sie mir den Ausdruck — Ihre erste Amtssünde die einer zu großen Wärme, nicht die einer zu großen Lauheit war, und daß Sie Ihrer lieben und allerdings vielfach gesegneten Gemeinde zuerst gleich puren Roggen ohne Mohn und Kornblumen, und lieber mit Salz oder Sauerteig geben wollten, selbst zugegeben, Sie hätten das Brot zu sauer werden lassen." Auch in der Folgezeit waren meine Predigten oft Bußpredigten, und obgleich manche sich sehr daran ärgerten und schwuren, sie würden nie wiederkommen, war die Kirche doch immer von denselben Leuten gedrängt voll.

Als ich meine Antrittsbesuche bei den Gemeindegliedern machte, bekam ich bald die Verstimmung über meine Predigt zu fühlen, doch gewann ich mir die Liebe mancher, besonders der Mütter, wieder, als sie sahen, daß ich ein großer Kinderfreund sei und die Kinder auf den Arm und den Schoß nahm und sie liebkoste. Zu diesen Besuchen, welche gewöhnlich in vier Wochen abgemacht wurden, brauchte ich neun Monate, denn ich erkundigte mich in jedem Hause nach den Familienverhältnissen und Schicksalen der Familie. Frühmorgens notierte ich mir dann, was ich am Tage vorher erfahren und was sich bei jedem Besuche zugetragen hatte. So merkten die Leute bald, daß ich mich recht in sie hineinleben wollte.

Einer der angenehmsten Teile meiner Amtswirksamkeit war der Unterricht der Katechumenen, auf den ich fortfuhr große Aufmerksamkeit zu verwenden, denn ich hatte die Kinder lieb und hatte auch stets Freude am Unterrichten. Gegen Ende des Jahres geriet ich in ernste Schwierigkeiten, weil ich im Konfirmanden-Unterricht die Irrtümer der römisch-katholischen Kirche mit viel Schärfe auseinandergesetzt hatte. Der katholische Pfarrer in Altena führte deshalb Klage gegen mich und beantragte sogar Festungsstrafe bei der Regierung in Arnsberg; diese teilte es dem Konsistorium in Münster mit, welches mir in einigen Punkten recht gab, in anderen aber mir einen Verweis erteilte und mir gebot, nicht wieder so scharfe Ausdrücke zu gebrauchen. Als der Superintendent mir dies vorlas, erklärte ich ihm, ich werde mich nicht danach richten, und ersuchte ihn, dies dem Konsistorium mitzuteilen. Er wollte jedoch die Sache beilegen und erwiderte, ich habe es ihm ja erklärt, damit sei es genug. Dies alles erzeugte bei den Katholiken in Altena eine ungünstige Stimmung gegen mich.

Sodann gab es vielen Leuten Anstoß, als ich in einem Hause das bekannte Gebetbuch von Starck antraf und tadelte. Das erste Gebet darin fängt an: „Der gläubige Christ bereitet sich auf den Sonntag." Darauf folgen Gebete für allerlei Gelegenheiten, und immer heißt es: „Der gläubige Christ rc.;" aber nirgendwo lehrt der Verfasser, wie man ein gläubiger Christ werde. Damit erzeugt er bei den Lesern die seelenverderbliche Vorstellung, sie seien schon gläubige Christen. Manche gläubige Prediger urteilten wie ich, aber bei dem Volke hatte das Buch sich sehr eingebürgert und genoß große Verehrung.

Ein weiterer Kampf entbrannte über die Mäßigkeitssache. In den zwanziger und dreißiger Jahren war der Branntwein, der früher ein teures Luxusgetränk war, sehr billig geworden und richtete unter den ärmeren Ständen Deutschlands furchtbare Verheerungen an. Durch den Erfolg der Mäßigkeitsbewegung in England und Amerika wurden edle Männer in Deutschland zu gleichem Kampfe angeregt. Man bekämpfte jedoch nur den Branntwein; mäßigen Wein- und Biergenuß griff man nicht an. Der erste Mäßigkeits-

Verein in Westfalen wurde im Sommer 1837 in Lübbeke gegründet. In demselben Herbst rief Pastor Hammerschmidt den zweiten in Altena ins Leben und hatte darin schönen Erfolg. In meiner Arbeit als Seelsorger erkannte auch ich bald, welch furchtbaren Schaden der Branntwein in unserer Gegend anrichtete, und trat mit voller Kraft in die Mäßigkeitssache ein. Die erweckten und bekehrten Glieder der Gemeinde schlossen sich mir in diesem Kampfe an. Der Altenaer Verein wuchs dadurch von 60 auf 160 Glieder an und hatte schließlich wohl über 500 Glieder. Branntweintrinker kamen zu mir ins Haus und gaben mir ihre Unterschrift; ich betete dann stehend mit ihnen und ermahnte sie herzlich zur Treue gegen ihr Gelöbnis. Bald luden mich Pastoren an anderen Orten ein, dort zu reden und bei der Gründung von Vereinen zu helfen. Es wurde ein Zentralverein für ganz Westfalen gegründet, und ich wurde Sekretär und Geschäftsführer desselben und hatte die Schriften zu versenden. Die Regierung gewährte uns dafür Portofreiheit. Bald bestanden in Westfalen dreißig Vereine mit etwa 6000 Gliedern. Diese Arbeit nahm meine Zeit und Kraft sehr in Anspruch. Zuweilen wurde freilich die Hauptsache, die Bekehrung, dadurch in den Hintergrund gedrängt; aber oft war auch der Eintritt in die Mäßigkeits-Vereine die Vorbereitung zur Bekehrung einzelner, ja, ganzer Kreise.

Das neuerwachte christliche Leben führte zu mancherlei Gemeinschaftsbildung. So entstand ganz von selbst, ohne Aufforderung von mir, ein Jünglings-Verein; sobald ich jedoch davon hörte, ging ich hin und bemühte mich, die Jünglinge zu ermutigen und zu leiten. In ähnlicher Weise entstanden mehrere Frauen- und Jungfrauen-Vereine zu gemeinsamem Nähen für die Heidenmission, wobei Missionsberichte vorgelesen wurden. Überhaupt erwuchs in unserer Gegend ein reges Interesse an der Heidenmission; es wurden hier und da Missionsfeste gefeiert, und öfters ging von Altena eine solche Schar von Leuten hin, daß die Gegner es spottweise die „Altenaer Prozession" nannten. Ich besitze noch

eine Anzahl von Briefen, die damals der edle Goßner an
mich schrieb. Auch der Fliednerschen Diakonissenanstalt, die
damals noch ganz jung war, konnte ich dienen, indem ich ihr
Gaben zuwendete und bekehrte junge Mädchen veranlaßte,
sich der Diakonissenarbeit zu widmen.

Alle Bewegung, welche durch diese Neuerungen in den
Gemütern erweckt wurde, war gering im Vergleich mit der
Aufregung, als nun „Versammlungen" entstanden. In dem
damaligen Leben der Landeskirche war dem Bedürfnis nach
christlicher Gemeinschaft unter den Gläubigen und dem Verlangen, die Regungen des Heiligen Geistes im Herzen auch
auszudrücken, fast gar keine Rechnung getragen. Als nun
durch den Pietismus Kreise von wirklich bekehrten Leuten
entstanden, fingen sie an, zusammenzukommen und sich gemeinschaftlich zu erbauen. Wo gläubige Pastoren waren,
sahen sie dies gewöhnlich mit Freuden und halfen dazu mit.
Anderswo erweckte es großen Widerspruch bei den Pastoren.
Auch das Volk wurde erregt darüber, denn sie fühlten, die
Versammlungsleute wollten etwas Besseres haben als andere,
und durch ihr Zusammenhalten wurde schon ein stillschweigendes
Urteil über die anderen gefällt. Auch die Regierung beschäftigte
sich damals viel mit dieser Neuerung und griff in manchen
Gegenden, z. B. in Lippe, scharf ein, während sie sich sonst
mehr abwartend und zur Mäßigung ratend verhielt.

Eine solche „Versammlung" bestand schon vor meiner
Zeit in Altena, geleitet von dem frommen und geachteten
Schneidermeister Nölle. Welchen Ruf er genoß, kann man
an folgendem sehen: in der vornehmen „Gesellschaft" im
Kasino wurde sein Name einmal unfreundlich erwähnt; dann
wurde aber sofort geltend gemacht, wenn Nölle verspreche,
ein Kleidungsstück zu einer bestimmten Zeit zu liefern, so
halte er allemal Wort, was andere Handwerker selten thäten.
Er arbeitete mit vielen Gesellen und hatte eine vortreffliche
Frau; als sie starb, trat eine andere, ihr gleichgesinnte, an
ihre Stelle. Die Versammlung bei ihm hatte ich schon besucht, ehe ich Kandidat war, und gehört, wie dabei heftig

und feindlich an die metallenen Windladen geklopft wurde. Auch ein zu der kleineren reformierten Gemeinde gehöriger Schuhmacher Dresel beteiligte sich eifrig an dieser Versammlung. Bald entstanden ihrer nun noch mehr, besonders im Mühlendorf, wo viele Erweckte waren. Im ganzen waren in zehn verschiedenen Häusern Versammlungen. Die Versammlungen fanden meist nach 8 Uhr abends statt, weil nur dann die Leute Zeit hatten; einige waren auch am Sonntag-Nachmittag. Es wurden darin nicht freie Reden gehalten, sondern man las bescheiden eine gedruckte Predigt vor und legte nur zuweilen den Versammelten christliche Pflichten ans Herz. Dazu wurde viel gesungen und, was vielleicht die Hauptsache war, es wurden freie Gebete gehalten.

Welchen Einfluß dies neue christliche Leben ausübte, mögen zwei Beispiele zeigen. Einmal zog eine Schar von vielleicht fünfzig Leuten von Altena zu einem Missionsfest. Unterwegs bogen sie ab und knieten auf einem grünen Anger nieder, wobei einer laut betete. Ein Fuhrmann, der auch des Wegs kam, ließ seine Pferde halten, nahm seinen Hut ab und betete mit. Da kam von einem anderen Orte eine ähnliche Schar singend herangezogen, und die beiden Scharen vereinigten sich unter brüderlichen Begrüßungen. Da wußte der Fuhrmann nicht, was er sah und wie ihm wurde, und zog sichtlich ergriffen und bewegt weiter.

In einem Dorf bei Altena wurde ein Haus gebaut. Sowohl der Maurermeister wie der Zimmermann waren lebendig gläubig und begannen mit ihren Leuten jeden Morgen die Arbeit mit Gesang und Gebet. Das Gebet wurde knieend gehalten, bald von einem Meister, bald von einem Arbeiter, der dazu aufgefordert wurde. Den Tag über wohnte Eintracht und Liebe unter ihnen, und am Abend wurde wieder mit Gebet geschlossen. Dabei ging die Arbeit voran, daß es eine Lust war. Branntwein wurde von keinem getrunken. Ich freute mich so, als ich davon hörte, daß ich hinging; alsbald bildeten die Bauleute einen Kreis um mich und hörten zu, als ich ihnen von dem großen Baumeister sagte, der in unseren Herzen sein Werk anfängt und vollenden will.

Um das Erweckungswerk zu fördern, that ich nun etwas, was meinem würdigen Kollegen Hammerschmidt und dem reformierten Pastor Wilsing in hohem Grade mißfiel. Ich veranlaßte nämlich zwei junge Männer aus dem Fürstentum Lippe, nach Altena herüberzukommen und Versammlungen zu leiten. Ich hoffte, auf diese Weise den Eifer, der in Lippe herrschte, zu uns zu verpflanzen. Die beiden hießen Grote und Sprenger. Grote war ein sehr ernster und dabei liebevoller, junger Mann, der später nach Amerika ging, dort ordinierter deutsch-evangelischer Prediger wurde, viel Gutes stiftete und mit mir in freundschaftlichem Verkehr blieb. Sprenger dagegen hatte etwas zu Keckes in seinem Benehmen. Grote bemühte sich besonders, auch durch Hausbesuche den Leuten das Evangelium nahezubringen. Doch war man so gewöhnt, das christliche Lehramt auf die Pastoren zu beschränken, daß dieser Schritt von mir viel Aufsehen machte.

Durch dies alles erwachte immer heftigerer Widerstand unter denen, welche der Bekehrung und einem entschiedenen Christentum entgegen waren. Zuerst versammelten sich kleine Gruppen vor den Häusern, wo Versammlung gehalten wurde, und machten Lärm. Dann rotteten sich größere Haufen zusammen und durchzogen die Stadt. Ein frommer, alter Bürger, der vielleicht Alters halber sich nicht an den Versammlungen beteiligte, stellte sich einmal mitten auf die Straße und rief aus, als ein großer Haufe vorbeikam: „Da ziehen die Juden herbei und wollen den Heiland kreuzigen!" Eines Tags erhielt ich sichere Nachricht, daß am Abend ein großer Ansturm bevorstehe. Ich dachte: hier gilt es nach des Heilands Warnung (Joh. 10, 12) kein Mietling zu sein und nicht zu fliehen. Um mich vorzubereiten, ging ich gleich nach Mittag weit hinab an der Lenne, setzte mich mit dem Neuen Testament an einer einsamen Stelle am Fluß hin und betete. Erst abends kehrte ich zurück und ging gleich zu dem Silberschmied Waldhauer, wo wir uns versammeln wollten.

Als die Versammlung eine kurze Zeit im Gange war, erscholl vor den Fenstern wüster Gesang. Hielt er inne, so fingen wir ein geistliches Lied an. Dann stimmten sie draußen ihren Gesang wieder an. Wenn ich nicht irre, sangen sie: „So leben wir, so leben wir, so leben wir alle Tage in der allerschönsten Saufkompanie." Mir war wunderbar zu Mute; es war mir, als ob die Gesangeswellen von draußen und von drinnen sich miteinander bekämpften und dabei Teufel und Engel im Kampfe lägen. Plötzlich trat der Bürgermeister herein und sagte: „Was will das werden? Wenn Sie hinausgehen, giebt es Schlägerei!" Ich erwiderte: „Herr Bürgermeister, wir fürchten uns nicht!" „Das ist schon recht, aber was wird das geben?" Ich sagte: „Wir sind ohnedies im Begriff, zu schließen; lassen Sie mich dann hinausgehen und zu den Leuten reden, so hoffe ich, wird alles gut gehen." Er willigte ein. Ich ging hinaus und sagte laut und freundlich zu der Rotte draußen: „Lieben Freunde! Warum seid ihr doch so feindselig gegen die Leute da drinnen gesinnt? Sie thun ja nichts, als was ihr alle auch thun solltet; sie lesen aus der Bibel und singen geistliche Lieder; das solltet ihr auch alle thun, und ich bitte euch sehr darum, daß ihr es auch thut." Das war eine der besten Reden, die ich je gehalten habe. Der freundliche Ton und der Inhalt waren den Leuten gleich unerwartet und machten sichtlich einen guten Eindruck auf sie. Sie waren still und fingen an, auseinanderzugehen.

So hatte dieser Abend ein gutes Ende genommen; aber als nach einigen Tagen in einem anderen Stadtteil wieder Versammlung gehalten wurde, fand dort eine noch weit größere Zusammenrottung statt. Wieder kam der Bürgermeister Trompetter, ein Freund unserer Familie, herein, diesmal aber unmutig und beinahe zornig: „Haben Sie mir nicht versprochen, alles sollte jetzt ein Ende haben?" „Durchaus nicht," entgegnete ich; „ich habe gesagt, wir wollten an jenem Abend enden." „Ich habe es aber so verstanden! Was soll ich denn nun machen? Ich kann doch nicht ein

paar Kompanien Soldaten kommen laſſen!" Ich ſagte: „Herr
Bürgermeiſter, damit Sie aus der Verlegenheit kommen, will
ich Ihnen die Zuſage geben, wir wollen die Verſammlungen
zwei Wochen lang einſtellen. Bis dahin wird ſich hoffentlich alles in Ruhe geben oder ſonſtwie Rat geſchafft werden."
Manche, vielleicht alle meine Freunde und Anhänger tadelten
mich ſehr wegen dieſer Zuſage, doch war der Erfolg, daß
nach zwei Wochen die Verſammlungen wieder angefangen
und in Ruhe weitergeführt werden konnten. Aber der Eifer
derer, die hineingingen, ſowohl wie derer, die dawider waren,
hatte ſich abgekühlt.. Auch in Lüdenſcheid, Werdohl, Deiling-
hofen, Volmarſtein und anderen Orten wurde ich eingeladen,
Verſammlungen zu halten.

Nach Neujahr 1844 war ich im Siegener Land, in
Freudenberg, wohin mich ein hervorragender chriſtlicher Mann,
Tillmann Siebel, eingeladen hatte, um Mäßigkeits-Verſamm-
lungen zu halten. Auf der Reiſe zog ich mir eine heftige
Erkältung zu, ſo daß ich etwa drei Monate erkältet war
und einige Wochen gar nicht predigen konnte und auch den
Konfirmanden-Unterricht einſtellen mußte. Nur flüſternd konnte
ich ſprechen. Meine Lunge war angegriffen. Man war ſehr
beſorgt um mein Leben. Es war mir rührend, wie ſelbſt
mein vornehmſter Gegner, der Fabrikherr Gerdes, mich mit
Mitleid anſah, weil er meinte, es gehe mit mir zu Ende.
Auch ich erwartete mit Beſtimmtheit meinen Tod und wünſchte
ihn. Paſtor Joſephſon kam von Iſerlohn, um mich zu er-
mahnen, ich müſſe hierin keinen Willen haben, ſondern ſagen:

> „Ihm hab' ich mich ergeben,
> Zu ſterben und zu leben;
> Er mach's, wie's Ihm gefällt."

Aber dies war nicht nach meinem Sinn; ich wollte
lieber ſterben als leben. Doch Gott hatte es anders be-
ſchloſſen. In der Oſterwoche wehten warme Lüfte, und ich
entſchloß mich kurzerhand, ins Freie zu gehen und in
meinem Garten zu arbeiten. Bedenklich ſahen die Leute zu

und dachten: „Wenn das gut geht, geht mehr gut." Und so war es. Schnell wurde alles wieder gut. Ich konnte den Konfirmanden=Unterricht wieder aufnehmen, doch fand die Konfirmation erst zwei Wochen nach Ostern statt. Meine Freunde sagten jubelnd von mir, hier hieße es: „Der Herr macht die Sprachlosen redend."

Ich habe schon im vorigen Kapitel erzählt, welch segensreiche Verbindungen und Freundschaften ich im Ravensbergischen und Mindenschen gefunden hatte. Diese dauerten auch später fort. Aus dem Lippischen, wo damals viele bekehrte Leute, aber wenig bekehrte Pastoren waren, kamen zuweilen Besucher wohl dreißig Stunden Wegs zu mir. Ich selbst ging im Sommer, statt an einen Badeort, mehrmals in jene Gegenden und erholte mich bei den frommen Leuten dort. Weil ich aber dort keine Rechtsbefugnisse hatte wie in Altena, traf ich auf viel schärferen Widerstand. Im Juli 1842 war ich auf Einladung meines Freundes Müller in Gehlenbeck bei Lübbeke, um ihn zu vertreten. Der Amtmann von Stach, der auch Müller und den anderen gläubigen Predigern feind war, donnerte mich so heftig an, wie vielleicht nie jemand in meinem Leben sonst gethan, und gebot mir, mich sofort zu packen, sonst werde er mich festnehmen lassen. Ich hielt mich um des Friedens willen für verpflichtet, einen Stellvertreter, der im Mindenschen volle Befugnisse hätte, zu suchen, war aber entschlossen, wenn ich keinen fände, mich an den Befehl des Amtmanns nicht zu kehren, sondern zur Kirche zu gehen und es darauf ankommen zu lassen, ob man mich verhaften werde und ob die Bauern dann mich trotzdem in die Kirche zur Predigt führen würden. Ich fand jedoch in Lübbeke einen der dortigen Prediger bereit, nach Gehlenbeck zu gehen, und so wurde dieser Konflikt vermieden.

Ein andermal kam ich durch den verkehrten Eifer eines Freundes in Schwierigkeit. Ich kam an einem Sonnabend= Abend nach Varenholz, brachte bei einem christlichen Manne die Nacht zu und wollte am Sonntag ins preußische Gebiet, um einen gläubigen Pastor Namens Erfling zu hören. Mein

Gastgeber wollte haben, ich sollte dem Ortsprediger anbieten, ich wolle für ihn predigen. Als ich mich weigerte, that er es trotz meiner Bitte selbst. (Wir Westfalen haben uns immer durch Hartköpfigkeit ausgezeichnet.) Der Pastor erzürnte sich sehr und forderte mich vor sich. Er fuhr mich an und sprach von Predigern, die herumreisten, um ihre Beredsamkeit zu zeigen und die einheimischen Prediger in den Schatten zu stellen. Ich erklärte ihm, daß es gar nicht meine Absicht gewesen sei, für ihn zu predigen; aber er antwortete, die Gerechtigkeit müsse jetzt ihren Lauf haben, und ich müsse vor den Amtmann. Der Amtmann fragte ganz freundlich nach meinem Paß. Als ich ihm sagte, ich hätte ihn am Freitag an einem anderen Ort zurücklassen müssen, fragte er: „Haben Sie vielleicht Briefe bei sich, woraus ich etwas über Ihre Person ersehen kann?" „O ja, mehrere." Er sah sie durch und sagte: „Ich sehe daraus zur Genüge, daß Sie derjenige sind, für den Sie sich ausgeben, und daß nichts gegen Sie vorliegt. Reisen Sie mit Gott, wohin Sie zu gehen beabsichtigten."

In Isenstädt im Lippischen hatte ich ein interessantes Erlebnis. Der Ortsvorsteher dort drohte, er wolle mich verhaften und nach Lübbeke aufs landrätliche Amt führen, wenn auch nur, um mir den Schimpf anzuthun. Am Sonntag kam er auch wirklich mit seinen Helfern in mehrere Häuser, wo Versammlung gehalten wurde, hinein, auch in das, worin ich mich befand. Die guten Leute baten ihn freundlich, sich zu setzen, denn es betete oder redete gerade jemand. Er lehnte das ab und sah sich nur nach mir um. Ich saß zufällig im Hintergrund, weil ich erst später reden wollte. Entweder sah er mich nun deshalb wirklich nicht, oder er wollte mich nicht sehen, weil ihm eine Verhaftung doch bedenklich erschien. Die Leute versicherten aber nachher, Gott habe ihm, wie einst den Leuten in Sodom, die Augen gehalten, damit er mich nicht sehen sollte.

Die Folge dieser Reise war, daß das Lippische Konsistorium eine Klageschrift an das preußische Ministerium gegen mich einsandte, und dieses sandte sie an den Superintendenten meiner Synode. Er händigte sie mir einfach ein, ohne etwas zu sagen, und damit hatte die Sache ihr Ende.

Elftes Kapitel.
Fern übers Meer.
1845.
(Vom Herausgeber.)

Außer den Aufzeichnungen, die mein Vater in seinem Alter für das vorstehende Kapitel gemacht hat, sind noch manche Reste aus jener Altenaer Zeit vorhanden: ein Tagebuch über die letzten anderthalb Jahre, welches den intimsten Einblick in seine Seelenstimmung gewährt, mehrere Bände Predigtentwürfe, dicke Hefte von Briefen seiner Pfarrkinder und seiner Freunde, und die lebendige Erinnerung, die auch heute noch in auffallender Frische in Altena fortlebt. Sie vervollständigen den Eindruck jener Jahre, in welchen der junge Pastor mit der vollen Kraft seiner willensstarken Persönlichkeit und unter dem Antrieb seiner eignen erschütternden geistlichen Erfahrungen Sturm lief auf das selbstzufriedene und etwas spießbürgerliche religiöse Leben seiner Vaterstadt. Man könnte als Motto für diese Zeit setzen: „Das Himmelreich leidet Gewalt." Wer nur die einfachen, belehrenden Predigten seiner späteren Jahre gehört hat, wird sich kaum den Feuereifer jener ersten Zeit vorstellen können. Es war der Sturmwind des Frühjahrs, die ruhige Wärme des Sommers war noch nicht da. Seine Schilderung im vorigen Kapitel beschreibt meist die Kämpfe, die sich ihm besonders eingeprägt haben; dagegen giebt sie keinen genügenden Begriff von der hingebenden seelsorgerischen

Thätigkeit und von der warmen Liebe, die ihm von großen Kreisen seiner Gemeindeglieder entgegengebracht wurde. Innerhalb seiner Gemeinde und nach außen wuchs seine Arbeit und versprach Großes für die Zukunft.

Da durchzuckte Ende Februar 1845 Altena die Kunde, Pastor Rauschenbusch habe seinen Konfirmanden fast mit Thränen zugerufen: „Liebe Kinder, ihr seid die letzten, die ich hier zum Altar führe." Am 13. Mai 1845 legte er seine Resignation in die Hände des Presbyteriums und schickte sich an, nach Amerika zu gehen.

Wie kam er zu diesem Entschluß, der so bedeutungsvoll für seine Zukunft und sein Lebenswerk werden sollte? Welche inneren Vorgänge hatten sich unter seiner äußeren Thätigkeit verborgen und traten nun so zu Tage?

Wir haben schon gesehen, wie das Verlangen, als Missionar zu den Heiden zu gehen, gleich nach seiner Bekehrung in Berlin erwachte und in Bonn stetig genährt wurde. Er hatte damals mit seinen Eltern längeren Briefwechsel darüber. Als sein Vater starb und die Gemeinde und seine Mutter und junge Schwester seine Fürsorge forderten, traten jene Gedanken in den Hintergrund, und er nahm die Arbeit auf sich, welche ihm durch Gottes Fügung zugewiesen schien. Aber der Missionstrieb blieb; in seinem Interesse an der Heidenmission und in seinen evangelistischen Reisen tritt derselbe zu Tage, und sein Tagebuch spricht ihn öfters aus.

Dieser Missionstrieb war eine Pflanze Gottes, die emporwuchs auf dem Boden seines natürlichen Wandertriebes. Als Knabe träumte er sich in die Ferne; als Jüngling durchkreuzte er Deutschland und Österreich mit dem Ziegenhainer in der Faust; als Mann fühlte er sich nie so wohl, als wenn er auf Reisen war; und als gebrechlichem Greis konnte man ihm keine größere Freude machen, als wenn man ihm zu einem längeren Ausfluge verhalf. Es giebt brave, seßhafte Leute, die für die Wanderlust nur Kopfschütteln haben. Ihr erstes und größtes Gebot ist: „Bleibe im Lande und nähre

dich redlich." Aber die fahrenden Leute sind auch Gottes
Volk, und Gott hat Großes durch sie gethan. Abraham, der
Vater der Gläubigen, war einer davon; und wer will behaupten, daß im Missionseifer des Paulus die Wanderlust
gar kein Bestandteil war? Wir mögen den Drang nicht
teilen, aber wir können ihn wenigstens verstehen, wenn der
Altenaer Pastor nach mühevollem Tagewerk sein Sehnen in
die Ferne richtet und in sein Tagebuch schreibt:

"In die Ferne möcht' ich ziehen,
Weit von meines Vaters Haus,
Wo die Bergesspitzen glühen,
Wo die fremden Blumen blühen,
Ruhte meine Seele aus!"

Er sagte sich wohl immer, daß nicht fremde Gestade, sondern
nur die Ruhe in Gott ihm den vollen Seelenfrieden schenken
könne, und doch hieß es immer wieder:

"Lasset uns gen Abend ziehen,
Abendwärts glüht Morgenrot."

Doch der Wandertrieb war nicht der einzige Bestandteil
seines Missionstriebes. Es war auch ein Drang zu noch
strengerer Arbeit und noch größerer Hingabe an das Werk
seines Gottes. Seine Arbeit in Altena war ihm nicht genug;
er hätte sich am liebsten, wie sein Oheim in Dabringhausen,
nach dem er genannt war, in ein paar kurzen Jahren im
Dienste seines Meisters aufgerieben, um dann sein ewiges
Heimweh gründlich zu stillen und die Erdenmühen ganz zu
verlassen. Sein lebenlang hat er oft den Tod ersehnt, und
es ist rührend, daß derjenige Engel Gottes, den er am
liebsten hatte, ihn erst so spät bei der Hand nehmen durfte.

Zu diesem Trieb in die Ferne, zu dem Drang, sich
ganz hinzugeben, kamen manche drückende Verhältnisse in
seinem Leben. Seinen Gegnern mochte es scheinen, als frage
er nicht nach ihrer Opposition; in Wirklichkeit ging sie ihm
sehr nahe. Er war eine gefühlvolle Natur; ein Wort der
Liebe konnte ihn so beglücken, deshalb konnte Mißverständnis
oder gar Haß ihn auch so elend machen. Wenn er aus einer

Versammlung durch eine feindliche Rotte hindurchschreiten mußte, wenn Branntweinfreunde im Wirtshaus eine Katzenmusik für ihn planten oder die Fensterscheiben im Pfarrhaus einwarfen, so hinterließ das doch tiefe Spuren in seinem Gemüt. Noch tiefer drückte es ihn, als die anfängliche Erweckung später stockte und auch bei manchen Bekehrten das erste Feuer niedriger brannte. In der Erweckung in Altena, wie bei den meisten Bewegungen, die größere Kreise ergreifen, lief manches Verkehrte mit unter. Sein Vertrauen und seine Freigebigkeit wurden mißbraucht. Gefühle, die nicht göttlichen Ursprungs waren, schlugen ihm peinlich entgegen und lähmten seine Freudigkeit. Als die erste Anspannung der Gefühle erschlaffte, suchte er die Schuld dafür bei sich selbst; denn wenn der Bußprediger Altenas von anderen viel forderte, so ging er mit sich selbst am schärfsten ins Gericht. Seine strenge pietistische Frömmigkeit gestattete ihm nicht genug unschuldige Freude an der Alltagswelt. Sie hob ihn auf Bergesgipfel, wo die Luft dünn und schwer zu atmen ist. In seinem Tagebuch macht er sich Vorwürfe, wenn er einen Vormittag sich daran erfreut hat, einige Bilder frommer Prediger in seinem Studierzimmer aufzuhängen, statt seine Zeit zum Schmücken seiner Seele zu verwenden, oder wenn er einen Abend mit seinem Bruder Erinnerungen aus der Studentenzeit aufgefrischt hat. Als er zufällig mit einem Schenkwirt zusammengekommen war und ihn ermahnt hatte, beklagt er, daß er das so milde und kraftlos gethan habe. Der Unterschied zwischen seinem Ideal der Frömmigkeit und der Wirklichkeit in sich und seiner Gemeinde lag schwer auf seinem Gewissen.

Auch die Formen des kirchlichen Lebens, in denen er zu wirken hatte, schmerzten ihn öfters. Wir haben von seinen Konflikten mit der kirchlichen und staatlichen Obrigkeit gehört. In seinem Tagebuch spricht er von „den beengenden Fesseln verschrobener kirchlicher Formen, die den Geist dämpfen". Ihm stand es felsenfest, daß ein Unterschied sei zwischen bekehrten und unbekehrten Menschen. Die „Versammlungen"

waren ein Ansatz dazu, eine Scheidung zwischen den beiden
Klassen zu vollziehen. Aber in seinem Amt durfte er keinen
solchen Unterschied machen. Wenn er das Abendmahl aus-
teilte, sah er teils erweckte und heilsbegierige Seelen, teils
aber deren bittere Feinde, selbstgerechte Menschen und grobe
Sünder zum Tisch des Herrn nahen. Er fühlte, sie ver-
sündigten sich, und er half ihnen dazu. Sein verehrter
Lehrer, Prof. Nitzsch, hatte seine Aufmerksamkeit auf Kirchenzucht, als ein notwendiges Element einer echten Kirchengemeinschaft gelenkt und die Hoffnung ausgesprochen, daß die
Synoden von Rheinland und Westfalen dieselbe einführen
würden, aber diese Hoffnung wurde getäuscht. Er verweigerte
in Altena einem siebzehnjährigen Diebeshehler und auch einem
jungen Mädchen die Konfirmation. Das Presbyterium stimmte
ihm darin bei, die theologische Fakultät in Bonn hieß auf
Befragen seine Weigerung ebenfalls gut. Dennoch wurden
beide von einem anderen Pastor konfirmiert und zum Abendmahl zugelassen. Dies alles verursachte ihm schwere innere
Kämpfe.

Doch diese innerlichen Kümmernisse waren nicht so
groß, daß eine kernige Natur sie nicht hätte ertragen können.
Aber seit seiner Berliner Zeit war seine körperliche Wider-
standsfähigkeit gebrochen; er war nervös und reizbar. Die
Wechselwirkung zwischen Geist und Körper war sein lebenlang
bei ihm ungewöhnlich lebhaft. War er noch so müde, so
konnte eine geistige Anregung ihn zu größter Kraftentfaltung
animieren, aber auf solche Kraftleistungen folgte desto größere
Erschlaffung. Die vielen Versammlungen, die Besuche von
Fremden aus anderen Orten, seine endlosen Hausbesuche
zehrten an seiner Kraft. Er litt an Schlaflosigkeit. Noch
lange nach Mitternacht war sein Geist aufgeregt und wollte
sich nicht beruhigen; am folgenden Tage fühlte er dann die
Müdigkeit und trieb sich doch wieder in die Arbeit. Eine
derartige Abnutzung der Nervenkräfte bringt notwendig Mut-
losigkeit und Schwermut mit sich. Er sah sich selbst und
seine Arbeit in trübem Licht. Als er einmal im Gefängnis

in Altena einen Verbrecher besuchte, sah er aus dem kleinen, vergitterten Fenster der Zelle hinunter auf die Lenne, die damals noch so klar war, und auf die Gärten und bewaldeten Berge des anderen Ufers, und es schien ihm ein ersehnenswertes Glück, wenn er nur in dieser Zelle, von Menschen ungestört, auf immer wohnen könnte. Aus einem solchen Verlangen spricht die Ermattung eines überarbeiteten Gemüts.

Mit dieser inneren Unruhe und Sehnsucht in die Ferne verband sich nun, was ihm von Amerika zu Ohren kam. Der Strom der deutschen Auswanderung hatte in den dreißiger Jahren eigentlich angefangen; auf seiner ersten Fußreise nach Berlin war mein Vater zuerst mit Auswanderern in Berührung gekommen. 1831—1840 kamen etwa 600000 Einwanderer in Amerika an, im folgenden Jahrzehnt verdreifachte sich ihre Zahl. Deutsche Niederlassungen entstanden in vielen Staaten, aber Organe des deutschen Lebens waren noch wenig vorhanden. Es fehlte an Kirchen und Predigern; es fehlte an höheren Schulen zur Ausbildung von deutschen Predigern in Amerika. Die Männer der gebildeten Klassen wanderten nicht aus. In Pennsylvanien, wo das Deutschtum schon ziemlich alt war, hatten 256 reformierte Gemeinden nur 53 Prediger. In den ganzen östlichen und mittleren Staaten zählte man 627 lutherische Gemeinden und nur 191 Prediger. Nachrichten über den verwahrlosten religiösen Zustand der Deutschen in Amerika wurden in Deutschland immer dringender gehört. 1845 bestanden sechs Vereine, um Kandidaten und Schullehrer nach Amerika zu senden, aber es fanden sich nur wenige, die bereit waren, sich senden zu lassen. Der deutsche Kandidat machte sein Staatsexamen und wartete jahrelang, oft in drückender Armut, auf eine Anstellung, aber er mochte nicht sein Geschick in die Hand nehmen und in die Fremde gehen.

Mein Vater hatte schon länger sein Auge nach Amerika gerichtet. Als er im Frühjahr 1845 einigen Freunden seinen Entschluß mitteilte, kam es mehreren nicht mehr ganz unerwartet; er muß sich also schon öfters darüber ausgesprochen haben. Einmal heißt es in seinem Tagebuch: „Vorige Woche las ich in den Palmblättern ein Schreiben von Schaff*) aus Amerika. Dadurch ward ich wieder wie elektrisiert. O wenn mich der Herr dort als Reise- und Erweckungsprediger brauchen könnte, was wüßte ich Besseres für mich!" Im Herbst 1843 auf den Sanddünen bei Ostende, wo er über die Nordsee nach Westen schaute, gewann der Gedanke zuerst volle Klarheit, und im Mai 1845 folgte das Resignationsschreiben an das Presbyterium.

Nachdem er in demselben den Notstand in Amerika geschildert, fährt er fort:

„Wenn es bloße Erwägungen, Gefühle und Wünsche wären, die meine Seele erfüllten, so müßte und würde ich taub bleiben gegen ihre Stimme. Stehe ich doch hier im Vaterlande nicht müßig am Markte, führe ich doch den Hirtenstab an einer Gemeinde, in welcher sichtlich das Wort des Herrn nicht leer zurückkommt. Und wo irgend die erlösende Sünderliebe Jesu Christi geglaubt und erfahren wird, da vereint sie die Herzen, die von ihr ergriffen sind, in herzlicher, brüderlicher Liebe. So hat auch zwischen so vielen meiner Gemeindeglieder und mir sich ein festes, schönes Band gebildet, dessen Zerreißung nicht ohne Schmerzen wird geschehen können. Und selbst da, wo ich die Liebe Christi noch nicht habe einziehen und walten sehen, gewahre ich doch oft einen, sei es auch schwachen, Funken des Verlangens nach Heil und Gnade. Wie könnte da mir das Verlangen fern geblieben sein, über diesen Funken zu wachen und ihn zu nähren, bis er zur hellen Flamme auflodert!

„Allein mein Amt und Werk hier ist aus. Es ist nicht mein Herz, was mich hier wegtreibt. Zu klar sehe ich voraus, wie schwere Wunden ihm der Abschied schlagen wird. Es ist der Herr, der mich ruft! Es ist seines Geistes Stimme, die mich gehen heißt! Unter den verschiedenartigsten äußeren Erlebnissen und inneren Seelenstimmungen, vorzüglich in manchen stillen Mitternächten, wo das Getümmel um mich her schwieg und Gottes Friede meine Seele erfüllte, habe ich

---

*) Philipp Schaff, auf Tholucks Empfehlung nach Mercersburg berufen, später Professor der Kirchengeschichte an Union Seminary und fruchtbarer Schriftsteller.

immer wieder und wieder diese Stimme vernommen, habe nach vielem Gebet auf eine Art und Weise, die mir keinen Zweifel mehr übrig läßt, mein Scheiden von hier und mein Hinüberziehen nach Nordamerika als den Willen Gottes erkannt, und wehe mir, wenn ich seinem so deutlich erkannten Willen nun nicht folgen wollte!

„So zeige ich denn hiermit einem ehrwürdigen Presbyterium als dem Vorstande der Gemeinde an, daß ich mein vier Jahre lang geführtes Amt als Prediger an derselben niederlege. Möge eine bessere Hand als die meine den Hirtenstab wieder aufnehmen, den ich jetzt fallen lasse.

„Mein Trost beim Scheiden ist der, daß ich von meiner geliebten Gemeinde zwar dem Leibe nach getrennt werde, dem Geiste nach aber ungeschieden bleibe. Meinen Segen lasse ich ihr zurück. Mein Gebet wird auch aus den Urwäldern Nordamerikas, oder wohin sonst Gott mich führen mag, für sie zu Ihm emporsteigen. Und ich hoffe, daß nicht minder die Gebete meiner lieben Gemeindeglieder für mich vor den Thron des Herrn kommen, seinen Segen auf mich herabflehen und mir gleichsam das Geleit geben werden auch jenseits des Weltmeers."

Sein Entschluß bewegte viele tief. Amtsbrüder schrieben ihm, sie hätten bis nach Mitternacht für ihn gebetet. Nölle, Bremer und seine Getreuen in Altena hielten regelmäßig Betstunde gegen sein Vorhaben. Alle, die ihm Erweckung und Förderung ihres geistlichen Lebens dankten, hingen an ihm mit der eigentümlichen Liebe, welche die Gemeinschaft der höchsten Güter zwischen Menschenherzen erzeugt. Man mahnte ihn an den sichtlichen Erfolg seiner Arbeit, an das Bedürfnis der Neubekehrten nach Pflege, an den weiten Wirkungskreis in der Mäßigkeitssache und der Förderung lebendigen Christentums im ganzen Vaterland. Einige geboten ihm geradezu zu bleiben. Etwa achtzig Briefe sind noch vorhanden, die in jenen ersten Wochen an ihn geschrieben worden sind.

Als man sah, daß sein Entschluß feststand, schwieg der Protest, und Liebe und Bewunderung ließen sich hören. Amerika war damals noch ein so fernes, wildes Land. Die Leute sagten dem Scheidenden Lebewohl auf immer, wie wenn heute jemand nach Zentral-Afrika reist. Es war vor den Tagen der großen Dampferlinien. In demselben Altenaer Wochenblatt, in welchem seine Resignation besprochen wurde, stand auch die Neuigkeit von einem wunderbaren Schiffe, das ganze 320 Fuß lang und von Eisen gebaut sei mit einer Schraube hinten; in London seien die Leute hinausgeströmt, um es zu sehen, und hätten eine halbe Krone per Kopf für das Vorrecht bezahlt. Auch mein Vater, obgleich er später viel Mühen und Strapazen in Amerika erduldet hat, faßte seine Zukunft in dieser Richtung wohl noch schwerer auf, als sie wirklich war. Man bewunderte besonders, daß er, ein angestellter Pastor mit gutem Auskommen, freiwillig seine Stellung aufgab, während andere nicht zu gehen wagten, die nur eine blasse Hoffnung auf eine zukünftige Stellung hatten. Ein Kollege spricht in einem Briefe von dem „Heroischen und Riesenhaften seines Entschlusses". Die Tagesblätter besprachen sein Gehen als ein Ereignis von allgemeiner Wichtigkeit. Sein Beispiel regte aber andere an; Kandidaten, Schullehrer, Schustergesellen, Friseure wollten mit ihm reisen als seine Gehilfen, seine Küster, seine Diener. Doch fühlte er sich damals noch nicht berufen, die Auswanderung zu veranlassen, sondern nur für die schon Ausgewanderten zu sorgen.

Von dem Presbyterium der Gemeinde, dem Magistrat der Stadt, der Kreissynode und anderen Vorgesetzten, sowie von seinem Lehrer Neander und vielen persönlichen Freunden und Amtsbrüdern erhielt er schöne Zeugnisse und warme Empfehlungen. Als Beispiel mag das offizielle Zeugnis des Königlichen Landrats von Holzbrink angeführt werden.

„Dem Herrn Pastor August Rauschenbusch wird hierdurch bescheinigt, daß er während seiner Amtsführung als evangelischer Prediger hierselbst sich stets musterhaft betragen, daß er an Begründung von Kleinkinderschulen, an Ausbildung von Lehrerinnen für diese Anstalten, an Verbesserung der Armen- und Krankenpflege, an Berufung evangelischer Diakonissen zur Krankenpflege, an Förderung und Organisation des Enthaltsamkeits-Vereins, Ausdehnung von dessen Wirksamkeit über die Umgegend und Stiftung neuer Lokalvereine ernsten und erfolgreichen Anteil genommen und sich dadurch verdient gemacht hat. Er hat durch Förderung streng christlicher Gesinnung mit Ausdauer, Eifer und uneigennütziger Aufopferung dahin gestrebt, das geistige und leibliche Wohl seiner Mitmenschen zu befördern und durch Reinheit seiner Absichten die allgemeine Achtung auch derer erworben, die anderen religiösen Ansichten zugethan sind."

Seine Thätigkeit schloß mit dem 1. Juli 1845 ab. Am 29. Juni hielt er seine Abschiedspredigt über die Bitte des Zöllners: „Gott, sei mir Sünder gnädig!" Er klagte sich an wegen seiner Unterlassungssünden und bat um Vergebung. Die letzten Wochen in Altena waren sehr anstrengende; so viele wollten ihn noch einmal sehen, noch ein letztes persönliches Wort von ihm hören. Der Abschied von seinen geliebten Konfirmanden wurde ihm am allerschwersten. „Ich gehe dahin wie ein Träumender," schreibt er in sein Tagebuch, „weich, zerflossen, nicht wissend, was ich thue." Seiner Mutter und seiner jüngsten Schwester, die bei ihm gewohnt hatten und ihm viel gewesen waren, wurde der Abschied unbeschreiblich schwer. Für sie bedeutete dies zugleich den Abschied von der Stätte, wo die Familie dreißig Jahre lang gewohnt hatte. Seine Mutter, die ihn immer verstanden hat, hatte nach schwerem Kampfe ihre Einwilligung zu seinem Fortgehen gegeben, aber als er ging, brach auch diese starke Seele zusammen und sank ohnmächtig hin.

Er hat Altena, die Stätte seiner Geburt, die Heimat seiner Jugend, die Gemeinde seiner ersten Liebe, nie vergessen. Noch zwanzig Jahre später heißt es in seinem Tagebuch: „Tiefe Sehnsucht nach $\Phi\vartheta\acute{\iota}\eta\nu\ \dot{\varepsilon}\rho\acute{\iota}\beta\omega\lambda o\nu$." „Das breitschollige Phthia" war die Heimat des Achilles, nach welcher der Held von Troja sich immer sehnte und die er nie wieder sah. Und auch Altena hat Pastor Rauschenbusch nicht vergessen, sondern ihn bei späteren Besuchen mit warmer Liebe empfangen. Auch jetzt noch, wo seiner alten Freunde auf Erden wenige geworden sind, lebt bei ihren Kindern die Erzählung von seinem Wirken fort und zeugt von den tiefen Spuren, welche jene vier Jahre hinterlassen haben.

Seine Mutter und Schwester zogen nach Elberfeld zu seiner ältesten Schwester Lina. Pastor Döring war 1844 gestorben und hatte sie mit fünf Kindern zurückgelassen, und so fanden die drei Frauen Stütze und Trost aneinander. Doch hat mein Vater seine Mutter jahrelang aus Amerika treulich unterstützt. Er selbst ging zuerst nach Süddeutschland, um seine Gesundheit durch eine Kaltwasserkur zu kräftigen und um auf der Universität Tübingen einmal wieder sein Bedürfnis nach wissenschaftlicher Nahrung, welches in der aufreibenden praktischen Thätigkeit zurücktreten mußte, zu befriedigen. Er kam dadurch in herzliche Beziehungen zu dem berühmten Professor Johann Tobias Beck und anderen edeln Männern. Der alte Spittler in Basel erwies ihm viel Liebe. Durch sein eifriges Studium der englischen Sprache wurde er mit der Familie der Schriftstellerin Ottilie Wildermuth befreundet. Überhaupt dehnte sich damals sein Bekanntenkreis sehr aus, besonders unter seinen Kollegen. Man wußte von seiner Absicht, nach Amerika zu gehen, und kam ihm deshalb herzlich entgegen. Sonst ist mir aus jener Zeit nicht viel bekannt geworden. Es scheint eine Periode körperlicher Ruhe und innerlicher Sammlung gewesen zu sein. Doch hat er ein wertvolles Stück Arbeit geleistet in der Sammlung und Herausgabe des „Evangelischen Missions-Gesangbuches", das 1846 bei Bertelsmann zum Besten der Rheinischen Missions-Gesellschaft erschien und drei Auflagen erlebt hat.

Den Mai und Juni 1846 brachte er noch bei seinen Lieben in Elberfeld zu. In der lutherischen Kirche dort wurde er von der Langenberger Gesellschaft für die Aussendung von Predigern zu den protestantischen Deutschen in Nordamerika in einer schönen Feier als Missionar abgeordnet, und dann ging es nach Bremen und fern übers Meer.

Zwölftes Kapitel.
Im Dienste der Traktat-Gesellschaft.
1846—1853.

(Vom Herausgeber.)

Am 5. Juli 1846 ging mein Vater in Bremerhaven zur See. Der Dritthalbmaster „Carolina" von 395 Tonnen hatte eine Besatzung von siebzehn Mann und führte neun Kajütten-Passagiere und hundert vier und vierzig Zwischendecks-Passagiere. Die Fahrt war nicht übermäßig langsam, denn sie dauerte nur zwei Monate. Das waren noch andere Zeiten als bei den heutigen Riesendampfern von 12000 Tonnen, welche so viel Mann Besatzung haben, wie die „Carolina" Passagiere führte, und die Reise zwischen zwei Sonntagen zurücklegen können. Wasser wurde nur einmal am Tage verabreicht, und gegen Ende der Reise wurde es schlecht. Es scheint, es wurde an Bord kein Brot gebacken, denn mein Vater rühmt in seinem Reisebericht, daß Schwarzbrot reichlich verabreicht wurde, aber „natürlich erst aufgeweicht werden mußte".

Doch diese Unannehmlichkeiten trübten dem Wanderfreudigen die Lust an der Ferne nicht. Er freute sich an den Kreidefelsen Englands, von denen ihm in seiner Jugend sein Vater erzählt hatte, sah mit Bewunderung die Matrosen selbst im Sturm auf den Raaen herumklettern und wünschte fast selbst Seemann zu sein, sah die Delphine und Schweinsfische, die Quallen und unermüdlichen Sturmvögel, das St.

Elmsfeuer auf den Masten, den Seetang im Golfstrom und lernte gar vieles. Es war ein schöner Kreis christlicher Leute an Bord, mehrere Pastoren und Kandidaten, und elf junge Leute aus Bayern, die auf dem lutherischen Seminar in Fort Wayne, Indiana, als Prediger ausgebildet werden sollten. Jeden Morgen hielten sie zusammen Andacht und sangen die frommen deutschen Lieder übers Meer hinaus, und am Abend hielten sie Bibelstunden und betrachteten die Apostelgeschichte. Mein Vater hat an diesen Gottesdiensten zu Schiff immer besondere Freude gehabt; ich zweifle, ob er je eine Seefahrt gemacht hat, auf der er nicht gepredigt hätte. Die überwältigende Nähe Gottes auf dem Meer und die Empfänglichkeit der Leute bewegte ihn immer tief. Dazu kam, daß er nie an Seekrankheit litt und sich immer herrlich wohl fühlte. Auf dieser ersten langen Reise verwendete er besonders viel Zeit auf die Erlernung des Englischen. Einer seiner Mitreisenden, Pastor Fleury aus der Schweiz, hatte eine geborene Engländerin zur Frau, und sie gab ihm mit der Bibel in der Hand solch guten Unterricht, daß er schon bei seiner Ankunft in Amerika fließend reden und sogar beten konnte. Doch wird der Erfolg wohl nicht ganz an der Lehrerin, sondern auch etwas an dem Schüler gelegen haben.

Am 3. September landete er in New York. Er hat seine Seereise in einem Traktat von vierzig Seiten beschrieben und in Altena drucken lassen. Das war sein erstes Buch. In New York hielt er sich vierzehn Tage auf, reiste dann den schönen Hudsonfluß hinauf nach Albany, von dort auf dem Erie-Kanal nach Buffalo, sah mit Bewunderung den Niagara-Fall, besuchte einen Gottesdienst der Tuscarora-Indianer und predigte ihnen, und fuhr über die großen Seen zu Wasser nach Chicago. Die Reise von Chicago nach St. Louis nahm damals mehr als drei Tage in Anspruch. In St. Louis lernte er wackere evangelische Prediger kennen, besonders Ries, Wall und Rieger, und predigte mit erhebenden Gefühlen am Reformationsfeste. Er hatte den Plan, noch weiter nach Westen zu gehen und Prediger einer deutschen Gemeinde zu werden, denn in vielen deutschen Niederlassungen begehrte man sehr nach dem Worte Gottes und dem Unterricht der Kinder. In Pennsylvanien und Wisconsin waren die deutschen Niederlassungen schon älter, und es war schon mehr kirchliche Fürsorge für die Einwanderer getroffen. Dagegen nach Missouri, besonders den Missourifluß entlang, ergoß sich gerade damals der Strom der deutschen Einwanderung, besonders aus Hannover und Westfalen. Pastor Rieger aus Missouri, den er in Deutschland kennen gelernt, hatte seine Aufmerksamkeit auf diese Gegend gelenkt. Die Langenberger Gesellschaft, die ihn aussandte, hatte ihm keine bestimmten Weisungen gegeben, sondern hat es ihm unter der Führung Gottes überlassen, selbst sein Arbeitsfeld zu suchen.

Am 29. Oktober nahmen seine Pläne eine Wendung. Er traf unter Umständen, die ihm eine Fügung Gottes schienen, den General-Agenten der Amerikanischen Traktat-Gesellschaft, Charles Peabody, lernte durch ihn das große Werk dieser Gesellschaft kennen und beschloß, Kolporteur zu werden. Er hoffte durch die Bücher und Schriften auch Eingang und Anhalt bei den Leuten zu finden und statt an eine einzige Gegend gebunden zu sein, im ganzen Staate umherzukommen und vielen das Wort zu verkündigen. So kaufte er sich für $ 34 ein gutes Pferd und für $ 4 einen schlechten Rock, steckte seine Satteltaschen voll Bücher und ritt im Namen Gottes in die neue Welt hinein.

Die American Tract Society war damals ein sehr bedeutender Faktor im religiösen Leben der Vereinigten Staaten; sie ist es noch, aber jetzt haben die einzelnen Denominationen ihre eignen großen Verlagshäuser, und diese haben das Feld, welches damals der Traktat-Gesellschaft fast allein gehörte, unter sich geteilt. Sie hatte ein Jahreseinkommen von $ 150000, was damals viel mehr bedeutete als jetzt, und hatte etwa zweihundert Kolporteure, von denen dreißig Deutsche waren. Sie zahlte ihren Kolporteuren $ 150 per Jahr und Reisekosten, und diese fürstliche Summe bezog auch der Schüler Neanders. In den Archiven der Gesellschaft in New York fand ich seinen ersten Vierteljahrs-Bericht in seiner eignen Handschrift. Er hatte 210 Familien besucht und 25 mal an 12 verschiedenen Orten gepredigt. Sein Gehalt für drei Monate betrug $ 37.50 (150 Mark), und er beanspruchte als Miete für sein Pferd $ 3.75 und für Futter und Beschlagen des Pferdes, sowie Kost und Logis für sich selbst $ 4.32$^1/_2$. Seine Reitstunden in Bonn waren nicht vergeblich gewesen.

Beim Herumreiten im Schnee und Regen im fremden Lande holte er sich Ende Januar 1847 ein heftiges Wechselfieber. Ein treuer westfälischer Bauer Namens Bolte nahm den kranken Mann in seiner Blockhütte auf und pflegte ihn vier Wochen lang treulich, bis er zu seinem Freunde Köwing in Mt. Sterling reiten konnte. Als der Frühling kam, konnte der Kranke seine alte Kur brauchen: Bäume zu pflanzen und zu pfropfen. Das war die einzige Medizin, die er gegen das Fieber brauchte. An den Zwischentagen, wenn das Fieber ihn nicht schüttelte, schrieb er ein kleines Buch: „Die Nacht des Westens," das von der Langenberger Gesellschaft in Deutschland herausgegeben wurde und ein Hilferuf zur religiösen Pflege der ausgewanderten Deutschen sein sollte. Es enthält vier und achtzig Seiten und ist trotz des Fiebers mit großer Kraft und Schönheit der Sprache geschrieben und voll von interessanten Mitteilungen über die damaligen Verhältnisse im Westen. Er fand, daß wenige von den dortigen Deutschen im Vaterlande lebendiges Christentum gekannt hatten; die kirchlichen Sitten, die sie hatten, hielten sie dagegen mit Ehrfurcht fest. Die Pastoren, die auf eigne Hand herübergekommen waren, waren vielfach entweder Rationalisten, oder sie waren rechtgläubige Leute von fraglicher Vergangenheit. Die guten Pastoren standen meist mit den deutschen Missions-Gesellschaften in Verbindung. Der Unglaube unter den amerikanischen Deutschen überstieg an Haß und Kühnheit alles, was man in Deutschland kannte. Die Katholiken waren eifrig, machten aber unter den Protestanten, meist infolge der amerikanischen Freiheitsliebe, gar keine Fortschritte

Die Methodisten waren die bedeutendste protestantische Benennung dort, aber obgleich er mit günstiger Meinung über sie gekommen war, fällte er jetzt ein sehr ungünstiges Urteil über sie. Vor den Presbyterianern und Kongregationalisten hatte er große Achtung. Auch die Baptisten haben bei dieser ersten Berührung einen günstigen Eindruck auf ihn gemacht; sie prüften bei der Aufnahme, ob jemand bekehrt sei, hätten eine demokratische Verfassung, und ihre Gottesdienste seien feierlich und ernst. Auch die Altlutheraner mißfielen ihm wegen ihres fortwährenden Streitens über die reine Lehre und ihrer schroffen Stellung gegen alle anderen Gemeinschaften. Er schrieb das Buch sechs Monate, nachdem er im Lande war. Als es im folgenden Jahre gedruckt wieder in seine Hände kam, erkannte er, daß seine Urteile über die Methodisten und Altlutheraner ungebührlich hart waren, und mit charakteristischer Ehrlichkeit bekannte er dies öffentlich und bezeichnete auch später die Schrift „als in mancher Hinsicht verfehlt".

Schon am Ende des ersten Vierteljahres resignierte er als Kolporteur aus drei Gründen: Erstens weil die Leute in Missouri wenig Verlangen nach Lektüre, dagegen ein großes Verlangen nach dem gepredigten Worte hätten; zweitens, weil die Bücher der Traktat-Gesellschaft dem Bedürfnis der Deutschen nicht angepaßt seien; manche setzen bekehrte Leser voraus; andere seien in die deutsche Sprache, aber nicht in den deutschen Geist übersetzt; drittens könne er nicht mehr, wie seine Stellung als Kolporteur der Traktat-Gesellschaft es fordere, den Methodisten gegenüber sich passiv verhalten. Er wollte deshalb hinfort predigen, obgleich er davon ein geringeres Einkommen erwartete, bot aber der Gesellschaft an, ihr deutsche Kernschriften zu empfehlen und für den eben gegründeten „Botschafter" zu schreiben.

Die Sommermonate 1847 brachte er dann auch zu, indem er umherreiste und in den deutschen Niederlassungen predigte. Er wurde innig befreundet mit Pastor Köwing am Gasconade River, etwa sechs Stunden südlich von Hermann

in Missouri, und half diesem wackeren Manne auf seinem
sehr ausgedehnten Felde, das sich noch hundert Meilen nach
Westen erstreckte und damals der äußerste Vorposten des
christlichen Deutschtums nach Westen gewesen zu sein scheint.
Eben war er im Begriff, sich bei zwei deutschen evangelischen
Gemeinden als ihr Prediger niederzulassen, als er die Aufforderung von der Traktat-Gesellschaft erhielt, nach New York
zu kommen und die Redaktion ihrer deutschen Schriften zu
übernehmen. Er war dazu von Dr. Nast in Cincinnati, weitaus dem bedeutendsten Manne, den die deutschen Methodisten
hatten, empfohlen worden. Dr. Nasts Schwester, eine gebildete Dame in Württemberg, hatte Rauschenbusch 1846
dort kennen gelernt und ihren Bruder auf diese neue Kraft
aufmerksam gemacht.

Anfang November 1847 kam Rauschenbusch in New York
an, und der Mann der Rede wurde nun ein Mann der Feder.
Die Traktat-Gesellschaft würdigte vollständig die große Aufgabe, welche ihr durch die massenhafte Einwanderung der
Deutschen von Gott vor die Füße gelegt war. Sie hatte
schon über hundert deutsche Traktate und mehrere Bücher
herausgegeben, hatte dreißig deutsche Kolporteure angestellt und
Januar 1847 mit der Herausgabe des monatlichen „Amerikanischen Botschafters" angefangen. Aber die Beamten der
Gesellschaft waren sich bewußt, daß sie noch im Dunkeln
tasteten. Man klagte ihnen über das schlechte Deutsch der
übersetzten Schriften; manches, das unter den Amerikanern
guten Anklang fand, zog bei den Deutschen gar nicht. Sie
brauchten einen Mann von echter deutscher Bildung, der
sattelfest in seinem Deutsch und mit der christlichen deutschen
Litteratur und den Bedürfnissen der Deutschen gründlich vertraut wäre. Sie waren so oft getäuscht worden, daß sie
auch ihrem neuen Angestellten zu Anfang nicht ganz trauten,
aber als auf einer großen Versammlung Pastor Culner, einer
ihrer besten Kolporteure und selbst ein gebildeter Mann,
öffentlich sagte, jetzt hätten sie ein Blatt und Traktate, deren
sich kein Deutscher zu schämen brauchte, da lachte dem alten

Dr. Hallock das Herz im Leibe, und er schenkte bald August Rauschenbusch ein solches Vertrauen, daß dieser selbst fast dagegen protestieren mußte.

Der ehrwürdige Dr. William A. Hallock war der älteste der drei Sekretäre, welche die Geschäfte der Gesellschaft zu leiten hatten. Er hatte sämtliches Material für den Druck zu prüfen und vorzubereiten, während Mr. O. Eastman und Mr. R. S. Cook die Kolporteure und Finanzen unter sich hatten. Mein Vater fand an ihm mit der Zeit einen weisen und väterlichen Freund, von dem er bis zuletzt mit tiefer Verehrung und Dankbarkeit sprach. Zu den vier großen Lehrern, die er in Deutschland gehabt hatte, seinem Vater, Laudfermann, Neander und Nitzsch, rechnete er als letzten Dr. Hallock hinzu.

Außer der Redaktion des „Botschafter" lag ihm die Revision der vorhandenen Schriften und die Herstellung neuer ob. Als er aber die alten Schriften näher prüfte und verbessern wollte, fand es sich bei manchen, daß der Rock nicht geflickt, sondern neu gemacht werden mußte. Und man hatte so viel Vertrauen zu seinem Urteil, daß die Gesellschaft viele der alten Stereotypplatten einschmelzen und mit großen Kosten neue machen ließ. Allmählich mehrte sich die Zahl der Schriften; bei seinem Amtsantritt waren etwa 120 deutsche Traktate vorhanden; obgleich man viele von den alten fallen ließ, war bis zu seiner Resignation im Jahre 1853 die Zahl auf 170 gestiegen nebst 70 Büchern. Die Verbreitung des „Botschafter" war von 10000 auf 25000 Exemplare monatlich gestiegen; er war das am weitesten verbreitete deutsche Blatt in Amerika. 1852 gab mein Vater zum erstenmal den „Christlichen Volkskalender" heraus, der in 30000 Exemplaren erschien. Bei der Auswahl von Büchern war er darauf aus, wo möglich echt deutsche Schriften statt der Übersetzungen zu brauchen, und manche Kernbücher des deutschen Christentums wurden durch ihn den Deutschen in Amerika in billiger Form in die Hände gelegt. So stand er als Vertreter des deutschen Christentums bei dieser reichen und mächtigen Gesellschaft und vermittelte zwischen dem Geistesleben des alten Vaterlandes und Deutschlands ausgewanderten Söhnen. Will man abschätzen, wieviel dies damals bedeutete, so erwäge man, daß der Postverkehr zwischen Europa und Amerika damals selten, langsam und teuer war und die Versorgung der amerikanischen Deutschen von Deutschland aus viel schwieriger als heute; ferner, daß damals noch keine solche Flut von Zeitungen und Schriften sich über die Welt ergoß wie heutzutage, so daß die Leute weniger lasen, aber dann auch an dem Gelesenen mehr zehrten; und endlich, daß in den zerstreuten Blockhütten das Buch oder der Traktat, welche der reisende Kolporteur zurückgelassen, oft Prediger und Seelsorger ersetzen mußten und das einzige Mittel waren, durch welches Gottes Wort die einsamen Seelen erreichte.

Doch die Arbeit wurde nicht allein hinter dem Schreibtische gethan, sondern sie war großenteils Verwaltungsarbeit. Er hatte an den wöchentlichen Sitzungen des Verwaltungsrates teilzunehmen und seine Vorschläge zu vertreten. Nachdem es der Gesellschaft klar geworden war, was sie an ihm hatte, wurde er zum „Sekretär für die Deutschen" ernannt; soviel ich weiß, war er damals der einzige Beamte dieser Art, und es scheint ihm auch keiner nachgefolgt zu sein. Ferner hatte er auf den Jahres-Versammlungen der Gesellschaft und in den reichen englischen Gemeinden die Mission unter den Deutschen zu vertreten. Er gewann dadurch einen weiten Bekanntenkreis unter den Amerikanern aller Denominationen. Im Jahre 1848 wurde er z. B. in Cincinnati mit dem damals schon berühmten Henry Ward Beecher bekannt und war im Hause der Schwester desselben, Harriet Beecher Stowe, der späteren Verfasserin von „Onkel Toms Hütte". Es ist noch ein Fragment einer Rede vorhanden, in welcher Beecher erzählt, wie er und Professor Stowe oft über die deutsche Einwanderung gesprochen und im Sinne gehabt hätten, die evangelische Kirche Deutschlands zur Hilfe zu rufen; nun sähe er, daß Gott selbst sorge, indem er Männer wie Rauschenbusch übers Meer treibe.

Die wichtigste Verwaltungs-Arbeit war aber die Anstellung und Beaufsichtigung von deutschen Kolporteuren. Als er sein Amt antrat, waren etwa 30 deutsche Kolporteure an der Arbeit; nach fünf Jahren waren es siebenzig, und keiner wurde angestellt ohne seinen Vorschlag oder seine Einwilligung. Er leitete ihre Arbeit, führte die Korrespondenz mit ihnen, prüfte Klagen über sie und suchte neue Kräfte auf, um sie in dieses wichtige Werk hineinzuziehen. Dabei kam ihm seine ausgedehnte Bekanntschaft mit gläubigen deutschen Kreisen auf beiden Seiten des Meeres sehr zu statten; hatte er irgendwo einen frommen und tüchtigen Menschen kennen gelernt, so holte er ihn herbei, wie Barnabas den Saulus aus Tarsus nach Antiochien brachte. Bei solcher Arbeit sind Mißgriffe unvermeidlich, aber er hat auch manchen sehr glücklichen Griff gethan; das kann man schon daran sehen, daß so viele seiner damaligen Kolporteure später in verschiedenen Gemeinschaften geachtete Prediger geworden sind. Er hatte ein Auge für tüchtige Männer und suchte sie nutzbar zu machen — sicherlich eine der fruchtbarsten Thätigkeiten im Reiche Gottes! Er schrieb einmal bei einem Besuch in Missouri an seine Mutter: „Ich traf hier den Lehrer F. aus Gütersloh, den ich vor etwa vierzehn Monaten in Newton bei Boston kennen gelernt hatte. Er freute sich recht, daß ich ihn ermutigt hatte, hierher zu gehen; er steht jetzt hier in gesegneter Wirksamkeit. Ich darf doch sagen, daß meine Auswanderung hierher schon deshalb nicht umsonst gewesen ist, weil ich die Veranlassung geworden bin, so manche Arbeiter im Reiche Gottes herüber zu ziehen. O wie freundlich ist der Herr, daß Er mich bald diesen, bald jenen von ihnen, und zwar zum Teil schon Erntefreuden genießend, hier wieder finden läßt. In Altena erntete ich, wo andere gesät hatten. Hier breche ich Land und säe, wo dann andere ernten. Wie's dem Herrn gefällt!"

Zu der Leitung der Kolporteure gehörte auch die Veranstaltung von Konferenzen, zu welchen die zerstreuten Kolporteure zusammenkamen, um christliche Gemeinschaft zu pflegen und sich über die Methoden ihrer Arbeit auszusprechen. Im Sommer 1852 hielt er z. B. drei solche Konferenzen für die deutschen Kolporteure ab, zu Milwaukee, Quincy im Staate Illinois, und Terre Haute im Staate Indiana; bei jeder waren etwa dreißig zugegen. Die Kolporteure predigten dann in den Kirchen der betreffenden Stadt, und die Konferenz machte bedeutendes Aufsehen. Auch an den Konferenzen für die englischen Kolporteure nahm er Anteil. Bei einer solchen in Cleveland, an der etwa fünfzehn deutsche und sechzig andere Kolporteure teilnahmen, wußte er vorher, daß er öfters zu reden und an den Besprechungen teilzunehmen haben werde. So ging er nach dem Frühstück an eine einsame Stelle am Erie-See und blieb den ganzen Tag dort, genoß nichts als Wasser aus dem See und ein Bad in demselben und sammelte so seine Gedanken. Während der Konferenz war er dann stets auf dem Platze und schlagfertig. Eine solche Vorbereitung in der Einsamkeit, wo nur Gott und die Natur ihm nahe waren, war so recht seine Art.

Den ursprünglichen Vorsatz bei seiner Auswanderung, als Reiseprediger dem Herrn zu dienen, konnte er bei seiner Thätigkeit für die Traktat-Gesellschaft reichlich ausführen. Einige Bruchstücke von Tagebüchern über seine Reisen und die Briefe, die ich in den Archiven der Traktat-Gesellschaft in New York aufgesucht, verraten eine überraschende Beweglichkeit, besonders wenn man bedenkt, wieviel langsamer und beschwerlicher damals das Reisen in den großen Entfernungen Amerikas noch war. Er hat z. B. den Staat New York durchquert, als man noch auf dem Erie-Kanal reiste und die Boote von Pferden gezogen wurden. Im Herbst 1848 war er fast zwei Monate lang im Hinterwald von Kanada, um dort das Land auszukundschaften. Das war so gekommen. Während der ersten zwei Jahre in New York verwendete er sehr viel Zeit auf die Fürsorge für die deutschen Einwanderer, fast mehr als seinen Vorgesetzten lieb war. Die jetzigen Gesetze und christlichen Anstalten zu ihrem Schutze existierten meist noch nicht. August Rauschenbusch ist auch darin, wie

in so manchem anderen, ein Pionier gewesen. Er holte die
Einwanderer an den Schiffen ab, besuchte sie in den
Hospitälern, holte sich dabei einmal einen leichten Anfall der
Blattern, schrieb ein Büchlein mit Anweisungen für sie, das
zwei Auflagen erlebte und in höchst praktischer Weise ihnen
Aufschluß gab über die Eigentümlichkeiten der verschiedenen
Landesteile und über die Gefahren, die ihnen im neuen
Lande drohten usw. Dabei lernte er auch die ehrlichen und
unehrlichen Agenten kennen und empfahl im „Botschafter" und
in Deutschland oft eine gewisse Firma, die er als zuverlässig
kennen gelernt hatte. Diese Herren wollten sich ihm
erkenntlich erzeigen, und eines Tages legte ihm einer derselben 50 Dollar hin mit der Bemerkung: sie hätten viele
Einwanderer nach Kanada geschickt, hätten auch versucht,
Prediger hinzuschicken, doch seien wohl manche nicht die
besten, er möge einmal auf Kosten der Firma eine
Vergnügungsreise dorthin machen und sehen, wie es stehe.
Rauschenbusch merkte ganz gut, daß dies eine persönliche
Gratifikation sein solle, hatte aber nicht vor, sich zum
bezahlten Agenten der Firma machen zu lassen. Er nahm
das Geld im Namen der Traktat-Gesellschaft mit bestem
Danke an und versprach, den Wunsch der Firma dem Komitee
zu unterbreiten. Der Herr lächelte etwas sauer dazu, und
weitere Geschenke blieben aus. Aber so kam mein Vater im
Herbst 1848 fünf Wochen nach Kanada, das damals noch
nicht eine so blühende Ackerwirtschaft besaß wie heute. Er
fand dort viele Mennoniten, brave und einfache Leute, die
größtenteils während der amerikanischen Revolution aus
Pennsylvanien ausgewandert waren, weil sie sich ein Gewissen
daraus machten, unter einer Regierung zu leben, die aus
einer gewaltsamen Revolution entstanden war. Bei den
Lutheranern in Kanada fand er traurige Zustände; die
Pastoren waren meist ungebildete Leute; die Trunksucht war
sehr allgemein. Er war bei der Ordination eines lutherischen
Pastoren zugegen, wobei vorher und nachher Branntwein in
Menge getrunken wurde. Er wurde aufgefordert, die

Ordinationspredigt zu halten, und hielt eine Mäßigkeitspredigt, doch machten sie sich nichts daraus. Infolge dieses Besuches in Kanada wurden mehrere Kolporteure dort angestellt, unter anderen auch Heinrich Schneider aus Altena, der dort in großem Segen wirkte. Doch davon wird später noch mehr zu sagen sein.

Im Sommer 1849 war seine Gesundheit sehr angegriffen, und er legte auf eine Zeitlang sein Amt nieder und flüchtete wieder an die Brust der Natur in seinem ihm so lieb gewordenen Missouri. Er wohnte bei seinem Freunde Pastor Köwing und dessen trefflicher Gattin und erfreute sich besonders an dem Umgang mit dem neunjährigen Lottchen Köwing, die ihm ganz ans Herz wuchs. Leider bekam er wieder, wie bei seinem ersten Aufenthalt in Missouri, das Wechselfieber und war zehn Wochen lang krank, doch erholte er sich dann und wurde gesunder als vor seiner Krankheit. Er wohnte in einem Anbau der Blockhütte, kaufte sich ein Pferd und ritt herum, predigte, wo er konnte, suchte neue Kolporteure auf, schrieb für die Traktat-Gesellschaft und hackte Holz. Dieser Aufenthalt in Missouri dauerte bis ins Frühjahr, und in diese Zeit fällt seine Taufe, von der im nächsten Kapitel die Rede sein wird.

Wichtig ist, daß er nicht bloß aus dem christlichen Leben und Denken Deutschlands zu Gunsten der amerikanischen Deutschen schöpfte, sondern auch auf Deutschland rückwirken konnte. Der „Botschafter" hatte etwa 200 Abonnenten in Deutschland und tauschte mit vielen dortigen christlichen Zeitschriften als Wechselblatt. Auf seinen Rat tauschte die Gesellschaft schon 1849 mit 17 deutschen Gesellschaften Schriften aus. 1850 verschaffte er der Barmer Traktat-Gesellschaft eine beträchtliche Unterstützung aus der Kasse der reicheren amerikanischen Gesellschaft. Als er 1853 nach Deutschland kam, fand er, daß die Traktat-Gesellschaft dort wohlbekannt sei durch die schöne Ausstattung und edle Sprache ihrer Schriften und durch ihre Unparteilichkeit, ihren Reichtum und ihre weitreichende Thätigkeit. Manche der Artikel des „Botschafter" wurden in Deutschland abgedruckt, und auch mehrere Bücher der Traktat-Gesellschaft wurden der deutschen christlichen Litteratur einverleibt. Noch 1898 fand er unter den in Neu-Ruppin herausgegebenen Traktaten eine ganze Anzahl, die er geschrieben, übersetzt oder umgearbeitet hatte. Sicherlich hat dies alles mitgeholfen, richtige Anschauungen über das religiöse Leben Amerikas zu verbreiten und gute Kräfte nach Amerika hinüberzuziehen. Über diese Rückwirkung spricht er sich in einem Brief im Oktober 1849 ganz prophetisch aus. Er erzählt, wie ein Mann, der vor 18 Jahren im Tecklenburgischen bekehrt worden war, in Marthasville, Missouri, ein großes Stück Land und Gebäude zu einem lutherischen Seminar geschenkt habe: „So ist das Reich Gottes überall nur eins. Was in Deutschland begonnen hat, wenn es auch dieselben Männer nicht fortführen, Gott führt es fort und kann das hier sowohl wie dort. Künftig wird es umgekehrt gehen; dann wird, was in Amerika angefangen ist, in Deutschland fortgeführt werden. Deutschland wird endlich einsehen, daß es von Amerika viel, viel zu lernen hat."

Im Frühjahr 1850 kehrte er in den vollen Dienst der Traktat-Gesellschaft in New York zurück. Er schreibt seiner Mutter, er sei breiter und brauner geworden; sein helles Haar sei dunkler. Die Amerikaner wollten ihm nicht glauben, daß er schon neun Jahre Prediger sei; sie hielten ihn für 25 Jahre alt. Im Sommer 1850 legte er eine Kraftprobe in einem Seebad in Long Island ab. Er war früh morgens mit zwei Männern zum Fischfang ausgefahren. Sie ankerten in beträchtlicher Entfernung vom Ufer; er schätzte es auf eine Viertelstunde Wegs. Als sie eine Anzahl Fische gefangen hatten, wurden ihm die Todesqualen der zappelnden Tiere so schrecklich, daß er es nicht mehr aushalten konnte. Er konnte seinen Begleitern nicht zumuten, daß sie ihn zurückrudern sollten; so warf er seine Kleider bis auf Hemd und Hose ab und sprang ins Meer, schwamm ans Ufer, das er freilich nur mit Not erreichte, und kam zum Frühstück zu Hause an. Von da an galt er als der Meisterschwimmer der Umgegend. Er wohnte in dieser Zeit in Williamsburg bei Brooklyn bei dem Setzer German, einem gebildeten und christlichen Mann, dem er die Hand zur Auswanderung und Anstellung in Amerika geboten hatte. Später siedelte er über nach „Hoboken, einem kleinen Vergnügungsort der New Yorker, der im Winter ganz vereinsamt ist, und wo man herrliche Spaziergänge am Fluß entlang und auf den Bergen machen kann". Wer das heutige Hoboken kennt, wird diese idyllische Szene kaum herausfinden.

Doch die angestrengte und fruchtbare Thätigkeit der nächsten drei Jahre untergrub wieder seine Gesundheit; er wurde erschöpft und nervenleidend. Im Herbst 1853 legte er nach fast siebenjähriger Thätigkeit für die Traktat-Gesellschaft seine Stelle nieder, um nach Deutschland zurückzukehren und das Versprechen zu halten, das er seiner Mutter beim Abschied gegeben hatte: er werde sie nach fünf Jahren besuchen. In dem Jahresbericht der Gesellschaft für das Jahr 1854 steht an hervorragender Stelle der folgende Beschluß:

„Das Komitee bedauert tief, daß ihr werter Mitarbeiter, Pastor August Rauschenbusch, der sich mit großer Hingabe, Fähigkeit und Treue den Interessen der Gesellschaft gewidmet hat, sich durch seine Gesundheit gezwungen sah, eine Wiederwahl als Sekretär für die Deutschen abzulehnen. Nachdem er selbst eine Zeitlang im Westen als Kolporteur gewirkt hatte, lieh er bald seine Dienste dazu, Kolporteure auszuwählen, zu beraten und zu ermutigen, und ihre Konferenzen zu besuchen; zuletzt half er durch Leitung der deutschen Kolportage im ganzen Lande und durch die Redaktion des „Botschafters". Zugleich fing er an, die deutschen Schriften der Gesellschaft zu revidieren; durch seine Sorgfalt und sein gesundes Urteil sind 70 deutsche Bücher und etwa 170 Traktate hergestellt worden, die von gläubigen Christen in Amerika wie in Deutschland geschätzt werden; mehrere derselben sind in Deutschland abgedruckt. Er ist jetzt auf einem Besuche bei den Seinen im Vaterlande; doch hofft das Komitee, daß er mit erneuter Lebenskraft zurückkehren und in mancher Weise auch ferner die Interessen der Gesellschaft fördern möge, welcher vielleicht niemand mit größerer Aufrichtigkeit und Liebe ergeben ist."

Mein Vater seinerseits hatte stets die größte Verehrung für die Gesellschaft und ihre Vorsteher. Als er 1849 in Missouri einen Brief erhielt, in welchem die Gesellschaft sehr rücksichtsvoll auf seine Wünsche eingegangen war, schrieb er an seine Mutter: „Ach wie anders, wieviel besser geht es doch unter einem solchen Komitee zu stehen, als weiland unter dem Presbyterium in Altena oder dem Konsistorium in Münster!" Auch in späteren Jahren blieb mein Vater mit der Traktat-Gesellschaft aufs innigste verbunden. In den ersten Jahren in Rochester hat er fast jeden Sommer für sie gearbeitet. Nie ist das Verhältnis irgendwie getrübt worden. Während des deutsch-französischen Krieges setzte er es durch seinen Einfluß durch, daß die Gesellschaft große Quantitäten deutscher Traktate zur Verteilung unter den Soldaten übers Meer schickte. Herr Gustav Schwab, Sohn des deutschen Dichters und Vertreter einer der großen Dampferlinien in New York, besorgte ihm die Fracht umsonst.

Im Spätherbst 1899 durchsuchte ich, wie schon erwähnt, die Archive der Traktat-Gesellschaft, um Material für diese Darstellungen zu sammeln und sandte die Notizen meinem Vater zur Ergänzung und Berichtigung nach Deutschland. Am letzten Tage seines Lebens las meine Schwester Emma sie ihm vor. Als sie an den obigen ehrenden Beschluß kam, lauschte er mit verhaltenem Atem und tiefer Bewegung. Sie sagte: „Das war ein schönes Zeugnis." „Ja," rief er aus, „und ich hab's verdient! Ich hab's verdient!" So galt einer seiner letzten Gedanken dieser Periode seiner Wirksamkeit, und einer der letzten irdischen Lichtstrahlen seines Lebens war die Liebe und Anerkennung seiner damaligen Mitarbeiter.

Dreizehntes Kapitel.

Meine Taufe.

1850.

Im Winter 1847—1848 wohnte ich in Williamsburg, damals ein kleines Städtchen auf der anderen Seite des East River, später ein Teil der großen Stadt Brooklyn. Ich hatte zwei kleine Zimmer in dem hölzernen Häuschen des Setzers Gustav Wagner. Das Manuskript, das ich spät abends fertiggestellt hatte, nahm er am anderen Morgen mit zur Setzerei. Seine Familie bestand aus seiner Frau, einer geborenen Amerikanerin, der sechzehnjährigen Charlotte, aus der ersten Ehe dieser Frau, und drei kleinen Knaben, die sie Wagner geboren hatte. Nun war es mir sehr auffallend und wichtig, wie Wagner bei der Hausandacht dem Herrn sagte, seine Kinder seien noch sündig und unbekehrt, der Herr möge sie doch bekehren. Diese Auffassung von dem Zustande seiner Kinder war grundverschieden von der, welche ich in meiner Kindheit gehört hatte. Damals wurde über mich die Hoffnung ausgesprochen, es werde einmal mit mir eine religiöse Entwickelung vorgehen, und dann werde ich ein frommer Mensch werden. Ich dachte: welch eine andere Ansicht bekommen doch diese Kinder von dem, was ihnen not thut! Wagner war Baptist; er hatte deshalb in Deutschland seine Stelle verloren und war deswegen ausgewandert. Der Eindruck, welchen seine Stellung zur Bekehrung seiner Kinder auf mich machte, war der erste Morgenschimmer baptistischer Ansichten bei mir.

Eines Tags kam der Prediger der englischen Baptisten-Gemeinde, zu welcher die Familie gehörte, zum Besuch zu ihnen. Er wendete sich in meinem Beisein auch an Charlotte und fragte sie, ob sie bekehrt sei. Sie antwortete: „Nein." Er redete ernstlich mit ihr, und wir beteten zusammen: Gott möge durch seinen Geist sie bekehren. Ich dachte im stillen: das ist der richtige Weg zum Ziel. Nach einigen Wochen erzählte mir Charlotte, sie habe jetzt Vergebung erlangt und werde sich nächstens taufen lassen. Ich erwiderte sofort: „Dann will ich aber zugegen sein." Ich hatte nämlich bis dahin noch nie eine Taufe der Baptisten gesehen. An einem Sonntag-Morgen versammelte sich die Gemeinde an einem in der Nähe gelegenen, großen Teiche, und hier wurde Charlotte nebst mehreren anderen getauft. Mein nächstes Gefühl war: „Das ist ja etwas ganz Einfaches!" Ich sprach dies einem deutschen Freunde aus, der mit mir hingegangen war, und er hatte ganz denselben Gedanken. Im stillen aber, ohne es mir selbst auszusprechen, hatte ich den weiteren Gedanken: „Das ist ja ganz dem Neuen Testament gemäß." In jener Stunde fing der Keim baptistischer Ansichten an Wurzel in mir zu schlagen. Dies war im Februar oder März 1848.

Der Keim erhielt weitere Nahrung seltsamerweise durch den alten Dr. Hallock, der selbst kein Baptist war. Derselbe hielt es für ratsam, mich mit den verschiedenen Kirchenparteien Amerikas, die in der Traktat-Gesellschaft vertreten waren, näher bekannt zu machen, insonderheit auch mit den Baptisten, da er vermutete, ich sei als lutherischer Prediger mit ihnen unbekannt und ihnen abgeneigt. Denn wenngleich ich mich als evangelisch-uniert bekannte, so verstand man das nicht, und da ich sagte, ich sei früher lutherisch gewesen, so nahm man mich auch jetzt dafür. In seiner Auseinandersetzung über die Baptisten bemerkte nun Hallock, dieselben legten besonderes Gewicht auf die Taufe, weil sie dafür hielten, dieselbe bedeute und versinnbildliche Christi Leiden und Auferstehen, sowie auch das Sterben unsers alten Menschen und das Emporkommen eines neuen Menschen in uns. Diese Mitteilung Hallocks machte einen gewaltigen Eindruck auf mich; ich hatte bisher gemeint, die Tauffrage sei nur eine Frage über die Form und Zeit der Taufe. Jetzt erkannte ich, es handle sich dabei um eine der zentralsten Wahrheiten des Christentums.

Ich gedachte daran, wie ich früher als lutherischer Pastor stets den heftigsten Kampf führen mußte gegen den Wahn der Menschen, als seien sie schon infolge der Taufe und deren Bestätigung in der Konfirmation Christen. Die Bekämpfung dieses Wahns machten ja alle sogenannten Pietisten zu einer Hauptaufgabe ihres Wirkens. Ich dachte nun: Würde die Kindertaufe gar nicht mehr geübt, sondern nach baptistischer Weise verfahren, so wäre diesem Wahn seine Wurzel abgestochen und das ganze Wirken eines christlichen Predigers, sowie die Bekehrung selbst, sehr vereinfacht.

Diese Erwägungen trug ich damals beständig mit mir herum und sprach sie bald auch anderen aus, aber nicht etwa den Baptisten, sondern ihren Gegnern. Ich bat presbyterianische, reformierte und evangelisch-unierte Prediger um Beweise für die Kindertaufe und gegen die baptistischen Anschauungen. Ich erinnere mich jedoch nicht eines einzigen, der es unternommen hätte, die Berechtigung der Kindertaufe zu beweisen, und nur eines einzigen, der gegen die Baptisten sprach. Das war der fromme und gelehrte Dr. James, in dessen presbyterianischer Kirche ich oft Zuhörer war und am Abendmahl teilnahm. Er erhob die Anklage gegen die Baptisten, ihre Wertschätzung der Taufe sei so groß, daß sie darüber das andere Sakrament, das Abendmahl, allzu geringschätzig behandelten. Diese Anklage mag bei den Baptisten einzelner Orte und Gegenden berechtigt gewesen sein. Die übrigen Prediger gaben mir meist zur Antwort, ich werde mich sicherlich von selbst eines anderen besinnen. Ich nahm dies als eine Ausflucht und ein Geständnis, sie wüßten nichts Erhebliches gegen meine Darlegungen zu sagen.

Mit diesen Gedanken beschäftigte ich mich lange Zeit. Im Herbst 1849 kehrte ich nach Missouri zu Pastor Köwing zurück und wurde von ihm und seiner Frau aufs herzlichste empfangen. Als ich ihnen sagte, ich gehe damit um, mich taufen zu lassen und den Baptisten anzuschließen, war Frau Köwing aufs angenehmste überrascht, reichte mir die Hand und sprach mir ihre Freude darüber aus. Köwing war in einer früheren Stelle mit den Baptisten in Berührung gekommen, liebte sie und stand ihnen nicht fern. Er meinte, ich sollte die Sache der deutsch-evangelischen Synode des Westens bei ihrer nächsten Versammlung darlegen, vielleicht würde sie mir zustimmen. Ich wußte nun sehr wohl, daß dies nicht der Fall sein würde. Köwing zog sich nachher auch wieder mehr zurück, doch blieben wir in Liebe verbunden.

Ganz anders nahmen die übrigen Deutschen in Gasconade County meine Mitteilungen über meine neue Denkweise auf. Sie schüttelten fast alle den Kopf dazu und meinten, ich sei auf einen unrechten Weg geraten. Ich predigte wieder viel für Köwing, bald hier, bald da; wenn man mir aber Kinder brachte, um sie zu besprengen, so verweigerte ich das. An einem Ort war gerade ein englischer Methodistenprediger anwesend; da nahm dieser auf die Bitte der Eltern die Handlung vor. Ich wunderte mich, zu sehen, daß gleich danach der Prediger den „neugeborenen jungen Bruder" umarmte und ihm den Bruderkuß gab. Ich dachte bei mir selbst, wieviel Seltsames und Ungereimtes bringt doch die Kindertaufe mit sich!

Als ich endlich im April 1850 aus Gasconade County nach St. Louis abreiste, wollte ich in Hermann, der bedeutendsten Stadt des County, das Dampfboot nehmen, um den Missouristrom hinabzufahren, denn Eisenbahnen gab es damals im Westen Amerikas noch nicht. Da mußte ich denn in Hermann im Gasthause einen Tag und zwei Nächte auf die Ankunft des Dampfbootes warten; mit mir viele andere; sämtlich Deutsche und ungläubige Deutsche, denn von solchen ist die Stadt erbaut und die Umgegend besiedelt worden.

Da habe ich den ganzen Tag, wie nie vorher noch nachher, unausgesetzt mit diesen Ungläubigen über Bibelglauben und Nichtglauben einen heißen Redekampf geführt. Derselbe begann, als ich am Morgen beiläufig meinen Glauben an die Bibel aussprach; da hatte ich sofort die ganze Meute gegen mich. Von meiner Ansicht über die Taufe wußten sie nicht; es handelte sich beständig um den Glauben an Gott und Christus. Wenn einer von ihnen schwieg, trat ein anderer an seine Stelle. Da stand mir denn Gott mächtig bei, daß ich ihnen nie eine Antwort schuldig blieb und stets neue Gründe für die christliche Wahrheit vorbrachte. Am Abend hatte keiner mehr etwas zu sagen. Hoffentlich hat der eine oder andere einen bleibenden, heilsamen Eindruck davon bekommen.

In St. Louis war eine Anzahl von Erweckten und Bekehrten aus dem Fürstentum Lippe. Dieselben hatten sich zu einer presbyterianischen Gemeinde organisieren wollen, teils weil sie meinten, dies entspreche ganz ihren Überzeugungen, teils weil ihnen eine große amerikanische Presbyterianer-Gemeinde in St. Louis Unterstützung versprach. Als ich im Spätherbst 1849 in St. Louis war, predigte ich diesen Leuten, und sie verlangten, ich sollte ihr Prediger werden. Ich lehnte das ab, weil ich wieder nach New York wollte, und ferner deutete ich ihnen an, ich sei nicht gleicher Glaubensansicht mit ihnen. Sie drangen in mich, ich sollte ihnen meine Überzeugung offen mitteilen, und obgleich ich, mehr als recht war, mich zurückhielt, gab ich endlich ihren Überredungen nach und legte einer Anzahl von ihnen die Taufwahrheit dar. Dies war, wenn ich nicht irre, am 28. November 1849. Anstatt, wie ich erwartet hatte, dadurch abgestoßen zu werden, fielen sie mir sofort beinahe einstimmig zu. Kurz vorher war eine Anzahl gläubiger Holländer ganz unabhängig zu derselben Überzeugung gekommen und hatte mit mehreren eingewanderten deutschen Baptisten zusammen eine Baptisten-Gemeinde gegründet unter der Leitung des wackeren holländischen Predigers Schoemaker.

Als ich nun im April 1850 wieder nach St. Louis

kam, bereiteten wir uns zur Taufe vor, und es war nur die Frage, wer uns taufen solle. Ich entschied mich für Br. Küpfer in Newark. Derselbe war früher im Dienste der Evangelischen Gesellschaft in Bern gewesen, war dann nach Amerika ausgewandert, dort zur Erkenntnis der Taufwahrheit gekommen und sofort getauft worden. Diese Entschlossenheit hatte auf mich damals einen sehr guten Eindruck gemacht. Er kam dann auf meine Einladung nach St. Louis.

Die Taufe geschah am 19. Mai 1850, an dem damals noch wenig angebauten westlichen Ufer des Mississippi, in dessen Wogen, als einem mächtig wallenden Taufbade, ich von Br. Küpfer getauft wurde. Da viele Menschen aus Neugierde zugegen waren, hielt ich vorher an sie eine Rede in englischer und deutscher Sprache, worin ich ihnen erklärte, was die Taufe überhaupt, und was insbesondere unsere Taufe zu bedeuten habe. Sie hörten aufmerksam und andächtig zu. Es war mir sehr feierlich zu Mute, als ich getauft wurde. Ich fand, was ich gesucht hatte, und war in sehr gehobener und seliger Stimmung. Mit mir wurden etwa sechs andere getauft; die übrigen waren schon an einem vorhergehenden Abend im Versammlungshause getauft worden. Am Nachmittag feierten wir dann alle zusammen das heilige Abendmahl. Ich blieb noch etwa zwei Wochen in St. Louis und kehrte dann nach New York zurück. Die deutschen und holländischen Teile der Gemeinde hielten noch eine Zeitlang unter der Leitung der beiden Prediger, Küpfer und Schoemaker, zusammen, doch wurde schließlich das Verhältnis gelöst.

Ich fuhr den Mississippi hinunter bis Cairo und dann den Ohiostrom hinauf bis Pittsburg, was natürlich viele Tage in Anspruch nahm. Auch hielt ich mich bei der Gemeinde in Evansville auf ihre Bitte mehrere Wochen auf. Auf dieser Fahrt ging ich eines Morgens nach dem Frühstück aus der oberen Kajütte hinab ins Zwischendeck, um dort deutsche und englische Traktate zu verteilen. Sofort wurde ich von einem der Passagiere angedonnert, als ob ich ein böses und schändliches Ding thäte, und das nicht mit wenigen

Worten, sondern es ergoß sich ein schmutziger Redestrom über mich, vor dem ich gar nicht zu Worte kommen konnte. Ich hörte ruhig zu, bis er selbst aufhörte; ich glaube, der Geist Gottes lehrte mich das. Als er endlich schwieg, sagte ich: „Nun, mein Herr, habe ich Sie reden lassen; ich hoffe, Sie werden nun so viel Gerechtigkeitsgefühl, oder doch wenigstens so viel Achtung für die Gefühle Ihrer Mitreisenden haben, daß Sie denselben Gelegenheit geben, auch die andere Seite der Sache zu hören!" Er that dies, vielleicht nur, weil er sich ausgetobt hatte. Ich legte dar, wie das Christentum, welches er Pfaffengeschwätz genannt hatte, nur auf das wahre Wohl der Menschen ausgehe und auf Wahrheit beruhe. Die Zuhörer, die sich zahlreich um uns her drängten, waren der Mehrzahl nach auf meiner Seite. Als ich innehielt, nahm er wieder das Wort, aber kürzer und matter. Ich hatte unter anderem vorgebracht, mein Gegner sei, wie er selber gesagt, ein Schotte, und da wisse er, daß in Schottland vor wenigen Jahren viele hundert Prediger wegen einer Gewissenssache ihre Stellen und ihren Lebensunterhalt aufgegeben hätten, um die „freie Kirche Schottlands" zu gründen. Das konnte er nicht wohl leugnen. Jetzt wollte er aber mit etwas anderem seinen letzten Trumpf ausspielen. Er sagte: „Da behaupten die Pfaffen immer, sie gründeten sich auf die Bibel, und üben doch die Kindertaufe, von der doch in der Bibel kein Wort steht, die vielmehr ganz gegen die Bibel ist." Ich war sehr froh, ihn dies vorbringen zu hören, und sagte: „Ich bin mit meinem Gegner hierin völlig einverstanden. Auch ich glaube, daß die Kindertaufe nicht in der Bibel steht. Früher zwar habe ich dies geglaubt und habe als Prediger der Landeskirche die Kindertaufe jahrelang geübt. Vor kurzem aber habe ich erkannt, daß sie nicht in der Bibel gegründet ist, sondern ihr zuwider. Infolgedessen habe ich mich taufen lassen auf ein Bekenntnis meines Glaubens und werde hinfort nie wieder eine Kindertaufe verrichten. Eben diesen Schritt thun jetzt viele Prediger und treten zu den früher von ihnen verachteten Baptisten über. Daraus kann mein

Gegner sehen, daß es noch heute Leute giebt, denen die Bibel etwas gilt, und daß es auch Prediger genug giebt, die um der Bibel willen große Opfer bringen." Darauf schwieg mein Gegner völlig, und ich konnte nun in Ruhe den Leuten noch weiter die Wahrheiten des Christentums an Herz legen.

(Zusatz des Herausgebers.)

Vorstehender Bericht ist von meinem Vater einige Wochen vor seinem Tode aufgezeichnet. Es ist noch eine Anzahl von Briefen an seine Mutter und Schwestern vorhanden, die aus den Monaten vor und nach seiner Taufe stammen, und ebenfalls eine Darlegung seiner neuen Überzeugung, welche er im Februar 1850 der lippischen Gemeinde in St. Louis, und eine zweite, welche er im April 1853 Freunden in Deutschland zustellte. Aus diesen Schriftstücken kann man mit größter Lebendigkeit beobachten, welche Gedanken ihn ergriffen hatten und wie er damals die Taufe auffaßte. Ich kann mir nicht versagen, aus diesen Quellen einiges zur Ergänzung anzuführen.

Zuerst über den Hergang seiner Taufe. Er hatte schon Monate vorher seiner Mutter und seinen Schwestern seine Überzeugung und sein Vorhaben mitgeteilt. Der Brief kam in ihre Hände, als sie sich gerade zum Essen gesetzt hatten, aber das Essen wurde nicht angerührt. Es war ein überaus schmerzlicher Schlag für die drei Frauen, aber ihre Liebe wankte nie. Mein Vater erhielt ihre Antwort zwei Tage vor seiner Taufe im Hause eines Freundes und las sie allein in einer Dachkammer unter Weinen und Schluchzen. Er schrieb: „Wenn irgend etwas mich von meinem Entschluß wieder abbringen konnte, so war es euer Wort in dieser Stunde." Es war ein letzter harter Kampf zwischen seiner Überzeugung und dem Flehen einer innigen und mächtigen Liebe. Er sagt: „Alle Stimmen eigner Wünsche und Gedanken schwiegen und verstummten vor eurer so liebevollen, freundlich bittenden Stimme; aber da erscholl aufs neue mit Kraft und Klarheit die Stimme des Herrn zu mir: »Und nun, was verziehest du? Stehe auf und laß dich taufen ꝛc.« Und ich antwortete darauf: Ja, Herr, so gern ich's auch lassen möchte, um so viele liebe Freunde, und vor allem meine Mutter und Schwestern nicht zu betrüben, aber da Du es willst, so will ich's thun um Deinetwillen! So war denn das die Wirkung eures Briefes, daß ich eine erneute, stille und feste Freudigkeit in mir empfand, in Jesu Tod getauft zu werden. O zürnt nicht, Geliebte, daß euer Brief diese Wirkung hatte!"

„Nun laßt euch erzählen, was sich an dem mir fortan unvergeßlichen ersten Pfingsttage, dem 19. Mai 1850, zugetragen hat. Die meisten lippischen Brüder, die durch mich zu der Erkenntnis gekommen sind, daß sie noch nicht getauft seien, und daher noch erst getauft werden müßten, empfingen das Bad des Bundes früher als ich, nämlich am Dienstag-Abend, den 14. Mai, in dem Baptisterium der englischen Baptistenkirche. Ich wünschte dagegen unter freiem Himmel, in fließendem Wasser, getauft zu werden. Am Pfingst-Morgen nun hielten wir erst um 8 Uhr eine Gebetsversammlung hier im Hause, wo ich wohne, bei Uhrmacher Winter und Brake, einem besonders lieben Bruder. Viele Thränen flossen dabei. Gegen 11 Uhr ging es dann in stillem, ruhigem Zuge, ohne irgend eine Störung, zur Stadt hinaus zum Hause des holländischen Baptistenpredigers Schoemaker. Dort zogen wir die Taufkleider an, schwarz, einem Talar ähnlich. Dann ging es weiter zum Mississippi. Die holländischen Brüder fanden wir schon dort versammelt. Wir lagerten uns nun auf den mächtigen Baumstämmen am Ufer und stimmten mein Lieblingslied an: ›O ihr teu'r erlösten Sünder.‹ Dann hielt Br. Küpfer eine herzliche, kurze Ansprache, worauf wir folgendes von mir gedichtete Tauflied sangen:

›In des Jordans kühle Wellen
Stieg der Heiland einst hinab;
Sehet, wie sie um Ihn schwellen,
Ihn bedeckend als ein Grab!
Seht hier seine heiße Lieb'
Zu den Sündern, die Ihn trieb,
Daß Er sank in Todesnöten,
Uns vom ew'gen Tod zu retten!

Aus des Jordans Fluten wieder
Auf zum Licht Er sich erhebt,

Und vom Vater segnend nieder
Geistesfittich Ihn umschwebt.
Mit dem Herrn auch wir ersteh'n
Und ins neue Leben geh'n —
Tot der Schuld und frei von Banden,
Mitgestorben, miterstanden!«

Darauf hielt ich, vorn im Wasser stehend, eine Rede an die mehreren hundert Zuhörer, die im Halbkreis umherstanden. Da es Leute aus allerlei Volk waren, so sprach ich zuerst in englischer Sprache einiges über die Bedeutung der Feier und schloß mit der Bitte, still und schweigend sich zu verhalten. Diese Bitte ward auch völlig erfüllt. Was ich alsdann in deutscher Sprache geredet, kann ich euch nicht mehr genau wiedergeben. Das weiß ich nur noch, daß ich den mächtigen Mississippistrom mit dem Strom der Gnade verglichen habe, der aus Jesu durchbohrter Seite hervorgequollen ist und noch immer fortströmt für alle befleckten und kranken Sünder. — Ferner sprach ich über Jesu Wort: »Es gebührt uns, alle Gerechtigkeit zu erfüllen.« Da der große Herr Himmels und der Erde sich also erniedrigt habe und von Johannes sich habe taufen lassen, so dürfe ein armer Erdenwurm sich nicht gegen diese seine Einsetzung auflehnen. Sodann sprach ich über das Wort: »Ich muß mich taufen lassen mit einer Taufe, und wie ist mir so bange, bis sie vollendet werde.« Ich malte die Bluttaufe Jesu vor Augen und sagte: Wohl mochte Ihm bange sein, wir dagegen freuen uns der Taufe, die wir jetzt empfangen sollen, und die uns des gewiß macht, daß wir auch mit Ihm gestorben sind und jetzt mit Ihm begraben werden. Dann ging die Taufhandlung vor sich. Am Dienstag waren 22 getauft; jetzt waren unser sechs. Zuerst ein lippisches Mädchen, das, als es wieder aus dem Wasser kam, vor Freuden rief: »Lobe, Zion, Deinen Gott!« worauf dies Lied sogleich angestimmt wurde. — Ich war der Letzte, stand so da in tiefe, selige Betrachtung versunken, als der Vers gesungen wurde: »Die Fülle aller Gnaden ergießt sich dir zu gut.« Da raffte ich mich denn auf, ging freudig hinein und ward von Br. Küpfer in Jesu Tod begraben. Hierauf ward weiter gesungen: »Fort, fort, mein Herz, zum Himmel« und »O ihr auserwählten Kinder«. Wie lieblich, engelzungenartig der Gesang war, kann ich euch nicht beschreiben. Wir sangen auch auf dem Rückweg bis zu Schoemakers Haus, wo wir die nassen Taufkleider ablegten. Es war mir dann den ganzen Nachmittag, als ob ich im Vorhof des Himmels wäre. Um 4 Uhr predigte ich über Eph. 5, 25—27. Um 8 Uhr hatten wir Abendmahlsfeier, wobei

Br. Küpfer einen schönen, kräftigen Vortrag hielt. — Ich hatte seit zwanzig Monaten das Abendmahl nicht empfangen, weil ich die letzten Male, wo ich es empfing, keinen Segen davon hatte, weil ich mich als nicht Getauften und deshalb auch nicht für berechtigt dazu ansah. Wie freute ich mich, daß jetzt mich nichts mehr von diesem schönen werten Vorrecht der Gläubigen fernhielt."

Zwei Dinge möchte ich hervorheben: erstens, daß mein Vater sein lebenlang die Vorliebe für die Taufe im Freien beibehalten hat und die künstlichen Baptisterien nicht gut leiden konnte. Er konnte sich später nur an ein oder zwei Taufen erinnern, die er nicht im Freien vollzogen hatte. Ferner, daß er den geistlichen Segen der Taufe nicht bloß selbst in hohem Maße erfahren, sondern auch immer viel Gewicht darauf gelegt hat. Seine Stellung darin war gleich weit entfernt von der kirchlichen Lehre der Taufwiedergeburt und von dem nüchternen Gehorsam mancher Baptisten, welche die Taufe fordern und üben, weil sie nun einmal geboten ist. Die Lehre von der Taufwiedergeburt scheint ihm auch in seiner lutherischen Zeit innerlich fremd geblieben zu sein; er scheint sie bei der Predigt der wahren Bekehrung eher bekämpft zu haben; und für sich selbst hat er, obgleich er es oft versucht hat, nie Trost und Stärkung aus seiner eignen Taufe als Kind ziehen können. Dagegen hielt er die Taufe eines gläubigen und bekehrten Menschen für ein wirkliches Gnadenmittel, durch welches er seines Gnadenstandes gewiß werden könne und solle. „Mit dem Bundeszeichen verbinden sich auch Bundessegnungen," sagte er. Er ermahnte deshalb stets solche, die der Taufe entgegensahen, sich durch Gebet darauf vorzubereiten und großen Segen von Gott zu erhoffen. Auch das Bekenntnis vor den Menschen bei der Taufe war ihm ein wichtiger Bestandteil. In späteren Jahren wünschte ein lieber christlicher Mann in Deutschland von ihm die Taufe zu empfangen, aber im geheimen. Mein Vater weigerte sich und bestand auf Öffentlichkeit. Er selbst wurde vor seiner Taufe sehr gebeten, sie doch nicht in St. Louis und lieber in einer englischen Baptistengemeinde vollziehen zu lassen, aber er erwiderte: „Ich will vor den Augen meiner deutschen Landsleute getauft werden."

Fragen wir nun weiter, welche Gesichtspunkte ihn bei seiner Entscheidung besonders beeinflußten.

Die Thatsache, daß die Untertauchung die ursprüngliche, biblische Form der Taufe sei, wie sie von den Aposteln geübt worden ist, scheint für ihn keiner besonderen Beweise bedurft zu haben. Er setzte zwar anderen die Beweise dafür auseinander, aber er selbst wußte das als Theolog von deutscher Schulung längst. In Deutschland, wo die historische Forschung so frei gehandhabt wird, ist dies eine allgemein zugegebene Thatsache, die wohl von keinem namhaften Theologen bezweifelt wird. In England und Amerika dagegen ist diese einfache Thatsache vielfach geleugnet worden; teils, weil man sich viel mehr als in Deutschland mit den Baptisten auseinanderzusetzen hatte und ihnen nicht ein so bedeutendes Zugeständnis machen wollte; teils, weil man hier auf dem radikalen reformierten Prinzip steht, daß die Schrift allein ausschlaggebend ist. Gab man zu, daß die Apostel durch Untertauchung und nur durch Untertauchung getauft haben, dann folgte bei diesem Standpunkt, daß auch heute die Taufe nur durch Untertauchung geübt werden sollte. So wurde man vielfach dazu gedrängt, diese unbequeme Thatsache abzuleugnen. Rauschenbusch hatte, wie gesagt, über diesen Punkt nicht viel zu forschen.

Doch die bloße Frage der Form hatte wenig Gewicht bei ihm. Mehr schon faßte es ihn an, als er von Dr. Hallock hörte, daß mit der Form auch die Bedeutung zusammenhänge und daß in der Untertauchung der Glaube an das Sühnopfer Christi, welches ihm seit seiner Bekehrung stets so wichtig war, sichtbar und nachdrucksvoll zum Ausdruck komme. Dagegen fühlte er, die Besprengung bedeutet nichts; sie symbolisiert nicht den Tod Christi und die Vereinigung des Gläubigen mit demselben. Im Gegenteil, die Kindtaufe in der üblichen Kindtaufs-Gesellschaft ist eine Entwürdigung der Taufe. Ein weinendes und widerstrebendes Kind zu taufen ist eine Entweihung der heiligen Handlung. So wie bei der Reformation sich unsere Väter gefreut haben, daß sie das Abendmahl wieder in beiderlei Gestalt empfangen durften, so sollten die heutigen Christen danach verlangen, daß die Taufe wieder in ihrer ursprünglichen Schönheit hergestellt werde.

Dies sind die Gedanken, die er über die Form der Taufe aussprach, aber auch dies war ihm noch nicht die ausschlaggebende Gedankenreihe.

Er hat am Anfang dieses Kapitels erzählt, daß der erste Morgenschimmer baptistischer Ansichten ihm dadurch kam, daß er hörte, wie ein Baptist bei seinen eignen Kindern einen scharfen Unterschied zwischen bekehrt und unbekehrt machte. Dieser Unterschied war meinem Vater durch seine eigne Erfahrung tief in die Seele gegraben. Diese Unterscheidung war die Voraussetzung seiner Wirksamkeit in Altena. Aber seine Forderung einer bewußten Bekehrung und Wiedergeburt war immer abgeprallt an der hergebrachten Überzeugung, daß man in der Taufe wiedergeboren und ein Christ werde. Anstatt wie Johannes der Täufer an der Taufe eine Bundesgenossin in seiner Bußpredigt zu haben, hatte er an ihr seinen starken Widerstand und mußte immer wieder darauf bestehen, daß die Leute trotz der Taufe sich bekehren müßten. Ja, er widersprach, wenn er Kinder taufte, seiner eignen Predigt. Er zog in Altena noch keine Schlußfolgerungen aus diesen Erfahrungen, aber sie lagen als lose Bausteine in seiner Erinnerung und fügten sich jetzt in Amerika zum festen Gebäude zusammen.

Der Mensch muß bekehrt werden, um selig zu werden. Dazu soll die Predigt und jedes Heilsmittel dienen. Aber die Kindertaufe wirkt nicht dazu, sondern dagegen. Sie wiegt die Menschen in den verderblichen Wahn, sie seien schon Christen; sie nennt Christen, die noch keine Christen sind. Gäbe es keine Kindertaufe, sondern würden überall nur Bekehrte auf ein eignes Bekenntnis ihres Glaubens getauft, so wäre die Arbeit der christlichen Kirche viel leichter und wirkungsvoller.

Auch die Kirche selbst wäre reiner und heiliger. Die Kindertaufe ist die offene Thür, durch welche die Welt in die Kirche eindringt. Durch sie ist großenteils Kirche und Welt vermengt und das babylonische Wesen in die Kirche eingedrungen. Würden nur Bekehrte getauft, so bestände auch die Kirche nur aus Bekehrten. Daß dieser Gesichtspunkt ihn stark bewegte, geht daraus hervor, daß er im Sommer 1849 seinem Freund Köwing half in seiner evangelisch-unierten Gemeinde eine Gemeinde-Ordnung einzuführen, durch welche eine gewisse Scheidung zwischen den äußerlichen Anhängern und den innerlich lebendigen Christen gemacht wurde, so daß nach Art der Kongregationalisten jene über die äußerlichen Angelegenheiten der Gemeinde mitzusprechen hatten, aber nicht über die geistlichen Interessen. Man erinnere sich auch an seine Herzenskämpfe, wenn er offenbar unbekehrten Menschen in Altena das Abendmahl reichen sollte, und an seinen fruchtlosen Versuch, zwei grobe Sünder von der Konfirmation auszuschließen.

Auch die Liebe zur Freiheit beeinflußte ihn tief. „Es giebt unveräußerliche Rechte, die einem jeden Menschen angeboren sind, z. B. das Recht, sich selbst seine Gattin zu wählen. Noch viel heiliger ist das Recht, sich selbst seinem Heiland hinzugeben. Es ist ein Eingriff in die heiligsten Menschenrechte, wenn Eltern und Paten dies für einen Menschen thun wollen." In diesen Gedanken lebt noch seine alte Begeisterung für die Freiheit. Der Ausdruck von den unveräußerlichen Rechten ist beinahe buchstäblich aus der Unabhängigkeitserklärung der Vereinigten Staaten. Er rühmt an den Baptisten, daß sie niemand zwingen und nötigen, in ihre Gemeinschaft einzutreten, sondern eher auf der Hut sind, daß keiner unwürdig oder unwillig getauft wird. Es begeistert ihn, daß in der Kolonie Rhode Island unter der Leitung des Baptisten Roger Williams völlige Religionsfreiheit eingeführt wurde und er hat später wiederholt das Leben Roger Williams beschrieben.

Wichtig ist auch, daß die Autorität der Kirche, welche

bei vielen Pastoren so schwer ins Gewicht fällt, für ihn nicht entscheidend war. Die Kirche als Gesamtheit, sagte er, hat Fehler gemacht. Vor sechshundert Jahren haben mit Ausnahme weniger Sekten alle Christen an die Autorität des Papstes geglaubt; jetzt glauben die meisten an die Kindertaufe. Der erste Irrtum ist erkannt; der zweite wird noch erkannt werden. Wer gewohnt ist, sich unter kirchliche Formen zu beugen, die Lehren der Kirche zu glauben, weil sie kirchlich sind, und den Kreis seiner Sympathien auf das Gebiet der Kirche zu beschränken, der wird es schwerlich wagen, seine eigne Überzeugung gegen die kirchliche Tradition in die Wagschale zu werfen. Aber mein Vater war kein Kirchenmann. „Mein Losungswort hat allezeit gelautet: Christus, Christus! und nicht: Kirche, Kirche!" sagte er.

Die obenstehenden Gesichtspunkte sind alle seinen Briefen und Schriften von 1849—1851 entnommen. In späteren Jahren hat er sie natürlich noch weiter ausgeführt und besonders das biblische und kirchengeschichtliche Material viel reichlicher verarbeitet. Aber schon sein erstes öffentliches Schriftstück über die Taufe, jener Brief an die lippische Gemeinde in St. Louis vom 4. Februar 1850, entwickelt einen klaren Gedankengang, von dem auch später nichts zurückzunehmen war.

Er hatte sich ja auch nicht überstürzt. Zwei Jahre lang hatte er schon die Sache untersucht. Schon lange hatte er es nicht mehr über sich gewonnen, ein Kind zu taufen. Aber vor dem letzten Schritt, der eignen Taufe, zauderte er noch. Er war sich wohl bewußt, wie ernst dieser Schritt für sein Leben, seine Stellung, seine Wirksamkeit sein würde, und es war menschlich, zu zaudern. Er hat sich später angeklagt, weil er so lange gewartet hat; zu Küpfer hatte er sich großenteils hingezogen gefühlt, weil dieser seiner Überzeugung so rasch gefolgt war. Auch machte ihm der Gedanke zu schaffen, daß sein Einfluß andere mitziehen werde, die dann auch in Kampf und Herzensangst gestürzt würden. Es war die Sorge des Führers, der nicht nur für sich, sondern auch für seine Nachfolger zu entscheiden hat. Und endlich hielt ihn die Furcht, daß seine Überzeugungen wieder wankend werden möchten. Man hat ihn später einen Wiedertäufer gescholten. Gerade vor einer Wiedertaufe fürchtete er sich so. Die Taufe war ihm etwas so Heiliges, daß er sie nicht wiederholen wollte. Als er schon längst überzeugt war, daß die Kindertaufe nicht **biblisch** und nicht **nützlich** sei, war doch noch immer die Frage, ob sie nicht doch **gültig** sei. „Bin ich in Gottes Augen getauft oder nicht?" war die letzte Frage. Solange er der Möglichkeit entgegensah, daß seine Taufe als Kind ihm noch einmal gültig erscheinen könne, wagte er es nicht, sich von neuem taufen zu lassen, eben weil er eine Wiedertaufe fürchtete. Zwanzig Monate ging er nicht zum Abendmahl, weil er stets fühlte, er war nicht getauft. Endlich ließ er sich taufen, weil er zu der unerschütterlichen Überzeugung gekommen war, seine Kindertaufe sei in den Augen Gottes null.

Seine Stimmung dabei war weit entfernt von pharisäischer Verurteilung anderer, die noch nicht zu derselben Überzeugung gekommen waren. Seinen lippischen Freunden gab er drei Schluß-Ermahnungen: „Eilet nicht zu sehr mit der Taufe! Beredet niemand, sich taufen zu lassen! Fahret fort, die als Brüder anzusehen, welche den Herrn Jesum lieb haben, auch wenn sie in Ansehung der Taufe im Irrtum sind." Er warnt sie, nicht in einen schroffen Sektengeist zu verfallen. Manche gingen im Eifer ihrer neuen Überzeugung so weit, allen die Seligkeit abzusprechen, welchen die Taufwahrheit verkündigt sei und die sich dann dagegen verschlössen. In einem Brief an Dr. Hallock spricht er sich ganz bekümmert darüber aus und besteht darauf, er könne noch nicht nach New York kommen; er müsse erst nach St. Louis und die Gemeinde durch diese Gefahr hindurchsteuern. Wenn das Band zwischen ihm und seinen früheren Freunden und Mitarbeitern hier und da zerschnitten wurde, so geschah es nicht durch seine Hand.

Daß er bei diesem Schritt schwerlich etwas gewinnen konnte und sicherlich viel verlieren mußte, war nicht nur seinen

Freunden, sondern auch ihm selbst klar genug. Er wußte, daß er vielen seiner Freunde in Deutschland Schmerz bereiten würde und daß sie sich mehr oder weniger von ihm zurückziehen würden. Er schnitt sich selbst die Hoffnung ab, je wieder dauernd in die Heimat zurückzukehren und seine Tage als Pastor dort zu beschließen. Als er auswanderte, hat er, wie es scheint, diesen Wunsch gehegt, denn er suchte sich bei der Regierung die Anstellungsfähigkeit für den Fall einer Rückkehr zu wahren. Seine Taufe zertrümmerte diese Möglichkeit. Er sah ferner längere Zeit der Wahrscheinlichkeit entgegen, daß dieser Schritt seine Stellung bei der Traktat-Gesellschaft unmöglich machen würde. Dieselbe war freilich nicht konfessionell und hatte mehrere Baptisten in ihrem Verwaltungsrat. Aber sie mußte in der Leitung ihres deutschen Werkes auf die Stimmung ihrer deutschen Mitarbeiter Rücksicht nehmen, bei denen ein Baptist verpönt war. Hätte die Gesellschaft aus Deutschen bestanden, so wäre seine Stellung unhaltbar geworden. Dr. Hallock und seine Freunde hielten ihn mit edler Toleranz fest, aber er konnte das nicht mit Bestimmtheit vorher wissen, und stellte seine Stellung und sein Brot aufs Spiel. Die Langenberger Gesellschaft, die ihn ausgesandt hatte, löste die Verbindung mit ihm auf. Die deutschen Baptisten in Amerika, unter denen er später eine geachtete Stellung gehabt hat, waren damals noch äußerst gering an Zahl und ein ausgedehnter Wirkungskreis unter ihnen war damals kaum vorauszusehen. Auch die, welche seine Handlungsweise mißbilligen und die Gründe, die für ihn zwingend waren, als ungenügend beiseite thun können, werden ihm zugestehen müssen, daß in seiner Taufe niedrige und selbstische Motive kaum Platz haben konnten, sondern daß es eine That von seltener Gewissenhaftigkeit und von aufopferungsvollem Gehorsam gegen die Wahrheit gewesen ist. Die Monate vor seiner Taufe in Pastor Köwings Blockhütte waren eine Zeit schwerer innerer Kämpfe; aber als der Schritt gethan war, hat er ihn nicht bereut. Andere wichtige Entscheidungen seines Lebens hat er später bitter bedauert; aber ich habe nie von ihm ein Wort gehört, noch in seinen Papieren eine Spur davon gefunden, daß er je seine Taufe als verkehrt betrachtet oder seinen Entschluß dazu bereut hätte. In einem Notizbuch aus dem Herbst 1848, anderthalb Jahre vor seiner Taufe, stehen inmitten von Fahrpreisen, Adressen und Notizen zwei englische Lieder, die er sich irgendwo abgeschrieben haben muß. Beide handeln über die Nachfolge Jesu und die Hingabe an seinen Willen. Das eine hat immer wieder den Refrain: „Hindert mich nicht!"

> In all my Lord's appointed ways
> My journey I'll pursue.
> Hinder me not, ye much loved saints,
> For I must go with you.

Das andere hat klare Beziehung auf die Taufe und zeigt, welche persönliche Bedeutung die Lieder für ihn hatten. Sie sollten ihm dazu dienen, sich zum Gehorsam emporzuarbeiten und seine Seele zu stählen. Dies zweite Lied ist so schön, daß ich es hier ganz wiedergebe und nur bedaure, daß ich keine genügende deutsche Übersetzung liefern kann.

> Thou hast said, exalted Jesus,
> Take thy cross and follow me!
> Shall the word with terror seize us?
> Shall we from thy burden flee?
> Lord I'll take it,
> And rejoicing follow thee.
>
> While this liquid tomb surveying,
> Emblem of my Saviour's grave,
> Shall I shun its brink, betraying
> Feelings worthy of a slave?
> No, I'll enter!
> Jesus entered Jordan's wave.
>
> Blest the sign, which thus reminds me,
> Saviour, of thy love for me;
> But more blest the love that binds me
> In its deathless bonds to thee!
> O what pleasure,
> Buried with my Lord to be!

Should it rend some fond connection,
Should I suffer shame or loss,
Yet the fragrant, blest reflection,
I have been where Jesus was,
Will revive me,
When I faint beneath the cross.

Fellowship with him possessing,
Let me die to earth and sin;
Let me rise to enjoy the blessing,
Which the faithful soul shall win!
May I ever
Follow where my Lord has been!

Vierzehntes Kapitel.
Als Baptisten=Prediger.
1850—1858.
(Vom Herausgeber.)

Nach seiner Rückkehr aus Missouri trat Rauschenbusch wieder in den Dienst der Traktat=Gesellschaft. Er hatte vor seiner Taufe angeboten, er wolle sofort resignieren, oder noch bis zur Vollendung der schon angefangenen Arbeiten bleiben, wie es Dr. Hallock am besten scheine, doch dieser versicherte ihm, seine Taufe werde an seiner Stellung in der Traktat=Gesellschaft nichts ändern. Er seinerseits befleißigte sich nach wie vor der strengsten Unparteilichkeit in seiner Arbeit als Redakteur.

Doch aus seiner früheren kirchlichen Gemeinschaft war er natürlich ausgetreten und schloß sich nun den Baptisten an, und zwar nicht einer der großen amerikanischen Gemeinden, zu deren Predigern er in freundschaftlichem Verhältnis stand, sondern der kleinen deutschen Baptisten=Gemeinde in New York. Dieselbe war 1846 gegründet und hatte damals etwa 120 Glieder. Er rühmte später den friedlichen und liebevollen Geist, der damals in der Gemeinde gewaltet habe.

Im Dezember 1850 machte ihr Prediger, J. Eschmann, eine längere Reise nach seiner Heimat in der Schweiz, und Rauschenbusch diente etwa ein halbes Jahr lang der Gemeinde als Prediger. Nach einiger Zeit meldeten sich mehrere Neubekehrte zur Taufe, und nun fragte es sich, ob er befugt sei,

sie zu taufen; mit anderen Worten, ob er schon Baptisten-
Prediger sei, oder noch erst als solcher zu ordinieren sei.
Die Gemeinde berief ein Konzil von englischen Baptisten-
Gemeinden, um sie zu beraten. Mein Vater bat auf demselben
um Anerkennung (recognition) als Prediger, weigerte sich aber
gewissenshalber, noch einmal ordiniert zu werden. Seine
Gründe dafür hat er selbst wie folgt dargelegt:

„Ich halte dafür, Gott erwählt sich fortwährend aus
den Gläubigen ohne Rücksicht auf ihre kirchliche Verbindung
manche zu Predigern. Diesen schenkt Er die dazu erforder-
lichen Gaben und läßt sie durch seinen Geist den Ruf zum
Predigtamt in ihrem Innern empfinden. Haben sie nun die
nötige Vorbereitung empfangen und sind sie entschlossen, dem
Rufe zu folgen, so sollen sie dies der Gemeinde und anderen
Predigern mitteilen und nach vorheriger Prüfung durch Handauflegung ins Predigtamt eingeführt werden. Wenn dies
nun bei Nichtgetauften geschieht, so ist das allerdings ein
großer Mangel, der jedoch die stattgehabte Ordination bei
solchen, die wahrhaft gläubig sind, nicht ungültig macht.
Ich bin nun am 3. Juni 1841 von den Repräsentanten der
lutherischen Gemeinde in Altena und den Predigern der Synode,
unter denen viele entschieden gläubige Männer waren, feierlich
ordiniert worden. Unter den Fragen, die man vor der
Ordination an mich richtete, war auch diese: »Sind Sie in
Ihrem Herzen überzeugt, daß Sie, wie von Ihrer Gemeinde,
so auch von dem Herrn der Kirche zum Predigtamt berufen
sind?« Hierauf hatte ich mit Ja geantwortet und mit viel
Gebet die Ordination empfangen. Dieser Vorgang war mir
stets als etwas sehr Wichtiges, mich zu treuer Wirksamkeit
als christlicher Prediger Verpflichtendes im Gedächtnis geblieben. Daher konnte ich mich nicht entschließen, das damals
unter so vielem Gebet Geschehene für ungültig zu erklären."

Einige der Delegaten auf dem Konzil nahmen den streng
kirchlichen Standpunkt ein, daß die Ordination notwendig der
Taufe folgen müsse; die Ordination eines Ungetauften, vollzogen in einer Kirchen-Gemeinschaft von Ungetauften, sei

unregelmäßig und ungültig. Doch die Mehrzahl der Delegaten, unter welchen manche bedeutende Leute waren, ließen den Standpunkt meines Vaters gelten und erkannten ihn als Baptisten-Prediger an, verwahrten sich aber in einem besonderen Beschluß dagegen, daß ihre Entscheidung über diesen einzelnen Fall als Entscheidung über die gesamte Frage aufgefaßt werde. In einer öffentlichen Feier wurde er dann mit Gebet und Handreichung in die Gemeinschaft aufgenommen, aber nicht durch Handauflegung ordiniert. Sein Freund, der berühmte Dr. William R. Williams, der Geschichtsschreiber der Baptisten, hielt die Ansprache an ihn und Conrad Fleischmann eine deutsche Ansprache an die Gemeinde.

Auf den ersten Blick mag es scheinen, als handle es sich hier um Kleinigkeiten und Äußerlichkeiten; bei näherem Zusehen wird man erkennen, daß zwei verschiedene Grund-Anschauungen über Kirche und Christentum — Anschauungen, die in allen Kirchen-Gemeinschaften in verschiedenen Formen wiederkehren — zu Tage traten. Seine Stellungnahme in dieser Frage war bezeichnend für seine kirchliche Denkungsart. Er teilte die unterscheidenden Lehren der Baptisten, er hatte sich ihrer Gemeinschaft angeschlossen, aber er stand jetzt und sein lebenlang auf dem Boden der allgemeinen christlichen Kirche. Er erkannte und rügte die Fehler der lutherischen Kirche, aber er betrachtete die Ordination, die er in ihr empfangen hatte, als eine gültige Ordination und rühmte bis in sein Alter das edle geistliche Leben, das sie in manchen Landesteilen Deutschlands besitzt. Auch nachdem er Baptist geworden, war sein Losungswort nicht „Kirche! Kirche!" sondern „Christus! Christus!" Andererseits erkannte er an, daß jede kirchliche Gemeinschaft das Recht hat, nach ihren eignen Regeln sich über den christlichen Charakter und die Lehransichten eines Mannes zu vergewissern, der in ihr das Amt eines Predigers führen soll. Deshalb suchte er um Anerkennung als Prediger nach, ließ sich über seine christliche Erfahrung und seine Lehre prüfen und das Resultat durch eine öffentliche Feier aussprechen.

Seine erste Thätigkeit als Baptisten-Prediger fand eigentlich schon in St. Louis im Frühjahr 1850 statt, denn er hatte dort mit Kraft und Freudigkeit gepredigt, und mitten in der Agitation über die Taufe wurden eine Anzahl bekehrt. Seine etwa sechsmonatliche Wirksamkeit in der ersten Baptisten-Gemeinde in New York im Winter 1850—51 war die zweite derartige Thätigkeit. Die dritte und fruchtbarste folgte in Kanada im Sommer 1851.

Im zwölften Kapitel ist schon berichtet, wie er im Herbste 1848 eine Art Entdeckungs-Reise nach Kanada machte. Als Resultat dieser Reise wurden Georg Lung, ein Zögling von St. Chrischona, der ihm von Spittler empfohlen worden war, und Heinrich Schneider als Kolporteure der Traktat-Gesellschaft in Kanada angestellt. Heinrich Schneider kam aus Altena; er war dort unter meines Vaters Wirksamkeit bekehrt und durch schwere geistliche Kämpfe hindurchgegangen. Als mein Vater Kolporteure für die Traktat-Gesellschaft suchte, lud er auch Schneider ein, in diese Wirksamkeit einzutreten, und derselbe kam mit seiner jungen Frau im Frühjahr 1848 nach Amerika. Er entfaltete nun in Kanada eine Wirksamkeit, von der mein Vater immer mit Bewunderung sprach; er verbreitete Schriften, wirkte durch Besuche und christliche Gespräche auf die Leute ein und hielt auch Versammlungen. Allmählich hatte er an sechs verschiedenen Orten Stationen, die er regelmäßig besuchte, doch wollte ihm die Arbeit oft fast zu groß und verantwortungsvoll werden, und er drang in meinen Vater, hinauf zu kommen und dieselbe ganz zu übernehmen oder doch wenigstens eine Zeitlang ihm zu helfen.

Im Frühjahr 1849 wurde Schneider sein erstes Söhnlein geboren, und da er zu den lutherischen Pastoren in Kanada gar kein Zutrauen hatte, bat er meinen Vater, zu kommen und „die heilige Handlung der Taufe" an dem Kinde zu vollziehen. Die Antwort war: „Die Taufe Deines Söhnleins angehend, rate ich Dir, warte damit, bis er selbst sie begehrt." Schneider war es ganz wehmütig, daß nun auch Rauschenbusch auf Irrwege geraten sei, doch fingen er und seine Frau an, sich lebhaft mit der Tauffrage zu beschäftigen. Das Resultat war, daß sie und noch mehrere andere Bekehrte immer mehr zu baptistischen Ansichten kamen. Im Spätsommer 1850 war Schneider auf der schon erwähnten Kolporteur-Konferenz in Cleveland viel mit meinem Vater zusammen, und damals stand sein Entschluß schon fest.

Am 27. Juni 1851 gelang es endlich meinem Vater, sich loszumachen und nach Kanada abzureisen. Er legte für diese Zeit, wie er auch in Missouri 1849—50 gethan hatte, sein Amt nieder und arbeitete ohne Sold, aber dafür auch in voller Freiheit. Er atmete auf in der Einsamkeit am Grand River, wo die Urwälder noch viel dichter standen als in Missouri und die nordische Vegetation ihn an seine Heimat erinnerte. Mit Schneider fuhr er auf den unsäglich holprichten Wegen von einer neuen Niederlassung zur anderen, predigte, besuchte die Leute und ging ganz in dieser Arbeit auf. Er spürte gleich, als er hinkam, daß hier „Erweckungsluft wehte". Ein Wort, ein Blick war oft genug, um die Brunnen der Tiefe zu öffnen. Ganze Familien wurden erweckt und bekehrt. Der Umgang mit den zahlreichen Mennoniten jener Gegend hatte vorbereitend gewirkt. Der sittliche Ernst und das kirchliche Leben der Mennoniten hatten einen bedeutenden Einfluß ausgeübt, doch mangelte den Mennoniten die geistliche Kraft; sie trieben keine Mission und drangen nicht auf Bekehrung, so daß von den Erweckten niemand sich ihnen anschloß. Nur einer ihrer Prediger, Namens Hoch, predigte damals Buße und hatte deshalb viel Opposition zu bestehen. Stärker war der Einfluß Schneiders, der sehr hoch geachtet war. Er verpflanzte das geistliche Leben Altenas nach Kanada, so daß mein Vater durch das Wesen der Leute immer an die Erweckten in Altena erinnert wurde und sie seine „geistlichen Enkel" nannte, weil Schneider sein Sohn in Christo sei. Dazu kam nun der mächtige Einfluß, den mein Vater selbst durch sein Ansehen, seinen herzlichen und leutseligen Umgang mit den Leuten, und durch seine geistliche Kraftfülle ausübte. Seit seiner Taufe war er in einem gehobenen inneren Leben. Bezeichnend ist, was er im Juli 1851 an seine Mutter schrieb: „Weißt Du auch, daß ich seit einiger Zeit sehr viel auf Tersteegen halte? Wenn ich meine gegenwärtige christliche Richtung an bekannte Namen anknüpfen soll, so möchte ich sagen: der Sinn und die Vorstellungsweise der reinen Schriftsteller der Brüdergemeinde, zusammengeschmolzen mit Tersteegens Weise, das ist so mein Sinn, oder vielmehr, das ist der Sinn, nach dem ich trachte, und die Weise, welche meinen Predigten sich immer mehr mitteilt." In Altena predigte er von der Macht der Sünde und von dem Opfer Christi, denn diese Dinge kannte er aus Erfahrung; dagegen nur zaghaft berührte er die Macht und das Leben Christi in uns. Er sagte damals in seinem Tagebuch einmal, Johannes der Täufer habe schon Gestalt gewonnen in ihm, aber Christus noch wenig. Jetzt in Kanada sagte ein Mann von ihm: „Der Rauschenbusch sollte einem wohl Mut machen, noch zur Bekehrung zu kommen. So wie der den Weg zum Himmel beschreibt, ist es doch nicht so unmöglich, ihn zu gehen." Darüber freute sich Rauschenbusch und sagte: „Früher hat man von mir gesagt, ich mache den Leuten den Weg zum Himmel schwer; wenn das jetzt anders ist, so kommt's wohl zum Teil daher, daß ich unterdes das Herz des Heilandes besser kennen gelernt habe." Demgemäß war denn auch das neue Leben, das sich in den Herzen der Bekehrten entfaltete, reich an Früchten der Liebe. Sie sahen den gekreuzigten Heiland so vor sich stehen, daß sie auch ihre ärgsten Feinde umarmen wollten. Wiederholt kam es vor, daß Neubekehrte ihre Familienglieder und andere herzlich um Vergebung baten für ihre Fehler.

Fast von selbst kam es bei den Leuten zur Taufe. Der Einfluß der Mennoniten, die ja auch die Kindertaufe verwerfen, hatte vorgearbeitet; Schneiders innerer Kampf über die Frage hatte andere mitgegriffen; meines Vaters Gegenwart und zwei Predigten, die er über die Taufe hielt, brachten sie zur Entscheidung. Drei Ehepaare waren die ersten, die getauft wurden: Heinrich Schneider und seine

Frau, Otto Fleischhauer und seine Frau, und Daniel Weber und seine Frau. Mein Vater beschrieb seiner Mutter die Szene wie folgt: „Unser Jordan war ein wasserreicher Waldbach, der auf dem Landgut eines lieben Bruders, Namens Daniel Weber, fließt. — Es war eine kleine, stille Versammlung von etwas über 100 Seelen am Wasser gelagert, in gespannter, zum Teil in banger Erwartung, was es jetzt geben werde. Ich ließ das von mir gedichtete Lied singen: „In des Jordans kühle Wellen", hielt eine Rede und führte dann die Sechse, einen nach dem anderen, hinein. Der Bach war gerade an dieser Stelle sehr breit und dabei tief, von hohen Ulmen und Weiden beschattet. Als jene so still und friedlich in seine Fluten eine Strecke weit mit mir hineingingen, wo es tief war, dann hinuntersanken, wieder hervorkamen und nun mit verklärtem Antlitz herausgingen: o, das machte einen tiefen Eindruck. Als alles vorüber war, kniete ich zum Schluß am Ufer nieder und betete. Viele weinten während des Gebets, auch solche, die früher kalt und fern gewesen waren. Diese erste Tauffeier entschied sofort den Sieg dieser Sache."

Im ganzen taufte er sechsmal, zusammen etwa 45 Personen. Die erste Gemeinde wurde in Bridgeport am 10. September 1851 gegründet. Mein Vater war von Anfang Juli bis Ende Oktober, also vier Monate lang in Kanada. Im folgenden Frühjahr reiste er noch einmal hin und vermittelte die Ordination Schneiders. Da Schneider damals nur wenig Englisch konnte, mußte mein Vater dem englischen Konzil alles übersetzen. Die Gemeinde Bridgeport nahm später den Namen Berlin an, und von ihr zweigten sich die Gemeinden Wilmot und Woolwich ab. Schneider blieb noch bis 1863 in Kanada und siedelte dann nach den Vereinigten Staaten über. Das Verhältnis zwischen ihm und meinem Vater blieb bis an sein Ende ungetrübt und liebevoll. Auch mit den Gemeinden in Kanada fühlte sich mein Vater in besonderer Liebe verbunden und wurde von den älteren Geschwistern bei seinen späteren Besuchen mit Anhänglichkeit aufgenommen. Heute bestehen in der Provinz Ontario 12 deutsche Baptistengemeinden mit etwa 900 Gliedern, aus denen im Laufe der Jahre manche Seelen zu ihrer Heimat eingegangen, manche tüchtige Männer und Frauen zu ihrem Werk ausgegangen und viele Gaben der Liebe ausgesandt worden sind. An diesem Resultat haben viele mitgeholfen, aber unter ihnen gehört wohl die erste Stelle dem rastlosen Begründer des Werkes, Heinrich Schneider, und seinem geistlichen Erzeuger und Berater, August Rauschenbusch.

Im Herbst 1853 wurde es meinem Vater endlich möglich, seiner Mutter das Versprechen zu halten, welches er ihr bei seiner Abreise gegeben hatte, und zugleich die Sehnsucht seines eignen Herzens nach dem Vaterland und seiner Freundschaft zu stillen. Am 17. August fuhr er mit dem Segelschiff „Adonis" von New York nach Bremerhaven ab. Die Reise benutzte er dazu, ein Gesangbuch für die deutschen Baptisten Amerikas herzustellen. Sie hatten bis dahin die von Köbner hergestellte „Glaubensstimme" gebraucht, doch war schon auf der ersten Konferenz der deutschen Baptisten 1851 beschlossen, ein eignes Buch zu drucken, und Rauschenbusch wurde mit der Arbeit beauftragt. Die „Pilgerharfe" wurde lange Jahre in manchen amerikanischen Gemeinden gebraucht, und als später das jetzige Gesangbuch der amerikanischen Gemeinden, die „Glaubensharfe", hergestellt wurde, verschmolz man zu diesem neuen Namen die beiden altbekannten Namen: „Glaubensstimme" und „Pilgerharfe". Die Lieder, welche in einer Gemeinschaft gesungen werden, wirken gestaltend auf das geistliche Fühlen und Denken der Gemeinschaft ein, und das Schaffen eines Liederbuches ist deshalb eine That von Bedeutung.

In Bremerhaven landete er am 24. September und blieb zwei Tage lang dort, um die Einrichtungen für die Auswanderer kennen zu lernen. Die Schiffsgesellschaft hatte damals ein großes Haus, in welchem oft 2—3000 Einwanderer der Abfahrt harrten. Mein Vater verteilte Massen von Traktaten unter sie und verkehrte ratend und helfend mit den Leuten. Er drang bei der Traktat-Gesellschaft darauf, es solle dort ein Deutsch-Amerikaner als Kolporteur und Ratgeber der Einwanderer angestellt werden; ein solcher werde viel nützen können und begierig gehört werden. Er erhielt von der Schiffsgesellschaft sofort die Zusage der Erlaubnis dafür. Auch forderte er Bücher zur Einrichtung von wandernden Schiffsbibliotheken, die gewöhnlichen Segelschiffen zur Benutzung der Mannschaft mitgegeben werden könnten und am Ende einer Reise gegen eine andere umgetauscht werden sollten. Das waren alles praktische Ratschläge.

Auch in Bremen blieb er zehn Tage lang, wurde von den dortigen Pastoren Treviranus, Mallet und anderen herzlich willkommen geheißen und hielt drei öffentliche Vorträge über Amerika. Dann eilte er nach Elberfeld zu seiner Mutter und seiner Schwester Lina. Seine jüngere Schwester Maria war kurz vorher dem Pastor Eugen Ehrhardt aus Schiltigheim bei Straßburg als Gattin ins schöne Elsaß gefolgt.

Im Oktober machte er eine Fußreise am Rhein mit seinem ältesten Neffen August Döring, damals Student der Theologie in Berlin, jetzt Professor an derselben Universität. Er war zehn Tage lang in Bonn, logierte in seinem früheren Zimmer, besuchte dort die alten Stätten seines Studentenlebens, wurde von den Professoren Bleek und Treviranus mit großer Freundlichkeit aufgenommen und hielt drei Vorträge vor dem „theologischen Verein", an denen die meisten theologischen Studenten teilnahmen.

Anfang November kehrte er nach Elberfeld zurück und blieb fünf Wochen da. Abgesehen von dem treuen Kreise seiner eignen Familie war seine Stellung dort eine etwas peinliche. Er war nicht gekommen, um als Baptist Propaganda zu machen; er wollte sich ausruhen, mit christlichen Freunden verkehren, neue Anregungen suchen und für das Reich Gottes wirken, wo er konnte. In Amerika war er gewohnt, mit Männern verschiedener Gemeinschaften in

Liebe zusammenzuwirken, ohne daß er deswegen seine Überzeugungen preisgab oder ihre Überzeugungen gefährdete. Auf diesem gemeinsamen Boden der Liebe zu Christo und dem Reich Christi suchte er auch in Deutschland zu bleiben, fand aber, daß das in Deutschland viel schwerer war. Die Kanzeln waren ihm verschlossen. Er versuchte durch Vorträge über Amerika und das christliche Leben dort sich nützlich zu machen und bot dem Langenberger Verein, der ihn ausgesandt hatte, den Ertrag der Vorträge an. Doch der damalige Superintendent der Synode berief sich auf die Augsburgische Konfession: „Derhalben werden die Wiedertäufer verworfen, welche lehren, daß die Kindertaufe nicht recht sei." Die beabsichtigten Vorträge würden den Anschein erwecken, als ob man die Wiedertäufer dulde und nicht verwerfe; so mußten sie unterbleiben. In anderen Teilen Deutschlands und bei späteren Besuchen in Deutschland fand Rauschenbusch eine tolerantere Stimmung.

Mit wehem Herzen ging mein Vater im Dezember nach Altena. Dort erquickte ihn die Liebe der Leute tief. Sie eilten auf ihn zu und umarmten ihn auf der Straße und nannten ihn „unser Pastor". Wenn er Besuche machte, drängten sich die Leute herbei, um ihn zu sehen. Er redete in mehreren Hausversammlungen, doch wenigstens zuerst nicht über die Tauffrage. Die Leute schienen sich aus der Beschuldigung, er sei ein Demokrat und Wiedertäufer von der Münsterschen Sorte, nichts zu machen. Auch die Pastoren wünschten, er solle auf seiner alten Kanzel predigen, und forderten Erlaubnis dazu von der kirchlichen Behörde, doch wurde dieselbe verweigert. Doch hielt er Vorträge, und da damals gerade Not in Altena herrschte, verteilte er aus dem Erlös Brotkarten unter die Armen. Er wohnte in Altena bei seinem Bruder Wilhelm, damals Rechtsanwalt, später Justizrat. Derselbe war freiheitlich gesonnen und hatte nach dem Revolutionsjahre 1848 einen Monsterprozeß geführt, in welchem er über hundert Leute erfolgreich gegen die Anklage des Hochverrats verteidigte. Später war er selbst

politisch angeklagt, hatte sich aber durch eine glänzende
Verteidigungsrede gerettet. In Altena wohnte mein Vater
längere Zeit, und seine Gesundheit hob sich allmählich.

Doch bald wurde er in eine angestrengte Arbeit hineingezogen. Pastor Ringsdorf in Volmarstein hatte als Kandidat meinen Vater in Altena öfters vertreten und war ihm aus jener Zeit herzlich befreundet. Er war ein entschieden gläubiger Mann und suchte in Volmarstein ein gewisses Maß von Kirchenzucht zu üben, indem er darauf bestand, daß Männer, die selten zur Kirche gingen und nie zum Abendmahl, nicht zu Gemeindevertretern gewählt werden sollten. Doch sein Protest drang nicht durch. Dies hatte ihn schon zum Nachdenken über die Schäden der Landeskirche und das Wesen der rechten Gemeinde getrieben. Als nun Rauschenbuschs Besuch in Aussicht stand, legte Ringsdorf den Gläubigen in seiner Gemeinde die Beweise für die Kindertaufe dar, um sie gegen Verführung zu festigen, aber schon diese Untersuchung ließ bei manchen ein Gefühl von Unsicherheit zurück. Mein Vater half Ringsdorf bei seinen Bibelstunden, verkündigte Christum und sagte nichts von der Taufe. Aber man drängte ihn dazu; man suchte immer den Baptisten hinter ihm. Als er z. B. einmal über das samaritische Weib redete und von den Brunnen und dem Wasserholen im Orient erzählte, sagte der alte Boueke zu Wupper: „Der weet doch nix anders als Water." Bald kam es dann zu langen Besprechungen im Pfarrhause, die bis tief in die Nacht dauerten. Auch Köbner kam von Elberfeld. Ende Februar 1854 erklärte Ringsdorf seinen Austritt aus der Landeskirche; Anfang März taufte Köbner 11 Personen, wurde aber deswegen verklagt und durfte nicht fortfahren. Man drang in Rauschenbusch, die Taufen zu vollziehen, und nach längerem innerem Kampf erkannte er es als seine Pflicht, der Aufforderung nachzukommen. Er taufte zu drei Malen etwa 40 Seelen, und zwar nicht, wie es damals in Deutschland aus Furcht vor der Obrigkeit und dem Pöbel vielfach Sitte war, des Nachts, sondern das erste Mal bei Sonnenaufgang am Ostermorgen in der Ruhr und die anderen Male bei Tage. Er ersuchte die Obrigkeit um Erlaubnis dazu und lud den Bürgermeister persönlich ein. Auch das Volk verhielt sich still. Ein roher Mensch hatte vorher gedroht, er werde mit Steinen werfen, aber nachher sagte er, das könne man nicht, wenn man die Taufe mit ansehe. Im ganzen wurden in jenem Jahre etwa 80 dort getauft.

Aber seine Thätigkeit in Volmarstein beschränkte sich nicht aufs Taufen. Unter seinem Wirken entstand eine mächtige Erweckung. Schon frühmorgens kamen an verschiedenen Stellen im Walde kleine Gruppen zusammen, die gemeinschaftlich beteten. Er erzählte später mit Rührung davon, wie es ihn erquickt habe, als er einst bei seinen eignen einsamen Gängen im Walde die Betenden belauscht habe. Seine Predigtweise war damals viel ruhiger und lehrhafter als früher in Altena, aber gerade die Ruhe und Gelassenheit inmitten fortwährender Einwürfe und Anfeindungen, verbunden mit dem strengen Ernst seines Wandels, machten einen tiefen Eindruck auf die Leute. Er predigte viel den gekreuzigten Christus und weckte die Liebe der Herzen zu Dem, der für sie gelitten.

Die Volmarsteiner Gemeinde hing mit Liebe an ihm. Vier Jahre später schrieb er einmal von Missouri aus an sie und erhielt dreißig Briefe zur Antwort. Ein Mann schrieb, als er nach Hause gekommen sei und erzählt habe, es sei ein Brief von Rauschenbusch angekommen, hätte seine Frau vor Freuden laut geweint. Diese Zeiten der Erweckung in Kanada und in Volmarstein und die Taufen, die er dort vollzogen hat, blieben ihm in späteren Jahren eine liebe Erinnerung; er sagte einmal: „Sie leuchten mir wie helle Sterne in der dunkeln Nacht meiner Leiden." Die Gemeinde wuchs bald auf 180 Glieder an, doch wurde sie dann wieder kleiner. Der Einfluß der Darbysten entzog ihr manche Glieder; auch mußten viele ausgeschlossen werden. Die Gegend dort war damals, wie es scheint, sittlich verkommen;

besonders Diebstahl und Wollust gingen im Schwange. Und die Sünden ihrer Umgebung und ihrer eignen Vergangenheit gefährden auch solche, die sich zu Gott gewendet haben. Ringsdorf diente der Gemeinde bis zum Jahre 1861 und trat dann zur Landeskirche zurück.

Am 14. September 1854 trat mein Vater, jetzt 38 Jahre alt, im Hause seiner Schwester Maria in Schiltigheim in die Ehe mit Karoline Rump, die in Altena eine seiner Konfirmanden gewesen war und durch ihn bekehrt worden war. Am 13. Oktober 1854 schiffte er sich mit seiner Gattin auf dem Schiff „Uhland" in Bremerhaven ein. Von den 400 Passagieren waren etwa 100 Altenaer und etwa 70 aus der Gegend von Isenstädt bei Minden. Diese alle waren unter seiner Führerschaft. Er betrachtete nämlich jetzt die Auswanderung nicht mehr als ein notwendiges Übel, sondern hielt es für eine Wohlthat, wenn man die Leute aus dem kärglichen Leben ihrer übervölkerten Heimat in ein großes Land bringe, wo sie es für sich und ihre Kinder zu etwas bringen könnten. Man fuhr nach New Orleans und dann den Mississippi hinauf, um die teure Landreise von New York nach Missouri zu sparen. Da viele fromme Leute unter ihnen waren, wurde täglich Versammlung gehalten; die übrige Schiffsgesellschaft zog freilich die Tanzmusik vor.

Rasch und glücklich kamen sie am 27. November schon in New Orleans an und zwei Tage später fuhren die Westfalen den „Vater der Ströme" hinauf. Aber der gelbe Mississippi ist nie ein zuverlässiger Geselle gewesen; er reißt Farmen an dem einen Ufer fort und schwemmt sie als Schlamm am anderen Ufer wieder an; wo heute tiefes Fahrwasser ist, droht morgen eine Sandbank; die gewaltigen Baumstämme, die aus den Wäldern hinabgerissen werden, bleiben oft mit ihren Wurzeln im Schlammboden sitzen, und ihre Äste reißen klaffende Löcher in das unvorsichtige Schiff, das die unsichtbare Gefahr nicht merkt. Gerade damals war der Wasserstand sehr niedrig; der Kapitän konnte nur langsam und vorsichtig fahren; den Einwanderern im Zwischendeck gingen ihre Lebensmittel aus. Da mußte mein Vater oft dolmetschen und vermitteln, bis der Kapitän landete und ihm erlaubte, für alle einzukaufen. Einmal kam er zu einem wohlhabenden Manne, der zwar bloß für sich und Familie noch Vorrat hatte, ihm aber aus Rücksicht auf die Not der Einwanderer alles, was sie brauchten, zum Kostenpreis überließ. „Mein Herr, so wie Sie hat uns noch kein Mensch am Mississippi behandelt; alle haben uns überfordert, nur Sie nicht; sind Sie ein Christ?" „Ja!" war die Antwort. Einmal fiel eine Frau, die Mutter zweier Kinder, über Bord und wurde nur mit Mühe gerettet und ins Leben zurückgerufen. Mein Vater hatte schon gedacht, er müsse ihrem Mann, welcher ihm die Seinigen anvertraut hatte und nun in St. Louis sehnsuchtsvoll auf dieselben wartete, die mutterlosen Waisen überbringen. Es war für ihn keine Vergnügungsreise, und er that alles einfach aus Fürsorge und Liebe für die Leute. Meine Mutter war eines Tages unwohl und ging nicht zu Tische. Da dachte mein Vater an seine armen Emigranten im Zwischendeck und lud einen kolossalen Teller voll Speise auf „für seine kranke Frau", so daß meine Mutter sich schämte über den unglaublichen Hunger, den ihr die Leute zutrauen würden.

Nach dreizehntägiger Fahrt erreichten sie Mitte Dezember St. Louis. Ein anderer Dampfer, auf welchem Leute reisten, die dem Rat des Konsistorial-Sekretärs D. gefolgt waren und nicht das Gericht Gottes auf sich bringen wollten, indem sie mit dem Baptisten Rauschenbusch reisten, scheiterte bei Cairo, die Leute verloren fast alle ihre Habe und hatten Schweres zu dulden von der Witterung. Die Isenstädter blieben nun in St. Louis, bis der Fluß hoch genug steigen würde, um sie nach Jowa zu bringen. Dagegen sechzig Altenaer zogen mit meinem Vater weiter nach der Second Creek. Die Eisenbahn führte erst sieben und dreißig Meilen weit landeinwärts bis Franklin; von da fuhren die Frauen und kleinen Kinder auf gemieteten Farmwagen, und die Männer zogen zu Fuß drei Tage lang der neuen Heimat zu. An der Second Creek konnte mein Vater seine Leute bei den Lippern unterbringen, die schon dort angesiedelt waren; er selbst eilte bei den Ansiedlern herum und bettelte neun Ochsenwagen, mit je vier bis sechs Ochsen bespannt, zusammen, um zwölftausend Pfund Gepäck von Franklin abzuholen. Dann endlich konnte er nach St. Louis zurückkehren und auch seine Gattin in ihr neues Heim einführen. Es ist noch ein Notizbuch vorhanden, in welchem er über die Gelder, die ihm anvertraut waren, Buch führte und die zahllosen Aufträge, die ihm nach St. Louis mitgegeben wurden, notierte. In kleinen und großen Dingen ist er den Leuten ein selbstloser Berater und Helfer gewesen, wird aber wohl den gewöhnlichen Lohn bekommen haben, daß die Leute das Gute als selbstverständlich hinnahmen und für alle Übelstände des neuen Landes ihn verantwortlich hielten.

Er hatte für sich selbst Pastor Köwings Haus und Farm gepachtet, da dieser in die Nähe von St. Louis gezogen war. So ließ er sich denn seit fast zehn Jahren zum erstenmal im eignen Heim nieder, freute sich der Weinreben und Obstbäume, die er selbst in früheren Jahren meist gepflanzt oder veredelt hatte, und fing seine Wirksamkeit als Landprediger an.

Über die Beweggründe, welche meinen Vater gerade nach Missouri führten, habe ich keine schriftliche Aussage von ihm finden können und kann mir dieselben nur aus einigen zerstreuten Andeutungen zurechtlegen. Die schriftliche Arbeit für die Traktat-Gesellschaft hatte ihn körperlich sehr angegriffen, und er weigerte sich deshalb, trotz der wiederholten und dringenden Bitte des Dr. Hallock, dieselbe wieder aufzunehmen. Missouri hat er immer besonders lieb gehabt; in Zeiten der Erschöpfung suchte er in seinen Wäldern Ruhe und Kraft. Er hatte einen weiten Bekanntenkreis dort, besonders unter den vielen Lippern. Nun schrieb ihm sein Freund Andreas Hoffmann in Gasconade County nach Deutschland, daß er mit einigen anderen über die Taufe nachgedacht hätte und getauft werden möchte; er solle doch bald nach Missouri kommen. Vielleicht schien ihm dies ein Wink Gottes und eine offene Thür unter den Deutschen in Gasconade County. Doch wird der Drang nach Einsamkeit und Weltflucht, der einen so eignen Zug in seinem Leben bildet, viel zu seinem Entschluß beigetragen haben; gerade weil er dort ein schlichtes und mühevolles Leben zu erwarten hatte, wandte er sich dorthin.

Und Mühsalen hat er genug gehabt. Er hielt sein eignes Pferd und sonstigen Viehstand. Das Holz für seinen Kamin holte er selbst aus dem Walde herbei. Das landesübliche Schweinefleisch konnte er nicht vertragen. Frisches Fleisch gab es selten, wenn ihm nicht jemand zuweilen einen Hasen brachte. Einmal brannte ihm die gemietete Scheuer ab. Wovon er eigentlich gelebt hat, weiß ich nicht, denn die wenigen Gemeindeglieder werden schwerlich viel zu seiner Unterstützung haben beitragen können. Seine junge Gattin mußte tapfer aushalten, denn er war fast jeden Sonntag fort, und sie blieb oft mehrere Tage allein in dem einsamen Hause zurück. Einst trat ein wildfremder, verdächtiger Mensch herein, und sie saß ihm klopfenden Herzens mit ihrem Kinde gegenüber und bat Gott, Er möge ihr doch irgend jemand senden. Und da kam auch unerwartet ein befreundeter Neger und nahm ihr die Angst vom Herzen. Mehrmals waren arme, eingewanderte Familien wochenlang als Gäste im Hause. Ein junges Mädchen war fünf Monate lang bettlägerig krank bei ihnen und ging dann ohne Dank davon. Das sind Erfahrungen, die auch andere schon gemacht, aber vielleicht ist es den späteren Schülern meines Vaters, welche die Strapazen der Pionierarbeit im Westen zu tragen haben, ein Trost, daß auch ihr Lehrer dies alles freiwillig geteilt hat.

Doch schwerer als die äußerlichen Strapazen waren ihm körperliche Schwachheit, geistliche Anfechtungen und die Erfolglosigkeit seiner Arbeit. Er litt an nervösem Kopfweh und an der Schwermut, welche bei ihm so oft mit körperlichem Leiden zusammenging. Nur einzelne Laute des Schmerzes dringen aus jenen Jahren hervor, doch sie thun weh. Sein äußerer Erfolg war gering. Am 4. Juli 1855 taufte er die ersten sieben im Gasconade River. Am 18. Januar 1856 wurde die Gemeinde mit elf Gliedern organisiert unter dem Namen: „Deutsche Baptisten-Gemeinde an der Pin-Oak Creek." Bis zum April 1858 war die Zahl auf drei und zwanzig gestiegen. In seiner Abschiedspredigt, wie er sie im Gemeindebuch verzeichnet hat, verteidigte er sich gegen die Behauptung, er habe in diesen drei Jahren so wenig Erfolg gehabt, weil er Baptist geworden sei; er weist dagegen auf seinen Erfolg in Kanada und Volmarstein hin. Aber viel Wahres war an der Behauptung doch. Gerade unter den Westfalen in Gasconade County hatte er im Frühjahr 1850 die heftigste Opposition gegen seine Taufe gefunden, und als er sich als Baptisten-Prediger unter ihnen niederließ, schlossen sie sich fest gegen ihn ab. Außer Mount Sterling hatte er noch zwei Predigt-Stationen, die eine zehn englische Meilen nach Süden, die andere zwanzig nach Norden; sie hörten ihn wohl, aber sie folgten ihm nicht. Dennoch war die Arbeit dieser Jahre nicht vergeblich. Obgleich manche meinten, bei seinem Weggehen werde die Gemeinde eingehen, ist sie unter der ruhigen Leitung des würdigen Andreas Hoffmann still gediehen; über hundert sind seitdem dort noch getauft worden. Hier wie überall wurde er innig geliebt. Man erzählt sich wohl viel von seinen Eigentümlichkeiten; die Kinder, welche bei ihm im Unterricht waren, sind nicht verzärtelt worden; aber leutselig und echt menschlich und christlich ging er mit den Leuten um, und sie behielten ihn in dankbarer Erinnerung. Als sich seine Augen schon geschlossen hatten, war ein kleines Geldgeschenk für ihn auf dem Wege von seinen alten Freunden am Gasconade River. Da es zu spät kam, um ihm hier noch Freude zu machen, wurde jenen fernen Freunden, als den Einzigen, das Vorrecht gewährt, mit der Familie zusammen zu seinem Grabdenkmal beizutragen.

Erwähnenswert ist aus seiner Wirksamkeit noch, daß er seiner Gemeinde eine Gemeinde-Ordnung verfaßte, die, nach ihrer Gesinnung und Ausdrucksweise zu urteilen, ganz aus seiner Feder stammt. Sie ist ein Muster an Klarheit und praktischer Weisheit. In den ersten zwei Paragraphen wird der Name und das Datum der Stiftung der Gemeinde mitgeteilt. Gleich der dritte handelt von der Sklaverei. Nie solle ein Sklavenhalter Mitglied der Gemeinde werden, noch am Abendmahl teilnehmen; und wenn je die Gemeinde eine Kirche besitze, solle dies auch in die Besitzurkunde einverleibt werden, damit das Übel der Sklaverei nimmer in der Gemeinde Fuß fassen könne. Da klingt die alte Liebe für Freiheit und Menschenrechte wieder durch. In St. Louis war er 1850 fest entschlossen, sich nicht von dem Prediger einer sklavenhaltenden englischen Gemeinde taufen zu lassen, lieber wollte er jenseits des Mississippi im Staat Illinois, wo die Sklaverei verboten war, getauft werden. Im Frühjahr 1850 war es ihm eine besondere Freude, mehrmals in einer großen Negergemeinde zu predigen; danach hatte er sich schon oft gesehnt. Es war gut, daß er von Missouri fort war, als bald nachher der Rebellionskrieg ausbrach. Missouri, als einer der Grenzstaaten zwischen Norden und Süden, war gefährlicher Boden. Zwei seiner Gemeindeglieder wurden von einer streifenden Rotte der Rebellen ohne Grund niedergeschossen. Bei seiner ausgesprochenen Gesinnung und Unerschrockenheit wäre sein Leben in großer Gefahr gewesen.

Ferner ist aus der Gemeinde-Ordnung wichtig, daß die monatliche Kollekte abwechselnd für Heidenmission und für Gemeindezwecke gegeben werden sollte, also ebensoviel für die Heiden, wie für sich selbst. Und wenn einmal in der Gemeindekasse ein Überschuß sei, sollte er für die Traktat-Gesellschaft oder für sonstige Wohlthätigkeit verwendet werden.

Seine Thätigkeit als Baptisten-Prediger ist nur sehr kurz gewesen; einige Monate aus einer angestrengten Thätigkeit hier und da herausgegriffen, und dann die letzten drei Jahre in Missouri. Aber wenn man das Resultat betrachtet, ist es wahrlich nicht klein. Durch die Thätigkeit in St. Louis zur Zeit seiner Taufe führte er der Gemeinde dort einen kräftigen Stamm christlicher Seelen zu. In den vier

Monaten in Kanada wurden etwa fünfzig getauft und in einem neuen Landesteil ein Werk angefangen, das sich später mit Kraft entfaltete. Unter seiner Mithilfe in Volmarstein wurde eine Gemeinde begründet, die heute noch besteht und Tochtergemeinden abgezweigt hat. Und selbst durch die drei kärglichen Jahre in Gasconade County wurde doch eine lebensfähige Gemeinde geschaffen. Und dies alles geschah aus Liebe zur Sache. In St. Louis, Kanada und Volmarstein wirkte er ohne Gehalt; ja, er gab mehrmals seinen Gehalt für die Zeit dran, um die Arbeit thun zu können. In Gasconade County erhielt er wohl Gehalt, aber ärmlich, und er blieb aus Pflichttreue noch zwei Jahre dort, nachdem schon der dringende Ruf nach Rochester an ihn gekommen war. Seine spätere Wirksamkeit hat jene frühere im Gedächtnis der Gemeinschaft etwas in den Schatten gestellt; er rechnete sich auch selber nicht in die erste Reihe der Gemeinden gründenden Männer. Dennoch würde mancher mit Recht dankbar auf sein Leben zurückschauen, wenn er in seiner ganzen Arbeitszeit fertiggebracht hätte, was August Rauschenbusch in diesen Bruchstücken seines Lebens geleistet hat. Und in diesem allen folgte er, vielleicht unbewußt, dem Prinzip des Paulus, nicht auf fremdem Boden zu bauen. Er hat, wie er selbst es ausgedrückt, „Boden gebrochen, den andere besäen konnten".

Zwei helle Lichtstrahlen fielen in sein Leben durch die Geburt seiner ältesten Tochter Frida am 7. September 1855 und seines ältesten Sohnes Winfrid am 24. April 1857. Seine Tochter nannte er nach Frida von Quadt, die ihm zwanzig Jahre vorher der Anlaß zur Bekehrung geworden war.

Ende August 1857 kündigte er der Gemeinde an, er habe den Ruf als Lehrer an der theologischen Anstalt in Rochester angenommen. Schon 1855 war der Ruf an ihn gekommen, aber er hielt sich nicht für berechtigt, die Gemeinde schon nach so kurzer Zeit zu verlassen, und zweifelte auch, ob seine Kränklichkeit ihm die neue Arbeit gestatten werde. Doch lag man ihm sehr mit der Bitte an, weil er der einzige unter den damaligen deutschen Baptisten-Predigern war, der eine wissenschaftliche theologische Ausbildung besaß. Im Frühjahr 1857 kam noch einmal ein Ruf von der Traktat-Gesellschaft, seine frühere Arbeit dort wieder aufzunehmen. Das Gehalt war doppelt so groß, als das in Rochester ihm gebotene. Im Sommer 1857 war er in Rochester, um die Verhältnisse kennen zu lernen, und entschloß sich dann, dem Ruf zu folgen. Am 5. April 1858 hielt er seine Abschiedspredigt über Apg. 20, 31 und sagte unter den Thränen seiner treuen Freunde seinem Schmerzenskind Missouri Lebewohl.

Seine Familie brachte er zu seinen Freunden in Kanada. Er selbst arbeitete den Sommer über für die Traktat-Gesellschaft in New York, um dann im Herbst seinen neuen Posten einzunehmen. Am 28. August 1858 starb ihm in Berlin sein Söhnlein Winfrid an der Ruhr. Am Tage ehe es erkrankte, stand Schw. Fleischhauer mit ihm vor der Thür, freute sich an ihm und dachte mit Trauer daran, daß das Kind nun bald nach Rochester gehen werde. Halb wehmütig, halb scherzend sagte sie: „Ach, liebes Kind, es wird mir doch gar zu schwer, dich von mir zu lassen! Ich muß einmal mit deiner Mutter sprechen, was ich ihr geben soll, damit sie dich mir läßt." Da hob der Kleine sein Händchen empor und sagte zweimal: „Oben!" mit solchem Ausdruck, daß es den beiden Frauen mit banger Vorahnung durchs Herz ging. Mein Vater schrieb die folgenden Grabverse für seinen Sohn und sagte, dies sei sein letztes Gedicht. Er hat Wort gehalten; er hat nie mehr einen Vers geschrieben.

> „Nach oben!" sprach das Kind vor seinem Ende
> Und wies mit seinem Händchen himmelwärts.
> Ihm winkten schon des Heilands treue Hände
> Dort auszuruh'n von dieser Erde Schmerz.
> Es sehnte sich, zu schauen
> Die ewig grünen Auen,
> Wo Himmelsblumen unvergänglich blüh'n,
> Wo Engel froh vereint mit Kindern zieh'n.

Des Heilands Mund sprach: „Laßt die Kindlein kommen
Zu mir, denn ihrer ist das Himmelreich!"
Mit Freuden haben wir dies Wort vernommen,
Ihm dargebracht dies Kindlein gern und gleich.
Er ließ es Gnade finden,
Er wusch es rein von Sünden;
Gar oft hat uns gemahnt sein stiller Sinn
Und sanfter Blick: „Ich muß zum Heiland hin!"

Nach oben ist es nun emporgetragen
Von reinen Engeln in des Vaters Schoß;
Nicht woll'n wir, wie die Heiden, trauernd klagen —
Nein, rühmen wollen wir sein sel'ges Los!
Es kommt zu uns nicht wieder
In diese Welt hernieder:
Nach oben woll'n wir glaubend, betend geh'n,
So werden wir's beim Heiland wiederseh'n.

1860.

Fünfzehntes Kapitel.
Das Seminar in Rochester.
1858—1890.

Zweiunddreißig Jahre seines Lebens war August Rauschenbusch mit dem theologischen Seminar der deutschen Baptisten in Rochester verbunden. Ihm hat er seine reifste Kraft geweiht. Die Länge und der Erfolg seiner Wirksamkeit als Lehrer hat alle andere Arbeit seines Lebens so überragt und überschattet, daß es für manche Leser wohl eine Überraschung gewesen sein wird, aus den vorstehenden Kapiteln zu ersehen, wie Namhaftes er schon früher im Predigtamte und in der Erschaffung einer deutschen christlichen Litteratur für Amerika geleistet hat. Er lebt in der Erinnerung seiner Kirchengemeinschaft als der bedeutendste **Lehrer**, den sie bis jetzt besessen. Weil nun sein Leben mit der Geschichte der Anstalt so verwachsen ist, wird es zum Verständnis seines Lebens nötig sein, auf das Entstehen und die Entwickelung des Seminars näher einzugehen.

In verschiedenen Teilen des Landes waren unter der Triebkraft der Wahrheit und dem Drange des Geistes Gottes deutsche Baptisten-Gemeinden emporgewachsen, wie junge Baumschossen unter dem Triebe der Frühlingssonne. In Philadelphia und in den Bergen von Lycoming, in New York und St. Louis, in Buffalo und Chicago und am Michigan-See entlang regte sich's. Die Zahl war gering, aber sie wuchs. 1850 waren es 8 Gemeinden mit etwa 400

Gliedern, 1860 waren es 35 Gemeinden mit über 2000 Gliedern. Die Gründer dieser Gemeinden waren vielfach Männer von ausgezeichneter Kraft. Schwächlinge hätten in jener Zeit, als noch keine wohlorganisierte Gemeinde hinter ihnen stand und ihnen sittlichen und finanziellen Halt verlieh, schwerlich das Panier dieser neuen Lehre entrollt. Nur kräftige Individualitäten, Männer von Gottvertrauen und Selbstvertrauen, von Glaubensmut und aufopfernder Überzeugungstreue konnten sich damals durchringen und ihrer Sache Erfolg verschaffen. War aber jemand einmal in dieser Arbeit, dann hob auch die Arbeit den Mann; gerade ihre Schwierigkeiten stählten, schulten und entwickelten ihn.

Aber wo auf solche Weise erfahren wird, wieviel man in der Schule des Heiligen Geistes und der Erfahrung lernen kann, fühlt man meist wenig Bedürfnis nach einer schulmäßigen Bildung. Auch kannte man aus trüber Erfahrung das professionelle Pastorentum, in welchem theologische Kenntnisse so oft die Herzenserfahrung ersetzen müssen, und betrachtete oft die Schulung des Geistes als Gefahr für die christliche Demut und die schlichte Erkenntnis des Wortes und Geistes Gottes. Das war damals in den meisten Gemeinschaften, die sich von den Staatskirchen getrennt hatten, die herrschende Stimmung und ist es zum Teil heute noch. Es ist deshalb eine auffallende Thatsache, daß schon so früh in der Geschichte der deutschen Baptisten in Amerika Fürsorge für die Ausbildung der Prediger getroffen wurde. Es wäre auch wohl kaum geschehen, wenn nicht die Anregung dazu von außen her an die Gemeinden herangetreten wäre.

Im Jahre 1820 war in Hamilton, einem kleinen Landstädtchen im östlichen Teil des Staates New York, eine Anstalt der Baptisten zur Ausbildung von Predigern gegründet worden, doch war man allmählich zu der Überzeugung gekommen, daß Hamilton für das Gedeihen einer gelehrten Anstalt zu klein sei und von allen Verkehrswegen zu weit abgelegen. Eine überwältigende Majorität der Denomination und auch der Beamten der Anstalt beschloß, das Seminar solle nach Rochester, einer blühenden Stadt von 30000 Einwohnern, verlegt werden. Doch die Einwohner von Hamilton hielten zähe an ihrer Schule fest und wußten auf gerichtlichem Wege die Übersiedelung zu vereiteln. Darauf wurde dem Willen der Gemeinschaft doch Rechnung getragen, indem in Rochester zu einer Neugründung geschritten wurde. So wurde 1850 eine „Universität" für allgemeine litterarische und wissenschaftliche Bildung und ein „Seminar" für die theologische Ausbildung von Predigern gegründet.

Der Konflikt zwischen Hamilton und Rochester hatte mehrere Jahre die Gemüter im ganzen Staate sehr bewegt. Der Streit und sein schließlicher Ausgang, — die Gründung von zwei konkurrierenden Anstalten, wo eine genügt hätte, — waren beklagenswert, aber auch aus der Schwüle des Gewitters läßt Gott oft Segen auf das Land triefen. Männer, die sonst für Erziehungsfragen gleichgültig geblieben wären, wurden zu energischen Gönnern der beiden Anstalten, und man warf sich mit einer Begeisterung, welche weithin Wellen schlug, in die ganze Arbeit der christlichen Ausbildung hinein.

Unter den Trägern dieser Bewegung stehen für uns drei Männer vornan, Thomas J. Conant, Oren Sage und vor allen Zenas Freeman. Conant war einer der ersten Professoren des Seminars, ein Mann von erstaunlicher Arbeitskraft und deutscher Gelehrsamkeit. Sein weiter Blick und seine Fühlung mit Deutschland erweckten sein Interesse auch an den Deutschen in Amerika. Sage war ein wohlhabender Bürger von Rochester, der die Sache des Reiches Gottes und besonders die Ausbildung gläubiger Prediger warm auf dem Herzen trug. Freeman war von 1850 bis zu seinem Tode im Jahre 1859 der korrespondierende Sekretär der Anstalt; er hatte sie nach außen zu vertreten, ihren Unterhalt zu sichern und ihr Studenten zuzuführen. Wie den Beamten der Amerikanischen Traktat=Gesellschaft war auch ihm der anschwellende Strom der deutschen Einwanderung wichtig. Auf seinen Reisen kam er mit den jungen deutschen Baptisten=Gemeinden in Berührung, und so entstand in seinem unter=

nehmenden Geiste der Plan, die neugegründete Anstalt in Rochester auch für die Evangelisierung der deutschen Einwanderer nutzbar zu machen, indem dort Jünglinge aus den deutschen Gemeinden für den Dienst des Evangeliums ausgebildet würden. Conant und Sage unterstützten ihn darin. Bei einigen der leitenden Männer in den deutschen Gemeinden fand er freudiges Entgegenkommen. Fleischmann brauchte seinen Einfluß als Redakteur des „Sendboten" zur Förderung der Sache; auch Rauschenbusch, der damals noch bei der Traktat-Gesellschaft in New York stand, bemühte sich, junge Männer, wie J. C. Haselhuhn, zum Eintritt in die Anstalt in Rochester zu bewegen. So traten denn 1852 eine Anzahl deutscher Jünglinge ein, deren Zahl bis auf elf wuchs. Unter ihnen waren Männer, deren Namen heute einen trefflichen Klang in unserer Gemeinschaft haben: Philipp Bickel, Conrad Bodenbender, Heinrich Fellmann, Jakob S. Gubelmann, Julius C. Haselhuhn, Gerhard Koopmann, Theophilus Kötzli.

Man plante für diese Studenten in der „deutschen Abteilung" einen vierjährigen Kursus. Ihre allgemeinen Studien sollten sie, je nach ihrer Vorbereitung, in der Universität oder in der Vorschule derselben erhalten; ihren theologischen Unterricht in dem englischen Seminar; dies alles englisch. Nur der Unterricht in der deutschen Sprache sollte ihnen deutsch erteilt werden. Sie hatten darin den Vorteil, daß Andreas Henrich, einer der fähigsten Männer, welche unsere Gemeinschaft besessen hat, damals Prediger der kleinen deutschen Gemeinde in Rochester war; und daß einer der Studenten, Philipp Bickel, ein heller Kopf, in der Venderschen Erziehungs-Anstalt in Weinheim in Baden den Anfang einer höheren Ausbildung genossen hatte, ehe die Revolution von 1848 ihn, wie so manche edle deutsche Kraft, nach Amerika vertrieb. Diese beiden erteilten deutschen Unterricht. Doch Bickel ging 1855 von der Schule ab. Henrich verließ 1858 Rochester. Im Jahre 1857—58 unterrichtete Professor Mixer, ein Amerikaner, der noch jetzt Lehrer der neueren Sprachen auf der Universität von Rochester ist, die Schüler allein in ihrer Muttersprache.

Daß dies alles nur ein Notbehelf sei, war klar. Ein junger Schwabe oder Hesse hat vor allem gründlichen Unterricht im Hochdeutschen nötig. Ein Mann, der das Evangelium deutsch predigen soll, muß die Bibel deutsch studieren und sich in deutscher Zunge mit dem Ausdruck der Heilswahrheiten vertraut machen. Und wie soll jemand, der nicht gerade ein Sprachgenie ist, technische und abstrakte Dinge verstehen, wenn sie ihm in einer Sprache vorgetragen werden, die er selbst noch lernen muß? Br. Haselhuhn hat erzählt, wie er eines Abends über der unbegreiflichen englischen Mathematik gesessen habe, bis er sich auf seine Kniee warf, um von Gott den fehlenden Verstand zu erflehen. Als der Morgen durch die Fenster graute, lag er noch auf den Knieen; Gott wird das stumme Gebet des Schlafenden wohl auch verstanden haben. Br. Bickel erzählt, wie der brave Schwabe Häusler zuweilen in heller Verzweiflung ausrief: „I möcht' au' rein davonlaufe." Wirklich haben auch mehrere der damaligen Studenten ihren Kursus nicht vollendet; sie sind „davongelaufen".

Sollte der Unterricht wirklich taugen, so mußte er von einem deutschen Lehrer in deutscher Sprache erteilt werden. Die deutschen Prediger erkannten das von Anfang an recht wohl und sprachen es auf ihrer ersten Konferenz in Philadelphia 1851, als ihnen der Plan einer deutschen Abteilung in Rochester vorgelegt wurde, auch aus. Als die Konferenz 1852 in Rochester tagte, gaben die englischen Brüder das Versprechen, sobald als thunlich wolle man einen deutschen Lehrer anstellen. Es mangelte bei ihnen wohl weniger an Einsicht in die Bedürfnisse der deutschen Studenten als an Mittel. Für die Universität war bei der Übersiedelung nach Rochester ein Fond von $142000 gesichert worden; für das theologische Seminar nichts. Man hatte im ersten Jahre im Seminar 26 Studenten zu unterstützen, zwei Professoren zu bezahlen und nur etwa $1000 in der Kasse. Es war eine Glaubensthat, so anzufangen. Es war ein Zeichen von edelster Opferwilligkeit, daß man unter diesen Umständen die Lasten des Seminars noch vergrößerte, indem man deutsche Studenten zu den englischen hinzurief. Unter diesen Umständen kann man sich kaum wundern, daß die englischen Brüder nicht so rasch bei der Hand waren, einen deutschen Lehrer anzustellen.

Doch die Absicht war da. Schon längere Zeit vor 1857 war man mit Rauschenbusch in Unterhandlung darüber getreten. Daß er unter den damaligen Predigern sich am besten für den Posten eigne, war allen klar. Er zauderte aus verschiedenen Gründen. Seine Nerven hatten unter der angestrengten geistigen Thätigkeit in New York dauernd gelitten; würde er die ebenso aufreibende Arbeit des Unterrichtens ertragen können? Würde die Hilfsfreudigkeit der englischen Brüder standhalten? War ein wirkliches Bedürfnis nach einer solchen Anstalt vorhanden und konnten die wenigen deutschen Gemeinden eine genügende Zahl von Schülern liefern, um die Arbeit zu lohnen? Die leitenden deutschen Prediger teilten diese seine Zweifel.

Im Sommer 1857 lud man ihn ein, auf Kosten der Anstalt der Abgangs-Prüfung beizuwohnen. Man hoffte durch den Eindruck eines persönlichen Besuches sein Interesse zu gewinnen, und mit Recht. Am stärksten zogen ihn die Studenten, deren Bekanntschaft er bei seinem Besuche in Rochester machte. Er sagt: „Sie bewirkten dies mehr durch ihre Blicke als durch ihre Worte." Es waren die hirtenlosen Schafe, die lehrerlosen jungen Geister, die ihn zwangen. Wie eine echte Frau den Muttertrieb hat und sich über hilflose Kinder erbarmen muß, wenn sie dieselben nur sieht, so hatte er den Lehrertrieb, und diese stummen Blicke des Verlangens zogen kräftiger, als alle verständigen Erwägungen. Er nennt besonders Edward C. Austermühl und Heinrich Trumpp, die es ihm so angethan. So wird man diesen beiden Jünglingen einen bedeutenden Anteil an der Gründung des deutschen Seminars in Rochester zuschreiben müssen.

Im September 1857 wurde im „Sendboten" mitgeteilt, daß endlich die langgehegten Wünsche erfüllt seien und daß Br. Rauschenbusch die Lehrerstelle angenommen und bald nach Beginn des Schuljahres eintreffen werde. Doch zog es sich, wie wir schon gesehen, noch ein volles Jahr hin, ehe er im September 1858 die Arbeit antrat.

Der Anfang war klein und gering. Es waren sechs Schüler da, von denen drei, Koopmann, Kötzli und Gubelmann, auch in der englischen Abteilung Unterricht empfingen, und drei andere, Austermühl, Stumpf und Trumpp, nur von ihm unterrichtet wurden. Im Laufe des Jahres kamen noch fünf hinzu, von denen aber nur einer später unseren Gemeinden als Prediger gedient hat. In der Zahl und Qualität der Schüler war also eher ein Rückgang, als ein Aufschwung zu verzeichnen. Das war erklärlich genug; der erste Aufruf zum Eintritt in die Schule hatte die besten Kräfte, die damals in den Gemeinden vorhanden waren, angezogen, und sie waren gefolgt; alle Jahre eine gleiche Zahl von Rekruten zu stellen, dazu waren die Gemeinden noch zu gering an Zahl. Dieser geringe Anfang war eine schwere Gedulds- und Glaubensprobe für die Beförderer der Sache und besonders für den neuen Lehrer. Was er befürchtet hatte, trat ein: die Hilfsbereitschaft der englischen Brüder erlahmte. Jenas Freeman starb wenige Monate, nachdem mein Vater eingetreten war, und damit verlor die Sache ihren wärmsten Freund. Die Finanzlage der Anstalt war eine sehr schwierige; man war verschuldet und dem Bankrott nahe. Freemans Nachfolger, Archibald Servoß, kam bald mit Oren Sage zu Rauschenbusch und machte ihm den Vorschlag, er solle seine Lehrerstelle niederlegen und die deutsche Abteilung eingehen lassen; man wolle ihm trotzdem bis zum Jahresschluß sein Gehalt weiterzahlen. Aber da stieß man auf die deutsche Treue; ohne langes Besinnen lehnte er den Vorschlag entschieden ab, weil es ein Treubruch wäre gegen die deutschen Studenten, welche ihre

Stellungen aufgegeben hätten und auf die Einladung der Anstalt hin gekommen seien. Nach Hebräer 11 sind Glaube und Zähigkeit sehr nahe miteinander verwandt.

Doch schon im nächsten Jahre trat ein besserer Zustand ein; die Zahl der Schüler mehrte sich, und darunter waren mehrere, die später Tüchtiges im Werke des Herrn geleistet haben: E. C. Janzen, R. Piepgras, G. A. Schulte und F. J. Thoms. Auch in den folgenden Jahren wuchs die Zahl der Schüler. Rauschenbusch bereiste die Gemeinden, erklärte den Zweck der Schule, wirkte den Vorurteilen gegen eine theologische Bildung entgegen, gewann das persönliche Vertrauen der Gemeinden, und sprach persönlich mit jungen Männern, welche die Frage ihrer Berufung bei sich erwogen. Bis zum Jahre 1870 schwankte die Zahl der Studenten zwischen zehn und sechzehn. Doch scheint dies im Vergleich mit anderen deutschen Anstalten damals immerhin eine ansehnliche Zahl gewesen zu sein. 1864 beklagte z. B. eine lutherische Zeitung, daß in ihrem Seminar in Gettysburg, trotzdem es schon zwanzig Jahre bestehe, nur so wenig deutsche Studenten seien, während von dem Seminar der Baptisten in Rochester in den wenigen Jahren seines Bestehens schon 15 Prediger ausgegangen seien. Nach 1870 stieg die Zahl auf mehr als zwanzig. 1874 wurden es 31. Am Schluß seiner dreißigjährigen Wirksamkeit waren es 46; doch ist bei dieser größeren Zahl zu bedenken, daß die Schulzeit mittlerweile von drei auf fünf Jahre verlängert worden war, so daß nun mehr Jahrgänge von Studenten zusammengezählt wurden.

Der Unterricht, den er seinen Schülern erteilte, war von Anfang an ein äußerst praktischer und einfacher. Man hätte vielleicht erwarten können, daß ein Lehrer, der selbst das Beste, was deutsche Gelehrsamkeit bieten konnte, genossen hatte, nun versuchen werde, seinen Schülern dieselbe Gelehrsamkeit aufzunötigen. Im Gegenteil, es ist die Frage, ob man einen anderen Lehrer hätte finden können, der so ganz auf den Reiz der Gelehrsamkeit verzichtet und sich so sehr den wirklichen Bedürfnissen seiner Schüler angepaßt hätte. Gerade die gründlichste Bildung ist am einfachsten; sie kann es sein, denn sie hat ihren Stoff wirklich verarbeitet. Dagegen die Halbbildung hat am Klappern ihrer Mühle Vergnügen und zeigt gern, wie herrlich weit sie es gebracht hat.

Von allen Schülern, die er im Laufe der Jahre gehabt hat, waren nur wenige über die Elementar-Schule hinausgekommen, als sie bei ihm eintraten. Viele waren in früher Jugend schon mit ihren Eltern ausgewandert, hatten ihren deutschen Volksschul-Unterricht abbrechen und in den öffentlichen Schulen Amerikas ihre Ausbildung englisch fortsetzen müssen. Sie konnten dann oft beide Sprachen nur unvollkommen lesen und schreiben. Noch andere hatten nur englischen Volksschul-Unterricht gehabt, hatten nur im Elternhause mangelhaft Deutsch sprechen und in der deutschen Sonntagsschule etwas Deutsch lesen gelernt. Er hat Schüler gehabt, die kein Wort deutsch schreiben konnten. Gar viele verwechselten „mir" und „mich" wie weiland Papa Wrangel. Hätten sie Mein und Dein ebenso oft verwechselt, sie wären nie hinter Schloß und Riegel fortgekommen. Ich habe ihn nie über sein hartes Los klagen hören, daß er sich mit solch elementaren Dingen abgeben müsse; er sah, was not that, und strebte unverdrossen, seinen Schülern ein einfaches, richtiges Deutsch beizubringen. Er lehrte sie Weltgeschichte, damit sie die Vergangenheit der Menschheit kennen lernten, und Naturgeschichte, damit sie die Welt um sich verständen. In der Geographie beschränkte er sich auf Palästina und das römische Reich, damit sie die Bibel verständen, und auf Deutschland und die Vereinigten Staaten, um der Gegenwart willen.

Der theologische Unterricht lief von Anfang an neben dem vorbereitenden Unterrichte her, so daß sie zu allen Zeiten beides hatten. Bei weitem am meisten Zeit verwendete er auf die Bibel. Ein Jahr lang wurde das Alte Testament betrachtet; zwei Jahre lang das Neue. Einzelne wichtige Stellen wurden eingehender erklärt, aber die ganze Bibel sollte ihrem Inhalt nach den Schülern bekannt werden. Er gab ihnen lange Abschnitte zum Durchlesen auf, und sie mußten über den Inhalt in der Klasse berichten. Auf die Kirchengeschichte verwendete er zwei Jahre, auf die Glaubenslehre nur ein Jahr. Man sieht, wie sein Interesse dem Konkreten, Geschichtlichen zugewendet war.

Als in späteren Jahren die Lehrkräfte sich mehrten und die Schüler in verschiedene Klassen eingeteilt werden konnten, wurde natürlich auch der Lehrstoff vielseitiger und detaillierter. In jenen ersten Jahren, als Rauschenbusch die ganze Fakultät war, mußte er alles unterrichten. Daß er sich von diesen Schwierigkeiten nicht erdrücken ließ, sondern mit sicherer Hand für sich und seine Schüler einen Weg durch den Urwald bahnte, ist ein Beweis nicht nur für seine Lehrgabe, sondern auch für sein Organisations-Talent.

Wie gesagt, allmählich mehrten sich die Lehrkräfte. So viel ich weiß, war sein erster Gehilfe August Döring, der älteste Sohn seiner Schwester Lina, der nach Beendigung seiner Universitätsstudien eine Besuchsreise nach Amerika machte. Er war im Winter 1859—60 längere Zeit meines Vaters Gast und half ihm beim Unterrichten. Er ist später Gymnasial-Direktor in Dortmund und Professor der Philosophie an der Universität in Berlin geworden und ist ein fruchtbarer und bedeutender philosophischer Schriftsteller. Im Jahre 1868—69, während Rauschenbusch in Deutschland war, vertrat ihn Herr Hermann Künzel, ein junger deutscher Philologe, der aber nur in allgemeinen Fächern und nicht in Theologie unterrichtete. Im Jahre 1870 und 1871 zog er zwei tüchtige und erfahrene deutsche Lehrer in Rochester, Pfäfflin und Reichelt, zur Aushilfe heran, besonders zum Unterricht in der deutschen Sprache und im Griechischen. In späteren Jahren sind eine ganze Reihe von Hilfslehrern dagewesen; leider mußte wegen der beschränkten Mittel oft genommen werden, was sich billig bot, und wirklich gute Kräfte konnte man nicht lange behalten. Einer der besten derselben war Herr Gustav Ebmeyer, der schon längere Zeit in Deutschland Gymnasiallehrer gewesen war; seine Schüler rühmen ihn als einen strengen, aber erfolgreichen und kenntnisreichen Lehrer.

Ein wichtiger Schritt in der Entwickelung der Anstalt geschah auf der Bundes-Konferenz im Jahre 1871, als die Anstellung eines zweiten Lehrers und eine entsprechende Erweiterung des Lehrplans genehmigt wurde. Die wachsende Zahl der Schüler und die steigenden Anforderungen an ihre Ausbildung hatten dies schon längere Zeit wünschenswert gemacht. Um die Ausführung dieses Schrittes haben sich besonders zwei Männer verdient gemacht, Jakob S. Gubelmann und Philipp Bickel. Die meisten Freunde der Anstalt freuten sich über ihr Gedeihen, ließen es aber im ganzen bei dem Guten, das schon vorhanden war, bewenden. Diese beiden dagegen waren von der Wichtigkeit einer besseren Ausbildung wirklich durchdrungen und warfen im „Sendboten" und auf den Konferenzen beherzt ihren Einfluß in die Wagschale für die Vervollkommnung der Anstalt.

Als sich im Dezember 1871 das Schul-Komitee versammelte, um die Beschlüsse der Bundes-Konferenz zur Ausführung zu bringen, einigte es sich, auf Rauschenbuschs Vorschlag, zur Wahl seines früheren Schülers Hermann Moritz Schäffer, des erfolgreichen Predigers der Ersten Gemeinde in New York. Er sollte den Unterricht in den allgemeinen Fächern übernehmen, damit Rauschenbusch sich mehr auf den theologischen Unterricht beschränken könne. 1877 wurde die Schulzeit von drei auf vier Jahre verlängert. 1879 wurde der vorbereitende Teil des Lehrganges vervollkommt und von den theologischen Studien fester abgegrenzt durch die Organisation der „deutsch-amerikanischen Akademie", in welcher außer den Studenten, die sich auf das Predigtamt vorbereiteten, auch andere Söhne deutscher Eltern eine deutsche und christliche Erziehung empfangen sollten.

Auf der Bundes-Konferenz im Herbste 1883 geschah wieder ein wichtiger Schritt vorwärts durch die Wahl eines dritten Lehrers. Jakob Samuel Gubelmann, Prediger der Ersten Gemeinde in Philadelphia, dessen gediegene geistige

Arbeit als Prediger und dessen ernste Frömmigkeit in hohem Maße das Vertrauen der Gemeinschaft gewonnen hatten, wurde dazu ausersehen. Freilich stellten sich der Ausführung des Beschlusses bedeutende finanzielle Hindernisse in den Weg, doch wurden dieselben zum Teil dadurch beseitigt, daß Rauschenbusch sich erbot, ein Drittel seines Gehaltes zur Besoldung des neuen Lehrers abzutreten. So trat Professor Gubelmann im Herbste 1884 sein Amt an. Zugleich wurde der Lehrgang auf fünf Jahre erweitert, die zur Hälfte den vorbereitenden Studien gewidmet werden sollten. Rauschenbusch hatte schon früher einen Teil des neutestamentlichen und homiletischen Unterrichtes an seinen Kollegen Schäffer abgetreten. Jetzt wurde der theologische Unterricht so verteilt, daß Professor Schäffer das Neue Testament, Apologetik und Gemeindeleitung übernahm, Professor Gubelmann Dogmatik, Ethik und Homiletik unterrichtete, und Professor Rauschenbusch das Alte Testament und die Kirchengeschichte beibehielt. Bei dieser allmählichen Abzweigung des Unterrichts war, soviel ich weiß, der leitende Gesichtspunkt der, daß der erfahrenere Lehrer seinen neuen Kollegen jedesmal die Fächer abtrat, auf welche das Predigtamt ihnen schon am meisten als Vorbereitung gedient hatte, und diejenigen Fächer behielt, für welche man die nötige Sachkenntnis meist nur als Lehrer gewinnen kann.

Als Rauschenbusch 1890 schließlich Rochester und Amerika verließ, verursachte sein Fortgehen noch eine letzte Erweiterung der Lehrkräfte, indem seine frühere Arbeit an zwei Männer verteilt wurde. Albert J. Ramaker, der schon ein Jahr lang mit Erfolg der Akademie vorgestanden hatte, übernahm dazu den Unterricht in der Kirchengeschichte und Lewis Kaiser, Prediger der Ersten Gemeinde in Rochester, den Unterricht im Alten Testament. Die Hinzuziehung dieser jungen Kräfte hat sich gut bewährt, und die Anstalt hat jetzt vier theologische Lehrer nebst einem Hilfslehrer, und einen Lehrgang von sechs Jahren, von denen die letzten drei ganz den theologischen Studien gewidmet werden.

So entwickelte sich allmählich und naturgemäß das Seminar an Zahl der Schüler und Lehrer, an Länge der Lehrzeit und an Umfang des Lehrstoffes. Zugleich entwickelte es sich auch an äußeren Mitteln, und auch darüber gebührt sich ein Wort. Die Hauptsache in einer Schule ist freilich die lebendige und gebildete Persönlichkeit der Lehrer, der erweckende und befruchtende Einfluß, den sie auf den Geist ihrer Schüler ausüben. Sokrates hat vorzüglich Schule gehalten, während er in den Straßen von Athen spazieren ging. Präsident Garfield sagte einmal, er könne sich keine bessere Universität wünschen, als wenn er auf einem Ende eines Baumstammes sitze und der berühmte Lehrer Mark Hopkins auf dem anderen. Doch die äußere Einfassung der Seele einer Schule zählt auch mit, das tägliche Brot für Lehrer und Schüler, gesunde Wohnung, helle Lehrzimmer, geeignete Bücher, Landkarten und andere Lehrmittel. Die Seele muß ihren Leib haben.

Als Seminar und Universität im Jahre 1850 in Rochester gegründet wurden, wurde das United States Hotel an der Buffalo Straße (jetzt West Main Straße) für $9000 als Wohnsitz für beide gekauft. Es stand nahe beim Landungsplatz des Erie-Kanals und solange derselbe die Hauptverkehrsstraße durch den Staat New York bildete, war das Hotel den Reisenden bequem. Als jedoch später eine Eisenbahn gebaut wurde und den Personenverkehr übernahm, stand das Hotel abseits und so verkaufte es der Besitzer und es wurde ein Wirtshaus neuer Art, wo jungen Reisenden Ideen und Kenntnisse kalt und warm zu jeder Tageszeit serviert wurden. Hier zog auch die junge deutsche Abteilung ein; einige der Schüler hatten Zimmer in dem Gebäude; andere mieteten sich anderswo in der Stadt ein; einige waren verheiratet und mußten auch für Weib und Kind ein Unterkommen und Auskommen finden. Dem Lehrer waren $600 als Gehalt versprochen worden, er erhielt aber in der Geldnot der ersten Jahre nur $400—450 und mußte sich durch schriftliche Arbeiten für die Traktat-Gesellschaft das Nötige hinzuverdienen.

Einige der Schüler wurden von den englischen Erziehungs-Gesellschaften von New York, New Jersey, Pennsylvanien und Connecticut unterstützt; sie erhielten $70—80 für das Schuljahr von November bis Juli. Andere waren auf die Hilfe der deutschen Gemeinden angewiesen, die aber im Anfang sehr kärglich war. 1859—60 trugen dieselben $138.50 bei; 1861—62 stiegen die Gaben auf $400. Glücklicherweise waren anfangs die Preise der Lebensmittel billig; man konnte für $8 den Monat Zimmer mit Kost und Wäsche haben. Aber während des Bürgerkrieges, besonders nach 1862, verdoppelten sich die Preise der Lebensmittel, und es war viel Not auch unter den Studenten. Damals wandte sich mein Vater an seine alten Freunde in Kanada, die von den Kriegssteuern verschont blieben, und nicht vergeblich. Später wurde die Versorgung der Studenten mehr geregelt und reichlich; die jährliche Unterstützung belief sich auf $175 für jeden, doch ist hierbei wohl zu bedenken, daß dies zu einer Zeit war, als der Kaufwert des Geldes gering war.

Der erste Schritt zur finanziellen Sicherung der deutschen Abteilung geschah 1864 durch Präsident Ezekiel G. Robinson. Wie dieser hochbedeutende Mann, der auf das theologische Denken und auf die Predigtweise der amerikanischen Baptisten wohl einen tieferen Einfluß ausgeübt hat als irgend ein anderer Mann in seiner Generation, später an seinen Erfolg in der Sicherung der deutschen Abteilung zurückgedacht hat, sagt er in seiner Autobiographie: „Ich denke an keinen anderen Dienst, den ich geleistet habe, mit mehr Befriedigung zurück, als daran, daß ich von dem frommen und weitherzigen J. B. Hoyt in Stamford, Connecticut, $20000 als Anfang zur Dotierung des Lehrstuhls von Professor Rauschenbusch erlangte. Es geschah dies zu einer Zeit, als wir uns aufs äußerste bemühten, eine Fundierung für uns selbst zu sichern, aber ich bezweifele, ob irgend welche Gelder je einem würdigeren Zweck als dem, für welchen Mr. Hoyt damals seine $20000 gab, gewidmet worden sind. Professor Rauschenbuschs dreißigjährige Wirksamkeit in Rochester ist ein Teil in einem der interessantesten Abschnitte der Geschichte der Baptisten in Amerika."

Die Universität und das Seminar waren bis zum Jahre 1861 in dem alten Hotel zusammengeblieben, dann erwarb sich die Universität ihr gegenwärtiges prächtiges Grundstück und erbaute ein großes Lehrgebäude. Das Seminar blieb bis 1869 in dem alten Gebäude und zog dann in die neu errichtete Trevor Hall, in der sich auch Wohnzimmer für viele der Studenten befanden. Doch mit dem Wachsen der Schülerzahl reichten diese Zimmer nicht mehr aus, und nur ein kleiner Teil der deutschen Studenten konnte hier Unterkunft finden. Die meisten mieteten sich bei Privatfamilien ein oder hausten in ihren Zimmern für sich. Ihre Stuben waren oft niedrig und ungesund. Über die Nahrung, mit der sie sich selbst beköstigten, laufen noch mancherlei Sagen um von Wurst-Enden, Welschkornbrei und altertümlichen Eiern. So kam es zu dem Beschluß, eine „Studentenheimat" zu kaufen, in der die Studenten gemeinschaftlich wohnen könnten. 1874 wurde ein schönes Grundstück an der Alexanderstraße, das früher einem Damenpensionat gedient hatte, für $20000 gekauft und fortan trat ein gemeinschaftliches Anstaltsleben an Stelle der früheren Junggesellenfreiheit. Sechzehn Jahre später wurde das mittlerweile baufällig gewordene alte Gebäude niedergerissen und die jetzige geräumige Studentenheimat mit einem Kostenaufwand von $37000 errichtet. Als mein Vater 1890 von Rochester schied, sah er die alte „Heimat" in Trümmer sinken; die neue hat er nicht mehr gesehen. Der letzte Schritt zur finanziellen Sicherung der deutschen Anstalt, die Fundierung der Lehrerstellen mit $100000, wurde gethan, als er schon in Deutschland lebte, und er konnte nur von ferne das Unternehmen mit seinen Wünschen und Gebeten begleiten.

Die treibende Kraft bei diesen drei wichtigen Schritten, der Erwerbung des Eigentums, dem Bau eines neuen Hauses und der Fundierung der Lehrerstellen, war sein Kollege

Professor Schäffer. Derselbe hatte sich als Jüngling Geschäftserfahrung gesammelt und war durch großen Unternehmungsgeist und unverwüstliche Beharrlichkeit ganz dazu veranlagt, als Geschäftsmann Erfolge zu erringen. Wenn er kolportierte, mußten die Leute kaufen. Schon als Student sammelte er während der Ferien auf eignen Antrieb die Mittel, um in New Haven eine Kirche zu bauen. Als er in New York Prediger war, baute er auch dort eine für die damaligen Verhältnisse großartige Steinkirche. Dasselbe Interesse für das äußerlich Notwendige, dieselbe Freudigkeit zu wagen, was anderen fast unmöglich schien, dieselbe Zähigkeit in der Durchführung seiner Pläne trug er auch in seine Arbeit für das Seminar hinein. Mein Vater hätte das nie gekonnt. Er wäre überhaupt wohl gar nicht darauf gekommen, solche Schritte zu unternehmen. Es war seine Art, sich in die äußerlichen Verhältnisse zu schicken, wie sie nun einmal waren, und darin sein Bestes zu leisten. Er hatte einfach kein Auge für die Mittel, reich zu werden. In all seinen Tagebüchern und Briefen habe ich keine Notiz gefunden, die darauf hinwies, daß er je geplant hätte, Geld anzulegen, zu spekulieren oder reich zu werden. So ging ihm das auch in seiner Arbeit für die Anstalt ab, und es war für dieselbe von großer Bedeutung, daß sein erster Kollege dies so vollständig ersetzte.

Dieser Unterschied zwischen den beiden war so in die Augen springend, daß sich vielleicht durch den Kontrast die Meinung gebildet haben mag, Professor Schäffer habe alle praktischen Eigenschaften gehabt und Rauschenbusch sei der unpraktische Gelehrte gewesen. Das entspricht, glaube ich, den Thatsachen auch nicht. In äußerlicher Geschicklichkeit war er freilich unbeholfen und in manchen Gebieten des Geschäftslebens war er ganz unwissend, aber ein tiefsinniger Träumer war er durchaus nicht. Sein Sinn war auf das Praktische gerichtet, und er hat für die Zwecke, die ihn überhaupt interessierten, mit besonnenem Blick die richtigen Mittel gefunden. Man erinnere sich, wie er die Kolporteure der Traktat-Gesellschaft angestellt und geleitet hat; wie er einer der allererſten war, die für die Pflege und den Schutz der Einwanderer in New York geſorgt; wie er 1853 in Bremen die Bedürfniſſe der Auswanderer erkannt und praktiſche Vorſchläge darüber gemacht; und wie er in ſeiner Lehrmethode in Rocheſter ſich den Verhältniſſen ſo weislich angepaßt hat. Die Gelder für die Unterſtützung der Studenten gingen von Anfang an durch ſeine Hand, auch noch längere Zeit, nachdem Profeſſor Schäffer ſchon ihm zur Seite ſtand. Seine Buchführung war die allereinfachſte, aber ich habe nie gehört, daß über den Verbleib oder die Verwendung der Gelder je Frage oder Klage geweſen wäre. In den erſten dürftigen Jahren hat er die ausgedehnten Bekanntſchaften, die er im Dienſt der Traktat-Geſellſchaft angeknüpft hatte, benutzt, um für ſeine Studenten zu ſammeln; während der Kriegsjahre hat er auch ſeinen eignen Gehalt kollektieren müſſen, was ihm ſchwer ankam. Mancher Student kann erzählen, wie ſein alter Lehrer nicht bloß ein Herz, ſondern auch ein offenes Auge für ſeine äußere Not gehabt und Mittel zur Hilfe gefunden hat.

Das Seminar war nicht die Schöpfung eines Mannes, ſondern es erwuchs aus dem Leben einer ganzen Gemeinſchaft. Die Gemeinden haben es mit ihren Opfern und Gebeten getragen. Sie haben ihre Söhne, das wertvollſte Produkt ihres geiſtlichen Lebens, der Anſtalt übergeben. Die beſten Männer der Gemeinſchaft haben als Glieder des Schul-Komitees ihre Zeit und Kraft der Leitung und Verwaltung geſchenkt. Als die Reihen der Prediger ſich immer mehr mit früheren Schülern von Rocheſter füllten, haben dieſelben durch ihre Loyalität und Liebe die Anſtalt geſchützt und gefördert. Doch waren manche ihrer wärmſten Freunde Männer, die ſelbſt nie eine derartige Ausbildung genoſſen hatten, z. B. Gayer, der in ſeinem Alter bei ſeinen Geburtstagsfeſten öfters Kollekten erhob für die Schule in Rocheſter. Die Anſtalt hat angefangen, ehe Auguſt Rauſchenbuſch ihr Lehrer wurde; ſie lebt fort, nachdem er seine Arbeit niedergelegt hat. Und trotzdem sind sein Name und das Seminar so eng miteinander verwachsen, daß sie dem Blick beinahe identisch sind und daß der Anfang der Anstalt gewöhnlich einfach von dem Jahre 1858 datiert wird, in welchem er seine Arbeit antrat.

Die Pflege dieser Anstalt und der befruchtende Einfluß, den er auf seine Schüler ausgeübt hat, ist das Haupterbe, welches er der Gemeinschaft hinterlassen hat. Er hat, wie wir später sehen werden, auch auf andere Weisen ihr Leben und Denken beeinflußt, aber die lebendigen Männer, die er ihr als Führer und Vorkämpfer geliefert hat, sind mehr als alles andere. Ihm hat in großem Maße die Gemeinschaft der deutschen Baptisten ihre gesunde Lehre, ihre nüchterne Frömmigkeit, ihr Freisein von Schwärmerei und krankhafter Gefühlsaufregung, die Schlichtheit und Geradheit ihres Gemeinschaftslebens zu danken. Und dem Seminar dankt sie in etwa auch ihre Einheit. Unsere Gemeinden sind autonom; jede ist eine unabhängige Republik; kein Bischof oder Konsistorium hält sie zusammen; die Konferenzen und Vereinigungen sind freie Verbände, die keine rechtliche oder gesetzliche Autorität über die Gemeinden besitzen. Die Kräfte, die uns bisher zusammengehalten haben und vor Zersplitterung bewahrt, sind lediglich geistlicher Art: die Einheit des Glaubens, die gemeinschaftliche Arbeit, die Zugkraft der brüderlichen Liebe und Gewöhnung. Wer kann berechnen, wie sehr diese Kräfte durch die Schule in Rochester gefestigt worden sind? Dort haben die zukünftigen Prediger den einheitlichen Typus der Lehre empfangen, die Gemeinschaft als Gesamtheit kennen gelernt, und die Freundschaftsbande geknüpft, welche sie später zusammengehalten und gefördert haben. Es wäre interessant, wenn man wüßte, inwiefern die äußere Geschichte und die innere Entwickelung der Gemeinschaft sich anders gestaltet hätten, falls das Seminar nie gegründet worden wäre und unsere Gemeinschaft, wie einige andere, ohne eine derartige Ausbildung ihrer Prediger sich beholfen hätte.

Es ist in dieser Arbeit, wie in jeder anderen, die Hohes erstrebt, nicht ohne Fehlschlag und Enttäuschung abgegangen. Besonders in den ersten Jahren wurde eine Anzahl junger Männer aufgenommen, die später keine Prediger geworden sind. Doch alles in allem ist der Prozentsatz des Verlustes überraschend klein; er ist am größten bei denen, welche die kürzeste Zeit auf der Schule ausgeharrt haben. Daß diese Mißerfolge meinen Vater oft bekümmert haben, spricht sich in den Worten aus, mit denen er gegen den Schluß seines Lebens einen Artikel über die Anfänge des Seminars schließt („Sendbote" vom 20. November 1895): „Wenn ich jetzt nach so langer Zeit und aus einem anderen Erdteil auf meine dreißigjährige Wirksamkeit in Rochester zurückblicke, so finde ich große Ursache, Gott dafür zu danken, daß Er mich gewürdigt hat, so vielen von Ihm berufenen und gesegneten Predigern die Hand zu bieten zur Vorbereitung für ihr künftiges Amt. Daneben aber finde ich auch Grund genug, mich beschämt vor Gott zu beugen im Hinblick auf das Gute, das ich auf sehr unvollkommene und mangelhafte Weise gethan habe, und auf das noch viel mehr Gute, das ich hätte thun sollen und nicht gethan habe. Insonderheit klage ich mich an, daß ich so manche unwürdige Menschen zur Schule zugelassen habe und manchen untreuen jungen Brüdern ihre Fehler nicht nachdrücklich genug vorgehalten habe; ferner darüber, daß ich manche schwache und zagende nicht kräftiger getröstet und ermutigt, überhaupt nicht genug Seelenpflege geübt habe. Denn die sollte ein christlicher Lehrer an seinen Schülern üben. Ich habe dieserhalb den Herrn oft um Vergebung gebeten und bitte hiermit auch meine früheren Schüler, mir zu verzeihen, was ich gegen sie gefehlt habe."

Diese Darstellung seiner Arbeit in Rochester möge schließen mit den bewegten Worten, die sein Kollege Schäffer ihm bei seinem Abschied aus Amerika im „Sendboten" nachrief: „Er ist wirklich nicht mehr da, der unermüdliche, treue, gerade Lehrer, Freund und Ratgeber, der Gründer unserer Schule, der wohl mehr wie irgend einer als der Vater des gemeinsamen Werkes der deutschen Baptisten Amerikas anzusehen ist, der am längsten Stand gehalten hat! Wie lebhaft wird doch die Lücke empfunden! Wie manchen guten Rat, wie viele treue Ermahnungen und welch ein ungeheures Gebiet schätzenswerten Wissens müssen die Schüler entbehren!"

Sechzehntes Kapitel.
Ein Lehrer von Gottes Gnaden.
1858—1890.

Als das Seminar in Rochester im Mai des Jahres 1900 sein fünfzigjähriges Jubiläum feierte, schilderte der Präsident der Anstalt, Dr. A. H. Strong, die Männer, welche in der Vergangenheit von größter Bedeutung gewesen waren, und entwarf dabei auch ein liebevolles und ehrendes Bild des Seniors der deutschen Abteilung. Er erzählte, ein Freund habe einmal den Schriftsteller Charles Lamb gefragt, ob er je Coleridge, den berühmten englischen Philosophen, habe predigen hören. Lamb antwortete, er habe ihn nie etwas anderes thun hören als predigen. So könne man auch von Professor Rauschenbusch sagen, er hätte nie etwas anderes gethan als lehren. Er konnte nicht anders als lehren.

Er war in der That ein echter Lehrer, nicht aus Berufszwang, sondern aus Lust, nicht aus allmählicher Gewöhnung bloß, sondern das Lehren saß ihm in den Knochen. Es war ein Erbteil seiner Familie, besonders seines pädagogisch berühmten Vaters. Im vorigen Kapitel ist dargelegt, unter welchen Verhältnissen er seine Lehrarbeit gethan und was sie gefruchtet; es wird nicht überflüssig sein, noch zwanglos zu schildern, wie er nun lehrte.

Ich sehe ihn noch, wie er des Morgens zur Schule ging, die Bücher unter dem Arm, den Kopf gesenkt, mit langen, unregelmäßigen Schritten, in Gedanken versunken, das Bild eines deutschen Gelehrten, von seinen amerikanischen Freunden mit Lächeln, aber auch mit Ehrfurcht betrachtet. Ein Knabe, der mich nicht kannte, sagte mir einst, der Mann da vorne sei der gelehrteste Mann in der Stadt.

Der Unterricht fing in den ersten Jahren mit einer Morgenandacht an, wobei er einen Bibelabschnitt erklärte und praktisch anwendete. In späteren Jahren wurde die Andacht von den Lehrern abwechselnd gehalten. Beim Unterricht saß er, oder er stand, die Arme auf das Pult gelehnt, mit vorgebeugtem Oberkörper. Seine Gestalt war hoch und stark gebaut, aber hager; der Kopf besonders lang von vorne nach hinten; die Stirne hoch und schräg; Kinn und Backenknochen stark entwickelt. Seine graublauen Augen schauten scharf unter den buschigen Augenbrauen hervor mit einem durchdringenden Blick, dem auch Unschuldsbewußtsein und Selbstbeherrschung nicht immer Stand hielten. Sein Gesicht machte auch in der Ruhe den Eindruck geistiger Bedeutung; war er beim Gespräch oder Vortrag animiert, so wurden seine Züge sehr lebhaft und fesselnd.

Er diktierte viel aus dem Stegreif, und seine Sätze waren immer klar, abgerundet und zusammenhängend im Gedankengang. Er hielt seine Schüler dazu an, die Diktate möglichst wortgetreu wiederzugeben, hauptsächlich damit sie sich dadurch einen Schatz korrekter deutscher Wendungen einprägten. Auch mußten sie viel auswendiglernen aus der Heiligen Schrift und dem Schatz geistlicher Poesie und haben ihm das später gedankt. Er fragte gerne hin und her und liebte prompte und klare Antworten. Wie schon dargelegt worden ist, wurde sein Unterricht sehr erschwert durch die Verschiedenartigkeit seiner Schüler; sie waren ungleich an natürlicher Begabung, an Alter, Reife und Auffassungskraft. Neben dem Familienvater von vierzig Jahren, langsam aber gereift durch Lebenserfahrung, saß vielleicht ein Jüngling von achtzehn mit raschem Gedächtnis aber unfertigem Charakter. Auch die Vorbereitung war sehr ungleich, viel

Schule und wenig Schule, deutsche Schule und englische
Schule; — sie waren alle vertreten. Unter solchen Umständen
war ein einheitlicher Unterricht, wie er auf einem deutschen
Gymnasium gegeben werden kann, unmöglich. Der Lehrer
mußte sich fortwährend den einzelnen Fällen anpassen, den
geförderten Schülern die Markknochen vorlegen und die
schwachen mit Kraut füttern, bis sie stärker geworden waren.
Und bei allem Anpassen kamen ihm seine Fragen zuweilen
leer zurück, wie Noahs Vögel. Es wird erzählt — die
Wahrheit der Sage garantiere ich nicht — daß er einst in
den ersten Jahren fragte: „Br. A., wer war Savonarola?"
Br. A. suchte in allen Zellen seines Gehirns, aber alles war
wüste und leer. Hilfeflehend schaute er seinen Nachbar an,
einen Jungen, dem der Schelm im Nacken saß, und es wurde
ihm auch eine Antwort zugeflüstert. Freudestrahlend gab sie
Br. A. an den Lehrer weiter: „Savonarola war ein
italienischer Räuberhauptmann." Doch würde man sich sehr
täuschen, wollte man diese Schüler geringschätzen. Manche,
gerade von den langsamen, sind später treffliche Seelenhirten
und weise Leiter ihrer Gemeinden geworden, deren Namen
nicht bloß im Himmel, sondern auch in dankbaren Menschenherzen angeschrieben sind. Und manche andere hatten neben
edlem Fleiß und Eifer auch vortreffliche natürliche Gaben.
Herr Ebmeyer, dessen Arbeit als Hilfslehrer im vorigen
Kapitel erwähnt wurde, ist jetzt Redakteur eines deutschen
Tageblattes in Chicago. Er versicherte mir vor einiger Zeit,
nicht nur daß seine zwei Jahre in der deutschen Studentenheimat in Rochester die glücklichsten Jahre in Amerika
gewesen seien, sondern auch, daß er die höchste Achtung vor
dem Fleiß und der Leistungsfähigkeit der Schüler habe; sie
machten in einem Jahre so viele Fortschritte wie der Durch-
schnittsgymnasiast in Deutschland in zweien.

Im ganzen war „der alte Professor" ein strenger
Lehrer. Er forderte stete Aufmerksamkeit und Hingabe an
die Sache. „Nun nimm dich zusammen," war eine seiner
Lieblingsermahnungen. Gelobt wurde selten, aber auf einen

geweckten Schüler war er hinter dessen Rücken sehr stolz und sprach freudig seine Hoffnungen über ihn aus. Faselte jemand, so lautete das dürre Urteil: „Das war aber schwach." Verrannte man sich in eine falsche Idee, so war man „ganz auf dem Holzweg." Bloße Phrasen und Prunken mit Brocken von Gelehrsamkeit konnte er ebensowenig leiden wie geschniegelte Eleganz in der äußeren Erscheinung. Von seiner Abneigung gegen letztere ist mir folgendes Stückchen erzählt. Einst hatte er seine Schüler zu sich ins Haus bestellt, um mit ihnen in ein naturwissenschaftliches Museum zu gehen. Da bemerkt er, daß Br. X. mit Glaceehandschuhen und Cylinder angekommen ist. Nach einem Weilchen, gerade ehe sie gehen, sagt er plötzlich: „Ach Br. X., ich habe hier noch den Schiebkarren, der in die Studentenheimat gehört. Sei doch so gut und bringe ihn eben in die Heimat und komme uns dann nach." Und Br. X. mußte den Schiebkarren mit seinen Glaceehandschuhen anfassen und fortfahren, natürlich unter dem stillen Vergnügen seiner Kameraden.

Es darf nicht verschwiegen werden, daß seine Schüler oft ebensosehr mit ihrem Lehrer Geduld haben mußten, wie er mit ihnen. Die schwere Krankheit seiner Studentenzeit und die aufreibende geistige Thätigkeit in Altena und New York hatten seine Nerven dauernd angegriffen. Beim Zuschlagen einer Thür oder dem Hinfallen eines Buches schrak er oft so zusammen, daß seine Hände bebten und er die Fassung verlor. Derbere Naturen verstanden das nicht und hielten es einfach für Sonderbarkeit. Er litt aus demselben Grund viel an Schlaflosigkeit und Kopfweh, und die schlaflosen Nächte hatten trübe und gedrückte Tage zur Folge. Er war oft reizbar, und seine Schüler mußten darunter leiden. Hatte er aber in augenblicklicher Verstimmung und Ungeduld ungerecht oder zu scharf getadelt, so kam es nicht selten vor, daß er nachher öffentlich seinen Fehler bekannte und den Betreffenden um Vergebung bat. Das hat auf manche seiner Schüler einen unauslöschlichen Eindruck gemacht, ihre Verehrung für ihn vertieft und ihnen eine wertvolle sittliche Lehre ins Leben mitgegeben. In späteren Jahren, wenn Husten und andere Schwächen des Alters ihn quälten, stellte er zuweilen große Anforderungen an die Nachsicht seiner Schüler, vielleicht mehr als die Jugend, die selbst noch nicht gelitten hat, zur Zeit ihm gönnte. Aber später werden seine Schüler beim Rückblick auf seine Schwäche und auf das, was er trotzdem geleistet, gefühlt haben, daß sein Leben doch stets ein tapferes und hilfreiches war.

Sein Unterricht entbehrte im ganzen den hinreißenden Flug der Einbildungskraft und Beredsamkeit und auch die eindringende Konsequenz des spekulativen Denkers. Nur zuweilen in der Kirchengeschichte riß er seine Zuhörer begeistert mit sich fort. Sein Hauptvorzug war der große Umfang seiner Kenntnisse und die absolute Klarheit, mit welcher er dieselben mitzuteilen wußte. Er war ein Lehrer von Thatsachen, mehr als von Ideen. Er liebte und schätzte eine Thatsache als solche, auch wenn keine gewichtige Folgen daraus nachgewiesen werden konnten. Deshalb hat er viel mehr Gewicht auf Bibel und Kirchengeschichte, als auf Dogmatik gelegt; die Thatsachen der Heilsgeschichte waren ihm das erste. Nicht als ob er die Glaubenslehre gering geschätzt hätte; die Hauptsätze der Dogmatik galten ihm auch als Thatsachen, an denen nicht gerüttelt werden durfte. Er sah es gerne, wenn ihm im Unterricht verständige Fragen gestellt wurden, die selbständiges Nachdenken verrieten, aber auf Disputieren ließ er sich nicht ein; dann wurde durch ein Machtwort der Sache ein Ende gemacht. Vorwitz oder Scherz konnte er überhaupt nicht leiden. Der Humor ging ihm nicht ganz ab; er konnte eine komische Anekdote mit viel Ergötzen erzählen oder hören, aber der Grundton blieb durchaus ernst. Durch den biblischen Unterricht ging ein steter Hauch von Ehrfurcht vor der göttlichen Offenbarung. Mit Vorliebe betrachtete er die Leidensgeschichte Jesu und suchte die Stimmung der Schüler schon vorher dafür vorzubereiten.

Abgesehen von den theologischen Fächern unterrichtete

er besonders gerne in der Weltgeschichte und Botanik. Er hatte ein wirklich bewundernswertes Gedächtnis für die historischen Thatsachen. Manchmal haben seine Schüler gemeint, sie hätten ihn auf einem Schnitzer ertappt und fanden, er hatte doch recht. Für die Botanik hatte er bis an sein Lebensende dieselbe Vorliebe wie in der Bonner Studentenzeit. Oft widmete er im Frühling einige Nachmittagsstunden diesem Unterricht und ließ dazu von den Studenten einen Armvoll Blumen ins Lehrzimmer bringen, welche er dann an die Schüler verteilte und mit ihnen analysierte und klassifizierte. Noch lieber war es ihm, wenn er mit einer größeren Gruppe einen botanischen Ausflug in die Umgegend von Rochester machen konnte und sie auf die Eigentümlichkeiten der Pflanzen auf deren eignem Grund und Boden aufmerksam machen konnte. Das schärfte ihre Beobachtungsgabe und wird gewiß für manchen Landprediger die Anregung gewesen sein zu späterer liebevoller Beschäftigung mit der Natur um ihn her. Es wird erzählt, daß einst auf einem derartigen Ausflug, als man gerade an einem Teich mit Weidengestrüpp vorbeikam, wo die Weidenkätzchen schon silbern und rötlich dem Frühling entgegensahen, er einen Studenten hinübergeschickt habe, er solle ihm ein paar Kätzchen bringen. Dem Studenten waren die Geheimnisse des deutschen Sprachschatzes noch nicht alle erschlossen. Er kam nach längerem Suchen zurück und brachte auf einem Brett ein Kätzchen, dessen miauendem Leben grausame Hände ein verfrühtes Ende bereitet hatten. Wenn's nicht wahr ist, ist's doch hübsch erfunden.

Diese botanischen Ausflüge erinnern an andere Wanderungen, die er mit seinen Schülern unternahm. 1850 zählte Rochester erst 30000 Einwohner; seither ist es allmählich auf 165000 angewachsen, und die Stadt bietet manches Sehenswerte. Ihr erstes Aufblühen verdankt sie der Thatsache, daß das Thal des Genesee früher ein reiches Weizenland war und daß der Genesee sechs Meilen vom Ontario-See drei starke Fälle bildet, von denen zwei eine Höhe von

60—70 Fuß haben. Dadurch wurde Wasserkraft zum Vermahlen des Weizens geliefert. Rochester mit seinem Hinterland hat in der Jugend des Landes die großen Städte des Ostens mit Mehl versorgt, wie jetzt Minneapolis und der Westen. Deshalb bekam die Stadt den Beinamen Flour City (Mehlstadt). Später wurde die Weizengegend jahrelang durch die hessische Fliege verwüstet, die, wie so manches Ungeziefer, aus Europa nach Amerika eingewandert war; zugleich überholten die neuerschlossenen Weizenfelder des Westens die alte Mehlstadt und heute fristen nur wenige der ehrwürdigen Mühlen noch ihr Dasein. Doch wuchs eine neue Industrie empor; Rochester wurde der Sitz großer Baumschulen und Blumenhandlungen, die ihre Sämereien übers ganze Land versandten, und der Name Flour City wurde verwandelt in Flower City (Blumenstadt). Jetzt hat die Konkurrenz Hollands diese Blumenzucht in etwa lahmgelegt. In diese Baumschulen und Blumengärten führte Rauschenbusch Jahr für Jahr seine Schüler und erklärte ihnen die Gärtnerei; er war dort immer ein gern gesehener Gast. Ebenso ging er oft in die sehr reichhaltige Mineraliensammlung der Universität, erklärte die Gesteinarten und ihre Schichtungen, die versteinerten Reste einer untergegangenen Pflanzen- und Tierwelt 2c. Auch die Taubstummenanstalt, die Besserungsanstalt für jugendliche Verbrecher, die Gemäldesammlung und die Sternwarte des Professors Swift wurden besucht. Es ist einer der Grundsätze der allerneuesten Pädagogik, daß man die Schüler von den Büchern fort an die Natur selbst weisen muß. Nicht aus dem, was andere für ihn beobachtet und zurechtgelegt haben, lernt der Schüler am meisten, sondern aus dem, was er selbst gesehen und erkannt. „Es ist für ein Kind besser," sagt ein moderner Zoologe, „ein einziges Tier zu betrachten und zu beobachten, wie es lebt und sich bewegt, als daß das Kind das ganze Tierreich durchgeht mit dem besten Lehrbuch, unter dem besten Lehrer, und mit den besten Bildern, die je gemacht sind." Der junge Arzt lernt nicht nur aus Büchern, sondern in der Klinik bei den Kranken. Der junge Theolog soll jetzt auch einen Teil der Zeit in der Klinik, an kranken Seelen, mithelfen und da seine Studien machen. Diese neuesten pädagogischen Grundsätze hat Rauschenbusch mit praktischem Instinkt längst, wenn auch unvollkommen, geübt. Er suchte seine Schüler mit den Thatsachen der Welt und des Lebens durch direkte Berührung bekannt zu machen und ihr Interesse dafür zu erschließen.

Noch eins, das er seinen Studenten mit Vorliebe vermittelte, war die Liebe und das Verständnis für Poesie. Er unterrichtete sie immer in den einfachsten Regeln der Metrik, lehrte sie skandieren und Kirchenlieder schön und ausdrucksvoll lesen. Oft las er ihnen auch, im Lehrzimmer oder in seinem Hause, Gedichte vor, die ihm besonders lieb waren. Ich erinnere mich aus meiner Knabenzeit an einen Abend, an welchem er seine Schüler und einige Freunde mit dem Homer bekannt machte. Er erzählte die Hauptzüge der Geschichte vom Kampf um Troja und von der Heimkehr des Odysseus und las dann ausgewählte Stücke vor. Es war etwas eigentümlich Hinreißendes in seiner eignen Freude und Begeisterung, so daß auch einem stumpfen Gemüte eine Ahnung kam von der Quelle der Freude, die in Kunst und Poesie verborgen fließe. Zuweilen wurde mein Vater von seinen Gefühlen beim Vorlesen so überwältigt, daß er nicht mehr weiterlesen konnte und mit stockender Stimme um Entschuldigung bitten und fortgehen mußte. Das war z. B. bei Chamissos Gedicht „Salas y Gomez" mehrmals der Fall; das Gedicht schien ihm in irgendwelcher Beziehung zu seinem eignen Leben zu stehen.

Er setzte seinen Beruf als Lehrer auch im Einzelverkehr mit den Studenten fort. Hatte er einen predigen gehört, so lud er ihn nachher zu einem vertraulichen Spaziergang ein. Dann hieß es: „Ja, lieber Br. N., dein Text war sehr schön gewählt ꝛc., aber — —." Das „aber" war immer der gefürchtete Wendepunkt. Er hatte die Gewohnheit im Gottesdienste zuweilen seinen Kopf auf die Lehne der vor ihm stehenden Bank niederzubeugen; vielleicht schlief er auch zuweilen ein wenig dabei. Jedenfalls, wenn ein Student predigte und sah den Professor schlafen, dankte er Gott und gewann neue Zuversicht, entdeckte aber später bei der Kritik zu seinem Schrecken, daß der Professor gerade beim Schlafen am besten aufmerken könne. Von welcher Art seine homiletischen Ratschläge waren, kann man aus seinem später veröffentlichten „Handbuch der Homiletik" in etwa noch erkennen. Einer seiner Schüler, der im Feuer seines Eifers ungemein rasch redet, so daß er später im Predigtamt sich einen Zettel mit dem Worte „Langsam" in Riesenschrift auf die Kanzel legte, erzählt, wie der Professor ihm einst geraten hat. „Lieber Br. R., du prichst sehr rasch, und was anderen durch eine ganze Predigt Stoff genug bieten würde, wirst du schon in der halben Zeit aufgebraucht haben. Darum rate ich dir sehr, nimm dir lange Texte. Siehst du, wie dort der Telegraphendraht sich an der langen Reihe von Telegraphenstangen weiterspinnt? Sieh', so kann sich dann deine Predigt an den einzelnen Teilen deines Textes stützen und fortarbeiten, und du wirst immer Stoff genug haben."

Gern ließ er auch die Studenten in sein Haus kommen. In der ersten Zeit hatte er sie alle jeden Samstag-Abend bei sich und suchte ihnen in etwa das zu sein, was Neander einst ihm selbst gewesen war. Später, als die Zahl sich mehrte, hatte er fast immer des Sonntag-Abends einige zu Gast und vereinte nur einmal im Jahre die ganze Schar zu einem Festessen, wo dann bei den Tischreden auch die Studenten aus ihrem Leben erzählen mußten. Waren im Herbste seine Weinstöcke reich beladen, so machte es ihm herzliche Freude, seine Schüler in Gruppen nach dem Mittagessen bei sich zu haben und mit Trauben zu traktieren. Er besuchte die Studenten auch viel auf ihren Zimmern und unterhielt sich eingehend mit ihnen. Das that er teils aus dem natürlich menschlichen Bedürfnis nach Umgang, teils aber um mit seinen Schülern in enger Fühlung zu bleiben und Seelenpflege an ihnen zu üben. Er hat manche

Seelenbürde auf sich genommen und auch ihre äußerlichen Bedürfnisse kennen gelernt und dafür gesorgt. Einer seiner Schüler erzählt, wie der Professor ihm für die Sommerferien auf einer Farm eine Stelle verschafft habe. Mitten im Sommer habe der Lehrer an ihn geschrieben und sich angelegentlich erkundigt, ob ihm die Arbeit auch nicht zu anstrengend und schädlich sei. Manche haben gerade in Zeiten der Bedrängnis seine herzliche Fürsorge erfahren dürfen. „Er sorgt für uns wie ein Vater für seine Kinder," schrieb einer seiner Schüler in den ersten Jahren. In dieser Fürsorge wurde er von seiner Gattin aufs beste unterstützt, die vielen eine mütterliche Freundin war. Auf ihre Anregung wurde in ihrem Hause ein „Nähverein" gegründet, um die Kleidung und Wäsche der Studenten im Stande zu halten. Auch erwirkte sie von anderen Vereinen und Privatpersonen bedeutende Gaben an Bettwerk, das den Studenten vorher sehr gemangelt hatte. In der Erinnerung der Schüler an das Familienleben, welches ihnen so gastfreundlich offenstand, wird ihr Andenken gewiß immer neben dem ihres Mannes stehen.

Ich erlaube mir noch ein Urteil von kompetenter Seite über meines Vaters Wert und Tüchtigkeit als Lehrer hier einzufügen. Dr. Strong, der viele Jahre lang als Präsident des Seminars sein Vorgesetzter war, hat in nachfolgenden Zeilen seine Eindrücke zusammengefaßt und mir gütigst für dies Buch zur Verfügung gestellt. Wenn ich dieselben hier einrücke, handele ich gegen meines Vaters Wunsch. Er hat sich ausdrücklich alles verbeten, was nach Ruhmeserhebung schmecken möchte. Dennoch glaube ich, daß es nur gerecht ist, wenn auch der weitere Kreis seiner Fachgenossen hier zu Worte kommt und meine Darstellung ergänzt, zumal jemand, der ferner steht, sich in manchen Rücksichten freier ausdrücken darf, als es einem Sohne anstehen würde. Dr. Strong schreibt:

„Meine Erinnerungen an Professor Rauschenbusch sind von ganz besonders angenehmer Art. Ich kann mich in etwa auch zu seinen Schülern rechnen. Ich kam 1857 als Student auf das Seminar in Rochester; im folgenden Jahre trat unser verehrter Freund seine Arbeit in der deutschen Abteilung des Seminars an. Um meine Kenntnisse des Deutschen zu vervollkommnen, besuchte ich seine Vorträge und hörte täglich eine Stunde seinen Schriftauslegungen, seinem Unterrichte in den Naturwissenschaften und seiner Erklärung der deutschen Dichter zu.

„Es kommt einem jetzt fast komisch vor, daß ein einziger Mann so vielerlei lehren sollte. Unum, sed leonem. Er lehrte Psychologie und Exegese, Botanik und Geschichte, Homiletik und Zoologie, Grammatik und die Kunst des Vortrags, Theologie und Astronomie, Sittenlehre und gute Manieren, nebst Latein und Griechisch, Deutsch und Englisch. Aber was er that, that er gut. Er war zum Gelehrten und Lehrer geboren. Außerordentliche Vielseitigkeit paarte sich bei ihm mit außerordentlicher Genauigkeit. Thatsachen und Jahreszahlen hielt sein Gedächtnis mit erstaunlicher Zähigkeit fest. Und doch hat sein Wissen nie ihn beherrscht, sondern er beherrschte sein Wissen, und im Lehrzimmer handhabte er dasselbe mit solcher Fertigkeit und Begeisterung und Gedankenschärfe, daß auch der schwächste Schüler von ihm Feuer fing und lernen mußte.

„Im Jahre 1872 kehrte ich in einer anderen Eigenschaft zum Seminar zurück. Unser Verhältnis zu einander war jetzt in etwa umgekehrt. Ich wurde Präsident, und er war einer der Professoren. Dankbar werde ich stets der Geduld und Loyalität, der Ehrerbietung und des Vertrauens gedenken, mit welchen er mir entgegenkam, wenn er mir schwierige Fragen in der Verwaltung der deutschen Abteilung vorzulegen hatte. Er verstand das Dienen sowohl wie das Regieren. Es standen ihm jetzt Gehilfen zur Seite, aber er war primus inter pares. Bis er 1888 die dreißig Jahre seiner Verbindung mit der Anstalt abschloß, verlieh seine Persönlichkeit unserer ganzen Fakultät Würde. Er hat eine Lebensarbeit vollbracht, wie sie wenige Menschen haben leisten dürfen.

„Sein reiches Wissen wurde von einem mächtigen Lehrtrieb beherrscht, so daß er nicht anders konnte als anderen mitteilen, was er selbst wußte. Die Wahrheit war ihm wie Feuer in seinem Gebein; sie konnte nicht verborgen bleiben; er mußte verkündigen, was er selbst gesehen und gehört hatte. Es wird nicht vielen Menschen zuteil, mehr als einem solchen Manne nahezutreten. Es war das Vorrecht einer großen Schar deutscher Prediger, daß sie von ihm den stärksten Antrieb ihres Lebens erhalten durften. Er ist der Vater unserer deutschen Baptisten-Gemeinden in Amerika; die Kraft ihrer Überzeugungen, ihr fester Glaube an die Wahrheit des Evangeliums und ihre Bereitwilligkeit, für die Ausbildung ihrer Prediger Opfer zu bringen, sind nächst Gott großenteils ihm zuzuschreiben.

„Er hatte etwas vom Autokraten an sich, nach Art der deutschen Pädagogen der alten Schule. Leichtfertigkeit war ihm zuwider. Er stand ein für ein reines Leben und ernstes Streben. Er war ein Pietist von biblischer Art. Wäre er in England geboren, so wäre er ein Puritaner vom kräftigsten Schlage geworden. In unserer materialistischen Zeit war es von unschätzbarem Werte, daß die 200 deutschen Gemeinden unter dem Einflusse eines solchen Mannes standen.

„Er war zuzeiten streng und etwas herb und abgeschlossen, aber man fühlte Professor Rauschenbusch doch die Wärme eines ernsten und gottgeweihten Herzens ab. In seiner Jugend hat er um seiner Überzeugung willen Opfer gebracht; sein späteres Leben war ein langes Opfer im Werke des Herrn. Und sein Gott hat es ihm gelohnt und ihm reichlich wiedergeschenkt, was er so freudig dahingegeben hat. Die milde Schönheit seiner letzten Tage erinnert an das Alter des Jüngers, den Jesus lieb hatte. Er war ein großer Mann, ein Mann Gottes."

Siebenzehntes Kapitel.
Zwei und dreissig Lebensjahre.
1858—1890.

Von der Art seiner Wirksamkeit und von ihrem Erfolge ist in den beiden vorstehenden Kapiteln die Rede gewesen. Es liegt uns noch ob, den äußeren Lebensgang während dieser zwei und dreißig Jahre, 1858—1890, zu erzählen. Im ganzen fließt sein Leben ruhig dahin; es ist wie ein Bergstrom, der aus dem Hochgebirge heraus ist und in der Ebene langsam dem Meere zufließt; die romantischen Schluchten, die tosenden Fälle liegen hinter ihm, vor ihm nur noch der befruchtende Einfluß auf die Gefilde der Menschen, das Tragen ihrer Lastschiffe, und schließlich sein Ziel in den Armen des Meeres.

Als er im Herbste 1858 mit seiner Familie in Rochester ankam, zog er in das Haus des Prediger Henrich an der Charlotte-Straße und trat zugleich in etwa in dessen Wirksamkeit ein. Henrich verließ gerade die Gemeinde in Rochester, um nach Williamsport zu ziehen, und Rauschenbusch predigte der Gemeinde in Verbindung mit einigen Studenten während des folgenden Winters. Es wurde ihm vorgeschlagen, die Stelle des Predigers mit der des Lehrers zu vereinigen, und er hat später zuweilen gemeint, es wäre vielleicht besser gewesen, wenn er es angenommen. Seine Predigtgabe erlahmte von da an in etwa durch Mangel an Übung. Die lehrhafte Rede wog hinfort vor; die prophetische Gabe erlosch. Auch wenn er predigte, hörte man den Lehrer.

Als sein kleiner Sohn Winfried 1858 in Kanada starb, hatte er nur noch seine dreijährige Tochter Frida. Am 2. August 1859 wurde ihm eine zweite Tochter, Emma, geboren. Zwei Jahre später, als er in seinem eignen Hause an der Asylum-Straße wohnte, am 4. Oktober 1861, kam sein letztes Kind, Walther, hinzu. Allen seinen Kindern hat er einen echt deutschen Namen gegeben und zugleich darauf geachtet, daß derselbe nicht nach amerikanischer Sitte durch eine Verkleinerungsform verstümmelt werden sollte. Es ist bezeichnend für die Art, wie er seine Kinder betrachtete, daß ihm der Name seines Sohnes ein Gebet war: „Walt', Herr, über diesem Kinde!" Er war seinen Kindern ein strenger, aber auch fürsorglicher und liebevoller Vater. Eine meiner allerfrühsten Erinnerungen, als ich etwa drei Jahre alt war, führt mir das Bild vor, wie er mit uns dreien „Fangen" spielte und die Straße hinunterlief, bis er an Armen und Beinen und Rockschößen gefangen genommen wurde.

Im Sommer 1860 machte er von Mai bis November eine Reise nach Deutschland, um seine jetzt 76jährige Mutter zu besuchen. Er erfreute sich des Besuches bei den Seinigen und fand im ganzen die Stimmung den Baptisten gegenüber viel milder als bei seinem ersten Besuche vor sieben Jahren. Er predigte öfters für Köbner in Barmen und für Ringsdorff in der ihm so lieben Gemeinde in Volmarstein und besuchte die Bundes-Konferenz in Hamburg. Von dem Charakter der Leute, die er dort kennen lernte, von dem Geiste, der in den Verhandlungen waltete, und von Oncken, dessen Gast er war, hatte er einen ausgezeichneten Eindruck. Nicht so günstig war der Eindruck von dem evangelischen Kirchentage, den er in Elberfeld besuchte. Die Scheidelinie zwischen dem Geiste der Welt einerseits und dem Geiste Christi und der christlichen Gemeinde anderseits schien ihm dort verwischt zu werden. Besonders schmerzlich berührte es ihn, daß eine Rede, in welcher die Sammlung und Pflege der wirklich Gläubigen in den landeskirchlichen Gemeinden und ihre Heranziehung zu der Arbeit der inneren Mission befürwortet wurde, nur schwachen Beifall fand, und daß eine derartige Arbeit in dem gefaßten Beschlusse des Kirchentages den Pastoren nur als wünschenswert empfohlen, aber nicht als Pflicht von ihnen gefordert wurde. Gerade dies war es ja, das ihn in Altena so sehr beschäftigt hatte und ihn später in dem Gemeinschaftsleben der Baptisten und anderer Benennungen angezogen hatte.

Im Sommer 1865 sandte er seine Familie nach Deutschland, während er selbst im folgenden Jahre hinauszukommen und sie zurückzuholen hoffte. Er wünschte für seine Kinder Berührung mit dem deutschen Leben und Bekanntschaft mit seiner Mutter und seinen Verwandten. Die meisten Deutschen in Amerika haben einen Verwandtenkreis in der neuen Heimat, und die alten Beziehungen in Deutschland sinken allmählich unter den Horizont des Gedächtnisses, wie die Küste und Kirchtürme Deutschlands für das Auge des Auswanderers. Dagegen war meines Vaters ganzer Verwandtenkreis in Deutschland; Familienliebe, Jugenderinnerungen, die Fäden des deutschen wissenschaftlichen und litterarischen Lebens hielten ihn in steter Verbindung mit Deutschland und zogen ihn, so oft seine Arbeit es gestattete, dorthin. Dasselbe wünschte er für seine Gattin und Kinder. Seine Kinder sollten deutsch bleiben und sich auch einst den Deutschen in Amerika widmen. Daheim im Hause gestattete er keine englische Unterhaltung zwischen ihnen. „Ihr werdet noch genug Englisch draußen lernen und sprechen, zu Hause sprecht ihr deutsch." So freute er sich, als seine Kinder während dieses Aufenthaltes in Deutschland gute Schulen dort genossen und die Einflüsse eines gebildeten deutschen Kreises in sich aufnehmen konnten, und dieser Gedanke versüßte ihm in etwa die Trennung von ihnen, die sich immer länger hinzog. Die Verhältnisse im Seminar gestatteten ihm die erhoffte Ferienreise erst im Juni 1868, doch wurde sie dann auch desto länger und reichhaltiger.

Er reiste diesmal mit einem englischen Schiffe und fuhr von Liverpool über Holland nach Barmen. In England fiel ihm die neblige Luft und der Rauch der unzähligen Fabriken auf, in Holland das unablässige Qualmen der Tabakspfeifen bei den Mynheers. In Barmen fand er, daß seine Gattin bei den Kindern die Erinnerung an ihn wach gehalten hatte, so daß er zu seinem Glücke auch von seinen jüngsten Kindern unvergessen war und sich an ihrer zärtlichen Liebe erquicken konnte. In Elberfeld, das dicht an Barmen anstößt, hatte er seine teure Mutter und seine Schwester Lina, die Pastorin Döring, mit ihren nun schon erwachsenen und ausgebildeten Kindern. Im späteren Teile des Sommers ging er auf ärztlichen Rat in den Schwarzwald, um die Stahlquellen dort zu brauchen. Seine Familie folgte ihm dorthin nach, sobald die Schulzeit der Kinder vorbei war. Es war ihm eine große Freude, mit seinen Kindern kleine Fußreisen zu unternehmen und sie in die Herrlichkeiten des Naturlebens, die ihm selbst soviel waren, einzuführen. Er brachte sie nach Schiltigheim bei Straßburg, wo seine geliebte jüngere Schwester Marie, Pastorin Ehrhardt, mit ihrem edeln Gatten und ihren beiden Kindern, Eugen und Elisabeth, wohnte, und sah mit Freuden, wie die kleinen Vettern und Basen bald bekannt wurden und Kameradschaft machten. Dann unternahm er mit ihnen eine lange Fußreise zu den Donauquellen bei Brege und Brigach, jenseits Donaueschingen im Schwarzwald. Unsre Thaten und Fahrten faßte er in Knüttelverse, die uns sehr belustigten. Zwei sind mir noch im Gedächtnis:

„Es ist gelungen, es ist gelungen,
Wir sind auf den Münsterturm gesprungen!
Es ist geschehen, es ist geschehen,
Wir haben die Donauquellen gesehen!"

Wie er als Knabe selbst ein großer Liebhaber von Obst gewesen, so sorgte er auch für die Bedürfnisse seiner Kinder darin. Schon bald nach seiner Ankunft in Barmen erkaufte er bei einem Obstgärtner für seine Kinder das Recht, in den Garten zu kommen und zu essen, was ihnen beliebte. Das Gefühl von Glück und Reichtum inmitten der Himbeeren, Johannisbeeren und Stachelbeeren in jenem Garten ist mir heute noch gegenwärtig. Ebenso bei Straßburg auf einer

Wanderung verschaffte er uns Erlaubnis, in einem Weinberge, der sonst vor der Weinernte noch verschlossen gehalten wurde, uns nach Herzenslust gütlich zu thun. Dagegen Zuckerwerk gab er seinen Kindern nie; er gab es sogar zurück, wenn es ihnen von anderen Leuten geschenkt wurde. Neben dem Vergnügen ging aber das Lernen her. Er überwachte die Ferienarbeiten; erst mußte die Schiefertafel mit Rechenexempeln bedeckt sein, ehe man zum ersehnten Spiel hinauslaufen durfte.

Später im Jahre, als seine Familie nach Ablauf der Schulferien nach Barmen zurückgekehrt war, machte er es sich zur besonderen Aufgabe, die deutschen Baptisten-Gemeinden in Süddeutschland zu besuchen. Zugleich verband er hiermit einen anderen Reisezweck. Wie wir später noch sehen werden, war durch seinen Unterricht in der Kirchengeschichte sein historisches Interesse für die Geschichte der täuferischen Bewegung wach geworden. Er trug sich mit dem Plane, eine Geschichte der Täufer zu schreiben, und sammelte auf dieser Reise Material. In Landshut, dem früheren Wirkungskreise Balthasar Hubmaiers, in Zürich, Basel, Freiburg und anderen Universitätsstädten, suchte er in den Bibliotheken die Reste der waldensischen und täuferischen Litteratur auf, ließ Abschriften von seltenen Schriften machen und kaufte eine bedeutende Anzahl wertvoller Quellenschriften. Auch besuchte er verschiedene Gelehrte, die sich mit diesem Abschnitte der Geschichte besonders beschäftigt hatten, z. B. den Hofrat Dr. Schreiber in Freiburg, den Bibliothekar der Stadt-Bibliothek in Zürich, einen gelehrten katholischen Priester in Waldshut, drei Professoren in Ulm und besonders den katholischen Professor Cornelius in München, dessen Werk über den Münsterschen Aufruhr er stets für besonders wertvoll gehalten hat.

In den ersten Monaten des Jahres 1869 führte er einen langgehegten Wunsch aus und brachte fünf Wochen in seiner Vaterstadt Altena zu. Er wurde mit großer Liebe von seinen alten Bekannten und Schülern aufgenommen, predigte zehnmal vor großen Versammlungen und hielt außerdem einige Vorträge. Er hatte die Freude, zu sehen, daß einige erweckt und bekehrt und andere neu angeregt wurden im geistlichen Leben.

Im Frühjahr 1869 machte er eine zweimonatliche Besuchsreise unter den Baptisten-Gemeinden im nordöstlichen Deutschland, in Hannover, Hamburg, Stettin, Reetz, Prenzlau, Templin, Warthe, Neu-Ruppin und Berlin. Ende Juli schiffte er sich mit den Seinigen nach New York ein. Es war der letzte Abschied von seiner Mutter. Sie starb drei Jahre später, am 10. Oktober 1872, im Alter von 88 Jahren. Damit verlor er eine sehr innige und treue Liebe aus seinem Leben.

Nach seiner Rückkehr aus Deutschland kaufte er für seine Familie ein eignes Heim am Arnold Park, einer Straße, die damals in Rochester fast einzig in ihrer Art war. In der Mitte der Straße, auf einem grünen Rasenstreifen zwischen den zwei Fahrwegen, ragte eine Reihe hochgewachsener Rottannen; Reihen von Zuckerahorn trennten Fahrweg und Bürgersteig; Kastanien und Vogelkirschen bildeten eine weitere Reihe von Schildwachen. In den Gärten selbst waren prächtige Tannen und eine Menge von Kirschen-, Birnen und Apfelbäumen. In dieser schattigen Stille lagen die Häuser fast versteckt. Es war dem neuen Inhaber eine Herzenslust, sich seinen Garten zu verschönern und zu bereichern. Am Hause und hinten im Garten erhoben sich bald Spaliere mit wohl zwanzig verschiedenen Traubensorten. Die Birnbäume veredelte er durch Pfropfen. In einer Ecke des Gartens war ein Dickicht von roten, gelben und schwarzen Himbeeren und von Brombeeren und Johannistrauben. Pflaumen und Pfirsichbäume standen in den Erdbeer- und Gemüsebeeten, und hinten summten die Bienen um eine ansehnliche Reihe von Bienenkörben. In diesem Heim, dem die zweite Tochter des Hauses später in einem wehmütigen Gedichte als ihrem „rebumkränzten Vaterhaus" ein Lebewohl zurief, wohnte der „alte Rauschenbusch", wie er jetzt oft genannt wurde, von

1869 bis 1888. Zwischen seinem Garten unten und seinem Studierzimmer oben, wo die Bücher in dichten Reihen auf ihn herabschauten und wo im Winter das Holz im Ofen knisterte, verteilte sich seine Zeit: der Vormittag dem Unterricht, der Abend dem Studium, der Nachmittag der Erholung im Garten. Im langen, leinenen Staubmantel stand er und beschnitt seine Reben oder harkte seine Beete. Er erzählte gern die Sage, daß der greise Jünger Johannes eine zahme Wachtel gehabt und mit diesem Liebling gespielt habe, und wie dessen Schüler sich wohl darüber aufgehalten hätten, daß ein so großer und ehrwürdiger Mann sich mit so Geringfügigem abgeben könne. Er meinte, jeder Mensch sollte irgend eine „Wachtel" haben, um sich von der Anstrengung des eigentlichen Berufes erholen zu können. Ihm bot sein Garten, was er brauchte, und ohne Zweifel verdankte er seine körperliche Rüstigkeit und geistige Frische in hohem Maße dieser Beschäftigung im Freien. Seine Pflanzen waren seine Freunde. Wenn seine Blumen dürsteten und er sie begoß, wenn er die jungen Reben festband oder die jungen Bäume durch Pfropfen veredelte, so dachte er dabei erst in zweiter Linie an den Ertrag, den sie ihm liefern sollten; sein erstes Interesse war, daß es ihnen gut gehen sollte und ihr Leben gedeihen. Blumen erfreuten ihn nur, wenn sie lebten; an abgeschnittenen Blumen in Sträußen hatte er wenig Freude. Er konnte auch, mit Ausnahme der Rosen, keine doppelten Blumen leiden, weil die Verdoppelung der Kronenblätter durch eine Verwandlung und Verkümmerung der männlichen und weiblichen Organe der Blume zu stande gebracht wird, so daß doppelte Blumen keinen Samen bringen. Das schien ihm eine Verbildung statt einer Ausbildung der Natur; des Menschen Funktion sei es vielmehr, die Natur zu entwickeln und sie zu ihrer höchsten Vollendung zu führen.

Doch seine Gartenarbeiten verdrängten nicht sein Interesse an seinen Studien, wie es zuweilen der Fall ist. Seine geistige Beschäftigung war unausgesetzt. Freilich war er darin im Nachteil, wie ein jeder gebildete Deutsch-Amerikaner.

Die Zahl der gebildeten oder gelehrten Deutschen in Amerika ist klein; von denen, welche eine höhere Bildung hatten, waren die meisten in ihrer Geistesrichtung ihm wenig sympathisch. Auch die deutsche Litteratur ist in Amerika schwer erreichbar und kostspielig; mit den neuen Erscheinungen wird man erst spät bekannt. Auf der anderen Seite trennte ihn doch immer die Sprache von dem reicheren englischen Geistesleben, und diese Scheidewand wurde mit den Jahren stärker. Als er noch für die Traktat-Gesellschaft arbeitete und fortwährend mit Amerikanern umging, handhabte er das Englische mit ziemlicher Leichtigkeit. Später als er bei seinen Studenten nur deutsch wirkte und sein Geist mit zunehmendem Alter weniger elastisch wurde, kostete es ihm größere Anstrengung, eine gelehrte englische Unterhaltung zu führen oder ein wissenschaftliches englisches Werk zu lesen, und er suchte deshalb auch die Gelegenheit dazu seltener. Doch stand er stets in freundschaftlichem Austausch besonders mit seinen englischen Kollegen. Der erste Präsident der Anstalt, der geistig hochbedeutende Dr. Robinson, und dessen würdiger Nachfolger, Dr. Strong, haben ihm stets volle Hochachtung und viel Bewunderung für seine Lehrgabe entgegengebracht. Mit Dr. Hackett, Dr. Osgood und Dr. Stevens, den Inhabern der exegetischen Lehrstellen, stand er in herzlichem Verkehr. Besonders viel verkehrte er mit den Professoren der Kirchengeschichte, Dr. Northrup, Dr. Buckland, Dr. Newman und Dr. True, mit denen er sich gern über seine Studien in der Geschichte der Täufer aussprach. Besonders warme Freundschaft brachte ihm in seinem Alter der letzte dieser Reihenfolge, Dr. True, entgegen, dessen liebenswürdige und treue Verehrung ihm bis an sein Ende wohlthat. Auch Dr. Anderson, Präsident der Universität, nach Körper und Geist eine hochragende Gestalt, brachte zuweilen den Abend bei ihm zu. Noch eine interessante Persönlichkeit unter seinen nächtlichen Besuchern möchte ich nennen. Der Polizist, der damals jenen Teil der Stadt des Nachts zu bewachen hatte, hieß Loesch, ein ältlicher Mann von deutscher Abstam-

1869.

mung. Er brachte seine Mußestunden am Tage mit dem Studium der griechischen Klassiker und der hebräischen Bibel zu und kam zuweilen ein Viertelstündchen in meines Vaters Studierstube hinauf, um sich über seine gelehrten Liebhabereien auszutauschen und dann wieder einsam die Nacht zu durchwandeln. Es wird wohl durch sein Pflichtversäumnis kein Unglück geschehen sein, denn der Verbrecher gab es damals in Rochester wenige.

Im Jahre 1863 wurde Professor Rauschenbusch von der Rochester University der theologische Doktorgrad (Doctor of Divinity) verliehen, doch hat er denselben nie geführt, und wenn er von Amerikanern als „Doktor Rauschenbusch" angeredet wurde, verbat er sich häufig den Titel.

Im Sommer des Jahres 1877 trat die erste dauernde Veränderung in seinem Familienkreise ein. Seine älteste Tochter Frida wurde die Gattin seines früheren Schülers J. Georg Fetzer, der zu weiterem Universitätsstudium nach Deutschland gegangen war und dort von der Gemeinde Volmarstein-Grundschöttel als ihr Prediger festgehalten wurde. So kehrte eins seiner Kinder nach dem alten Vaterlande zurück.

Im Herbst 1878 hatte sich mein Vater im Seebade in Southampton eine schwere Erkältung zugezogen, die ihm den ganzen Winter anhaftete und im Verein mit anderen Leiden des zunehmenden Alters ihm schwer zusetzte. Es wurde ihm deshalb ein Jahr der Erholung gewährt, und er kam 1879 nach zehnjähriger Abwesenheit wieder nach Deutschland. Er reiste in Begleitung seines Sohnes Walther, den er für vier Jahre auf das christliche Gymnasium in Gütersloh brachte. Er selbst besuchte dann seine Tochter in Volmarstein, seine Schwestern in Elberfeld und Schiltigheim im Elsaß und gar manche alte Freunde in Westfalen und am Rhein. In Basel war er bei der Evangelischen Allianz, bei der sich seine Seele recht erquickte, und dann suchte er auf zehn Tage Ruhe im Gasthof zum Schwert auf Rigi-Klösterli. Er schloß gute Freundschaft mit den Kapuzinermönchen im Kloster dort.

Und hier auf den Schweizer Bergen faßte ihn noch einmal die Reiselust seiner Jugend und zugleich die Sehnsucht der Germanen nach den sonnigen Gefilden Italiens.

"Kennst du das Land, wo die Zitronen blüh'n,
Im dunkeln Laub die Goldorangen glüh'n?"

Er borgte sich von dem Pater Superior im Kloster eine italienische Grammatik und studierte acht Tage lang Italienisch. Dann fuhr er den Vierwaldstätter See entlang nach Flüelen und Göschenen. Die Gotthardbahn wurde damals gebaut; der große Tunnel ging seiner Vollendung entgegen. Es wimmelte von Menschen; er bewunderte die kühnen Bauten und sah darin eine Erfüllung des göttlichen Befehls: "Macht euch die Erde unterthan!" Zu Fuß und im Postwagen ging's dann über den kahlen St. Gotthardpaß an dem berühmten Hospiz vorbei. Von Airolo auf der italienischen Seite hatte er einen jungen italienischen Priester zum Begleiter, mit dem er sich lateinisch unterhielt und der ihn Italienisch lehrte. Als er ein christliches Gespräch anknüpfte, fand er solch warmes Entgegenkommen, daß er an dem Herzenschristentume des Mannes nicht zweifelte.

Durch viel Regen auf dem Lago Maggiore kam er nach Mailand, einer "Stadt der Wunder, die an Schönheit alle bisher gesehenen Städte zu übertreffen" schien. Es machte ihm außerordentliche Freude, die Gottesdienste der Waldenser zu besuchen und zu finden, daß er trotz der italienischen Sprache beim Gebet, beim Lesen der Bibel und bei der Predigt den größeren Teil verstehen konnte. Auch die persönliche Bekanntschaft mit dem Prediger erfreute und interessierte ihn. Er bedauerte die großen Mietskasernen, in welchen die Leute in Mailand leben, und die ungleiche Verteilung des Besitzes in Italien, wodurch einige Adlige so prächtige Häuser haben, während so viele der Armen fast nichts als Welschkornbrei zu essen bekommen. Er triumphierte, als er den Laden der britischen Bibel-Gesellschaft fand mit vielen aufgeschlagenen Bibeln im Schaufenster, und segnete Mazzini, Garibaldi und die italienische Revolution, welche dem Volke etwas Freiheit gebracht hatten. Sehr angenehm berührte ihn bei dem italienischen Volke die sonnige Freundlichkeit und Höflichkeit auch gegen Fremde. Auch ihre Frömmigkeit und Hingebung an ihre Religion bewunderte er und ersehnte die Zeit, wo dies edle Volk sich mit demselben Eifer einem reineren Glauben weihen könne.

Die Schönheit der italienischen Natur genoß er am meisten, als er seinen Freund Dr. Andreae aus Frankfurt besuchte, der am Comersee in der Villa seines Sohnes weilte. Vor ein und vierzig Jahren hatten die beiden in Bonn zusammen studiert; jetzt konnten sie im Alter in der Herrlichkeit Italiens sich über die Wege Gottes in ihrem Leben austauschen. Vor dem Hause blühten zwei hundertjährige Aloen; hinter dem Hause bot ihm ein mächtiger Feigenbaum reife Feigen dar; in der benachbarten Villa Carlotta sah er Lorbeerbäume sechzig Fuß hoch, Palmen, Pisang, Kamelien im Freien, reife Granaten, Myrten und Oleandergebüsch. So wurde in jenen Tagen dem Greise wieder eine Sehnsucht seines Lebens erfüllt, die dem Jüngling verwehrt geblieben war. Mitte Oktober kehrte er über den Splügener Paß nach Deutschland zurück und fand auf der Nordseite der Alpen schon Schnee und Kälte.

Drei Monate des Winters brachte er in Straßburg zu. Die südliche Lage der Stadt, die Universität, deren Vorlesungen er besuchte und deren Bibliothek er benutzen konnte, und besonders der freundliche Umgang mit seiner Schwester, der Pastorin Ehrhardt und ihren beiden Kindern, machten dies zu einem sehr angenehmen Aufenthaltsorte. Sein Neffe, Eugen Ehrhardt, jetzt Professor der Theologie an der protestantischen Fakultät der Universität von Paris, war damals Student in Straßburg. Im Frühjahr hielt sich mein Vater am Rhein und in Westfalen auf, zog sich aber in Altena, als er in froher Erregung die Berge seiner Heimat durchwanderte und des scharfen Windes nicht achtete, wieder eine schwere Erkältung zu und war genötigt, den Besuch mehrerer Vereinigungen, den er geplant hatte, fahren zu lassen und im Bade Neuenahr seine Gesundheit zu pflegen. Im August 1880 kehrte er, neu gestärkt und um viele schöne Eindrücke reicher, nach Rochester zurück.

Im folgenden Winter 1880—81 wurde sein häusliches Leben mit neuem Interesse gefüllt. Sein Schwiegersohn Fetzer kam nach Amerika, um für das neu gegründete Prediger-Seminar in Hamburg Mittel zur Existenz zu sammeln, und seine Familie wohnte während dieses Jahres im Arnold Park. Eine kleine Enkeltochter, Agnes, kam schon aus Deutschland mit, und eine zweite, Emma, wurde in dem alten Heim der Familie geboren. Es war für den Großvater eine neue Freude, die kleine Agnes an der Hand zu nehmen und mit ihr die „Onkels" in der Studentenheimat zu besuchen. Die Familie Fetzer kehrte im Sommer 1881 nach Deutschland zurück, nachdem jährliche Beiträge von $ 2000 auf fünf Jahre gesichert waren und so der Anstalt über das kritische Anfangsstadium hinübergeholfen war. Im Frühjahr 1882 wurde Fetzer Lehrer der Anstalt, der er bis jetzt mit Hingabe gedient hat.

Im Winter 1881—82 wurde mein Vater durch ein anderes Ereignis in seiner Familie tief bewegt. Seine zweite Tochter Emma, die damals in Chicago Lehrerin des Deutschen an den öffentlichen Schulen war, unternahm zuerst die Korrespondenz mit den damals neu entstehenden weiblichen Missions-Vereinen in den deutschen Gemeinden und entschloß sich dann, selbst als Heidenmissionarin nach Indien zu gehen. Dieser Schritt seiner Tochter mußte natürlich ihren Vater tief ergreifen, aber er ist ihr in keiner Weise entgegengetreten. Es war ihm wie eine Erfüllung seines eignen Jugendverlangens, daß nun sein Kind den Beruf ergriff, den er selbst einst ersehnt hatte. Er hatte schon früher das Werk der Heidenmission gefördert, wo er konnte. Hinfort lag es ihm noch in besonderer Weise am Herzen.

Seit seiner schweren Erkältung im Herbste 1878 hatte sich seine Gesundheit dauernd verschlechtert. Es ging jetzt den siebziger Jahren entgegen, und die Gebrechlichkeiten des

Alters an Leib und Seele machten ihm oft viel zu schaffen. Die Spannkraft seines Geistes erlahmte mehr, und wenn nicht neue Eindrücke und Anforderungen von außen an ihn herantraten, fühlte er sich oft trübe und gedrückt. Seine beste Medizin war noch immer die Natur. Im Sommer 1881 machte er mit seinem treuen Freunde und Schüler Ritter eine dreiwöchentliche Reise nach den „Tausend Inseln" am Ostende des Ontario-Sees und von da den majestätischen St. Lorenzstrom mit seinen mächtigen Stromschnellen hinunter. In dieser paradiesischen Umgebung, bei den Bädern in dem grünen, durchsichtigen Wasser des Stromes, lebte er sichtlich auf. Im Sommer 1883 unternahm er auf Einladung eines Freundes im Westen eine weite Reise durch Iowa und Nebraska nach Colorado, wo er zum erstenmal die Bekanntschaft des Felsengebirges mit seinen gewaltigen Schluchten und Gebirgsströmen, seiner wunderbaren Luft, seinem Reichtum an Metallen und seiner eigentümlichen Flora und Fauna machte. Er fand hier reiche Nahrung für sein naturwissenschaftliches Interesse, besonders für seine geologischen und mineralogischen Kenntnisse.

Im selben Herbste kehrte sein Sohn Walther von der Schule in Deutschland zurück und war drei Jahre lang im elterlichen Hause, bis er seine theologische Ausbildung vollendet hatte und als Prediger nach New York zog.

Im Frühjahr 1888 legte Professor Rauschenbusch sein Amt als Lehrer nieder. Er war jetzt zwei und siebzig Jahre alt, und die körperlichen Beschwerden, von denen schon die Rede gewesen ist, machten die strengen Anforderungen einer vollen Berufsthätigkeit oft schwer erträglich. Auch war er überzeugt, daß das Klima von Rochester für ihn nicht mehr das passende sei und daß er sich anderswo wohler fühlen werde. So hielt er seine letzte Ansprache an seine letzte Klasse über die schönen Worte: „Darum, ein jeglicher Schriftgelehrter, zum Himmelreich gelehrt, ist gleich einem Hausvater, der aus seinem Schatze Neues und Altes hervorbringt." Br. Haselhuhn, als Vorsitzer des Schul-Komitees, und Gottlob Fetzer, als Vertreter der Studenten, sprachen Worte des Dankes und der Anerkennung. Am Sonntag vor seiner Abreise predigte er mit großer Rührung in der Gemeinde seines Sohnes in New York über die himmlische Stadt nach Off. 21, 1—8. Die 42 Jahre seiner Wirksamkeit in Amerika traten ihm vor die Seele, so daß er vor verhaltenen Thränen kaum anfangen konnte. In der großen englischen Prediger-Konferenz von New York und Umgegend wurde er am folgenden Tage von seinem Freunde und Kollegen True vorgestellt, und die Konferenz erzeigte ihm die seltene Ehre, daß alle sich erhoben, um ihn zu grüßen. Er nahm in New York Abschied von seiner Gattin, die vorläufig bei seinem Sohne blieb, und von seiner Tochter Emma, die einige Monate vorher zur Wiederherstellung ihrer Gesundheit aus Indien zurückgekehrt war. Als lieben Reisebegleiter hatte er seinen Freund Dr. Seibert, Redakteur des „Volksfreund", der in etwa sein Nachfolger in dem Werke der Amerikanischen Traktat-Gesellschaft geworden war.

In Deutschland wartete seiner in der Familie seiner Tochter Frida ein herzlicher Empfang; er konnte seine vier Enkelinnen, von denen er zwei noch nie gesehen, kennen lernen und der Schlußfeier des Seminars beiwohnen. Später reiste er mit seinem Neffen, Professor Dr. Paul Döring, Rektor des Real-Progymnasiums in Sonderburg, zu der „nordischen Ausstellung" nach Kopenhagen und betrat hier zum erstenmal dänischen Boden. Er erfreute sich besonders am botanischen Garten, an dem altnordischen Museum mit seinen historischen Altertümern, und an den Meisterwerken des berühmten dänischen Bildhauers Thorwaldsen. Als er mit seinem Neffen nach Sonderburg auf der Insel Alsen zurückkehrte, besuchte er auch das Schlachtfeld der Düppeler Schanzen, die 1864 von den Deutschen erstürmt und von den Dänen verteidigt wurden. Mit Rührung betrachtete er einen alleinstehenden Stein mit der Inschrift: „Hier fiel Fritz von Beeren, Major im Augusta-Regiment." Major von Beeren war sein Vetter und Jugendfreund gewesen. Er war der

Erste, der als Führer einer Sturmkolonne die deutsche Fahne
auf einer eroberten Schanze aufpflanzte. Gleich nachher traf
ihn eine Kugel in den Unterleib. Auf der Rückreise traf mein
Vater in Kiel ein, als der junge Kaiser Wilhelm, dessen Thron-
besteigung und fernere Regierung er mit warmem Interesse
verfolgte, eben auf seiner Yacht „Hohenzollern" an der Spitze
einer Flotte von seiner ersten großen Besuchsreise in Petersburg, Stockholm und Kopenhagen zurückkehrte.

Im Verlaufe des Herbstes machte er manche angenehme
Besuche bei Verwandten und alten Freunden, besonders auch
bei seiner geliebten jüngeren Schwester Marie in Schiltigheim
bei Straßburg. Im Oktober besuchte er das Grab seines
im Jahre 1881 verstorbenen einzigen Bruders, des Justizrat
Wilhelm Rauschenbusch in Hamm, der selbst ein Dichter und
ein Freund Chamissos, Freiligraths, Kinkels und anderer
berühmter Männer gewesen war. Der Dichter Emil Ritters-
haus hat auf sein Grab die Inschrift gesetzt:

„Ein Mann des Volks, ein Denker und Poet,
Das warst Du, Freund! Gesegnet war Dein Leben!"

Kurz nachher traf ihn in Hamburg die schmerzliche Nachricht, daß seine Schwester Marie im Alter von 65 Jahren
heimgegangen war. Er fing an, die Einsamkeit eines betagten
Mannes zu fühlen, dessen Jugendgespielen allmählich scheiden
und ihn allein lassen.

Doch im selben Herbste eröffnete sich dem Betagten
noch einmal ein Wirkungskreis, in den er freudig eintrat.
Die Baptisten-Gemeinde in Frankfurt am Main hatte ihren
Prediger Neuschäfer durch den Tod verloren und lud Professor
Rauschenbusch ein, während des Winters die Stelle zu versehen. Er erzählt, daß er am Morgen des 1. November,
als diese Aufforderung an ihn kam, beim Erwachen aus dem
Fenster seines Schlafzimmers in Hassenhausen einen Zwetschen-
baum sah, der trotz der vorgerückten Jahreszeit und trotz
schwerer Verletzung durch Hagelschlag noch mit Früchten beladen war. Der Baum habe ihm zugerufen: „Siehe, ich
bringe im Spätherbst des Jahres meine Früchte zu noch

größerer Reise; dich hat Gott bis in den November deines Lebens gnädiglich stehen lassen; solltest du nicht auch noch bessere und reifere Früchte bringen, als du bisher gebracht hast?" Er nahm die Einladung der Gemeinde an und that die mannigfaltige Arbeit der Gemeinde, auch den Kinderunterricht und das Besuchen der Stationen, nach bester Kraft. Frankfurt bot ihm auch außerhalb der Gemeinde viel geistliche Anregung, die er schätzte. Besonders wohl that ihm der Umgang mit seinem alten Freunde Dr. Andreae, der damals mit der Abfassung eines Kommentars über Jesaja beschäftigt war und ihn oft zur Aussprache darüber heranzog.

Im Sommer 1889 trat eine überraschende Wendung ein, die ihn noch einmal in seinen alten Wirkungskreis zurückführte. Nach seiner Resignation im Mai 1888 war sein Sohn Walther zu seinem Nachfolger gewählt worden, doch lehnte derselbe nach kurzem Bedenken den Ruf ab. Erst im Mai 1889 konnte die englische Behörde zu einer neuen Wahl zusammentreten, und in Übereinstimmung mit dem deutschen Komitee wurde diesmal Professor J. Georg Fetzer von dem Prediger=Seminar in Hamburg gewählt. Derselbe nahm auch an, doch bestand das Komitee in Deutschland darauf, er dürfe erst ein Jahr nach der Kündigung gehen, und Fetzer hätte deshalb erst im Sommer 1890 nach Amerika kommen können. Die Schüler, die schon ein Jahr ohne Unterricht in dem Alten Testament und in der Kirchengeschichte gewesen waren, hätten dann noch ein weiteres Jahr denselben entbehren müssen. In dieser etwas verwickelten Lage bot Professor Rauschenbusch an, er wolle für dies eine Jahr zur Aushilfe nach Rochester kommen, und sein Anerbieten wurde als glückliche Lösung der Schwierigkeit mit Dankbarkeit angenommen. So traf er Ende September in Rochester wieder ein, nahm seine frühere Lehrthätigkeit wieder auf und wohnte bei den Studenten in der „Heimat". Im Frühjahr kam die zuerst befremdende Nachricht, der neu erwählte Lehrer habe sein Amt wieder niedergelegt. Es hatte sich im Laufe des Winters herausgestellt, daß das Komitee in Deutschland sich

auf niemand mit Freudigkeit als Fetzers Nachfolger in
Hamburg einigen konnte, und es wurde deshalb die Bitte an
ihn gestellt, zu bleiben. Auch er selbst hatte im Laufe des
Winters erst erproben können, wie sehr ihm das Werk in
Deutschland ans Herz gewachsen war. Die Stellung in
Rochester war finanziell einladender, und für seine Kinder
bot sich ihm eine bessere Zukunft dort, aber er betrachtete es
als Gottes Wille, daß er in Deutschland blieb. Die vakante
Lehrerstelle in Rochester wurde schließlich, wie schon früher
erwähnt wurde, dadurch besetzt, daß zwei Männer, Professor
Ramaker und Kaiser, gewählt wurden, die sich in die Arbeit
teilten und zugleich viel von dem Unterrichte in der Vorschule
übernahmen.

Ende Juni reiste Professor Rauschenbusch, nach einem
schönen Abschiedsfeste in der Gemeinde seines Sohnes in
New York, mit seiner Gattin nach Hamburg zurück. Diesmal
war es wirklich der letzte Abschied von seinem zweiten Vaterlande. Er hat später noch zuweilen vorübergehend daran
gedacht, zu einem Besuche oder vielleicht dauernd zurückzukehren,
aber es nicht mehr ausgeführt. Warum kehrte er überhaupt
nach Deutschland zurück? Warum blieb er nicht in Amerika?
Zum Teil vielleicht, weil man mit einem geringeren Einkommen
in Deutschland anständig leben und manche Annehmlichkeiten
genießen kann. Er war in seinem Leben nicht reich geworden.
Der Erlös von dem Verkauf seines Hauses war ungefähr
alles, was er besaß, und auch dies kam größtenteils aus dem
Vermächtnis seines Bruders. Aber ein schwerer wiegender
Grund war gewiß der, daß Deutschland doch die Heimat
seines Geistes geblieben war. Sehr viele Auswanderer kommen
aus kümmerlichen und gedrückten Verhältnissen in Deutschland
und ringen sich in Amerika zu Wohlstand, Ansehen, Freiheit
und geistigem Selbstbewußtsein empor. Für solche ist Deutschland einfach der Ort ihrer Geburt; ihre Heimat ist in Amerika.
So war es bei meinem Vater nicht. Die Resultate seiner
Arbeit lagen zwar in Amerika und verbanden ihn durch
Liebe und Dankbarkeit mit vielen Menschen und Orten; aber

sein Jugendglück, die Quelle seiner Ideen, der ganze Kreis seiner Blutsverwandten, die Freunde seiner Jugend — diese alle waren doch in Deutschland. Man sagt, wenn Leute früh ihre Heimat verlassen haben und im fremden Lande eine andere Sprache gebraucht, bis die eigne Sprache fast vergessen ist, so lallen sie doch auf dem Sterbebett zuweilen noch den Namen ihrer Mutter mit den Lauten der Muttersprache. So war es in etwa auch mit meinem Vater. Als er älter wurde, wurde er wieder deutscher. Das Englische wurde ihm fremder, das Plattdeutsche geläufiger. Die Übelstände des amerikanischen Lebens wurden ihm schwerer erträglich; dagegen die Zustände in Deutschland erschienen ihm anziehender als früher. Er verehrte Bismarck, den alten Kaiser Wilhelm und auch den jetzigen Kaiser. Auch konnte er in Deutschland auf vielseitigeren Verkehr rechnen, denn in Amerika muß man englisch sprechen, wenn man viel Verkehr mit gebildeten Leuten wünscht. Deutschland ist in etwa ein Paradies des Alters, wo pensionierte alte Herren gemächlich ihren Liebhabereien nachgehen und freundschaftlichen Verkehr miteinander haben können.

Ob diese Erwägungen in dieser Form ihm bewußt geworden sind, weiß ich nicht. Es scheint ihm festgestanden zu haben, daß er nach Deutschland zurückkehren müsse. Die Mutter rief, und ihr Kind kam heim.

Achtzehntes Kapitel.
Als Lehrer der Gemeinschaft.
1858—1890.

Der stärkste Einfluß, den Professor Rauschenbusch auf seine Kirchengemeinschaft ausgeübt hat, wurde durch seine Schüler ausgeübt; er war der Lehrer der Lehrer. Doch hat er auch außerdem in mannigfacher Weise auf das Leben der Gemeinschaft eingewirkt. Er hat sich nie auf sein Lehrzimmer und Studierzimmer beschränkt, sondern sein Sinn ging stets hinaus ins praktische Leben. Durch seine Teilnahme an den Konferenzen, durch seine Reisen, Besuche und Predigten in den Gemeinden und durch seine zahlreichen Beiträge in den Blättern hat er fortwährend anregend, befruchtend oder mäßigend eingegriffen.

Er interessierte sich auch außerhalb seiner Anstalt für die Erziehung der Jugend. In späteren Jahren besonders war „Kindererziehung" ein Lieblingsgegenstand seiner Predigten. Er drang auf Hausgottesdienst und legte es den Leuten bei seinen Besuchen auch durchs praktische Beispiel ans Herz, daß es mit dem Herunterlesen eines Kapitels noch nicht gethan sei, sondern daß der Hausvater den Kindern die biblischen Worte erklären, anwenden und wieder abfragen müsse. In seinen Ansprachen auf Konferenzen und Sonntagsschulversammlungen forderte er oft Einfachheit; man solle die biblischen Geschichten vortragen anstatt der abstrakteren Lehren; man solle die schwierigeren Wörter den Kindern erklären; kurz, man solle sich mit pädagogischem Verstande dem Fassungsvermögen der Kinder anpassen. Er hat aber nicht bloß theoretisch dazu ermahnt, sondern geholfen den Lehrern die nötigen Mittel in die Hand zu geben. Es ist überraschend, wie er darin seiner Zeit voraus war. Die Internationalen Sonntagsschul-Lektionen nahmen ihren Anfang mit dem Jahre 1873. Schon drei Jahre vorher erschienen bei der Amerikanischen Traktat-Gesellschaft eine Anzahl „Geschichten aus dem Leben Jesu", von Professor Rauschenbusch verfaßt. Und gleichzeitig mit dem Beginnen der Internationalen Lektionen wurden dieselben von dem Verlagshause der deutschen Baptisten in Cleveland auch deutsch herausgegeben und erklärt, und zwar wieder von ihm. Er hatte also die Bedeutung dieses Schrittes sogleich erkannt. Damit wurde zum erstenmal den Sonntagsschul-Lehrern einheitliches und geregeltes Material zum Unterrichte geliefert. Aber im Jahre 1887, als zum drittenmal ein siebenjähriger Kursus der Lektionen anfing, schrieb Professor Rauschenbusch drei lehrreiche Artikel im „Sendboten", in welchen er die Vorzüge dieser Lektionen anerkannte, aber auch ihre Mängel rügte und zusammenhängenden Unterricht an der Hand eines Buches von „biblischen Geschichten" forderte. Genau dieselben Forderungen sind seither von vielen Seiten geltend gemacht, und infolgedessen ist das Sprunghafte der Internationalen Lektionen bedeutend gemäßigt und in Amerika außerdem eine Reihenfolge von vorzüglich geordneten Handbüchern, die »Blakeslee Lessons«, erschienen.

Auf die Lehranschauungen der Gemeinschaft hat Professor Rauschenbusch natürlich schon von Anfang an großen Einfluß ausgeübt. Schon 1851, auf der ersten Konferenz in Philadelphia, wurde beschlossen, ein gemeinschaftliches Glaubensbekenntnis herzustellen, und er wurde mit Fleischmann und Eschmann zur Abfassung einer Vorlage beauftragt; doch scheint nichts daraus geworden zu sein. Erst 1855, als er in Missouri als Prediger stand, legte er brieflich der Konferenz den Anfang eines Glaubensbekenntnisses vor, das mit großem Interesse aufgenommen wurde, doch scheint auch dieser Anlauf nicht weitergekommen zu sein. Vielleicht war es am besten so; ein geschriebenes Glaubensbekenntnis mag Segen bringen, aber es bringt auch Gefahr; es ist eine Stütze, kann aber auch leicht eine drückende Fessel werden. Er schrieb öfters über dogmatische Fragen, z. B. über „Wiedergeburt und Bekehrung", „die Willensfreiheit des Menschen", „die Beweise für das Dasein Gottes" 2c. Stets war sein Einfluß konservativ und extremen Neuerungen entgegen; z. B. als Küpfer gegen das Gebet zu Christo eintrat, als 1857 in Buffalo eine starke Strömung zum offenen Abendmahl Platz griff, und als 1859 die jungen Gemeinden in Kanada das Fußwaschen als Gemeindeordnung einführen wollten, trat er diesen Ideen entgegen.

Packender war seine Lehrthätigkeit, wenn sie sich in apologetischer Weise gegen den Unglauben wandte. Während seiner Thätigkeit für die Amerikanische Traktat-Gesellschaft und auch später hat er öfters in öffentlichen Sälen und Stadthallen Vorträge dieser Art gehalten. Als 1863 die Westliche Konferenz in Peoria, Ill., tagte, hielt er in der englischen Baptistenkirche einen Vortrag über das Dasein Gottes, der auf viele einen tiefen Eindruck machte. Derartige Arbeit wagen wenige Prediger; man ist darin oft zu furchtsam gewesen. Im Herbste 1872 machte der Naturforscher Ludwig Büchner, Verfasser von „Kraft und Stoff", eine Reise durch die Vereinigten Staaten, um in Turnhallen und „freien Gemeinden" den Materialismus und die Darwinsche Entwickelungslehre zu verkündigen. Ende August war er auch in Rochester. Vier Wochen nachher hielt Professor Rauschenbusch in dem großen Saale der Turnhalle einen Vortrag zur Antwort. Er hatte nach der Schätzung eines Tageblattes 1200 bis 1500 Zuhörer, weit mehr als Büchner, und behandelte sehr fesselnd die Frage: „Sind Mensch und Affe stammverwandt?" Der Vortrag wurde später von der Amerikanischen Traktat-Gesellschaft als Broschüre herausgegeben. Ein paar Jahre später forderte ihn Herr Fritz Schütz, der, wenn ich nicht irre, Sprecher einer „freien Gemeinde" war, heraus, über die Entwickelungslehre öffentlich zu debattieren. Professor Rauschenbusch lehnte dies ab, erstens weil Schütz nicht die nötigen Kenntnisse in der Naturwissenschaft besitze, zweitens weil er sich an anderen Orten bei ähnlichen Debatten nicht wie ein gebildeter Mensch benommen habe. November 1876 kam Schütz nach Rochester, kündigte eine Beantwortung der obenerwähnten Schrift an und versprach, am Schluß seines Vortrages irgendwelche Einwürfe zu beantworten, besonders falls Professor Rauschenbusch selbst sie machen wolle. Diese Herausforderung wurde in der deutschen Tageszeitung durch eine etwas spitzige Bemerkung über die Herren, die in der Kirche sprechen und Reißaus nehmen, wenn sie ihrem Gegner antworten sollen, unterstützt. Aber Rauschenbusch erschien mit seinen sämtlichen Schülern und machte einen beträchtlichen Teil des dürftigen Publikums aus. Herr Schütz zeigte am Anfang an, er müsse mit dem Zuge um 11 Uhr fort und redete dann bis halb elf und verabschiedete sich, ohne irgend jemand Gelegenheit zu Einwürfen zu geben. Dieser kleinlaute Abzug von dem Kampfplatz, der so herausfordernd betreten war, veranlaßte eine Anzahl von deutschen Bürgern, Professor Rauschenbusch zu bitten, ihnen seinerseits über die Entstehung des Menschen einen Vortrag zu halten, was auch mit gutem Erfolge geschah.

Von besonderem Werte war der Gemeinschaft der Baptisten auch seine öffentliche Wirksamkeit zur Verteidigung der Taufe. Eine Wahrheit kann eng oder weit gefaßt, mit kleinen oder großen Gründen verteidigt werden. Es giebt Baptisten, welche ihren Unterschied von anderen Benennungen hauptsächlich in der Form der Taufe sehen und keinen anderen Grund für die Taufe selbst wissen, als nur daß sie eben in der Schrift befohlen ist. Das schmeckt mehr nach der Knechtschaft des Gesetzes als nach der Freiheit der Kinder Gottes. Anderseits kann die Stellung der Baptisten gegründet werden auf Buchstaben und Geist der Lehre Jesu, auf das Beste, dem die prophetischen Männer des Alten Bundes zugestrebt haben, auf den großen Kampf des Paulus wider das Gesetz, auf das tiefste Streben der Reformatoren und auf das beste Verständnis der Kirchengeschichte. Die bedeutenden Männer einer jeden historisch entstandenen Gemeinschaft können derselben keinen besseren Dienst leisten, als indem sie ihrer Gemeinschaft auslegen, was dieselbe dunkel im Herzen trägt, und ihr den Blick öffnen rückwärts auf ihre Anfänge, seitwärts auf die ihr verwandten Bewegungen und vorwärts auf ihre eigentlichen Ziele im Reiche Gottes.

Wie Rauschenbusch selbst die Taufe auffaßte, ist schon mitgeteilt bei der Besprechung der Gründe, die ihn zu seiner eignen Taufe veranlaßten. Es spricht sich auch aus in einem Briefe, den er 1855 an die Konferenz richtete, der dann von der Konferenz als Sendschreiben an die Gemeinden gesandt wurde. Er sagt: „Unter diesen Umständen haben die Baptisten-Gemeinden eine wichtige Aufgabe und eine große Zukunft. Es kommt für uns bloß darauf an, daß wir den eben angedeuteten Standpunkt der Kirche der Zukunft, wie wir ihn grundsätzlich bekennen, so auch thatsächlich zu dem unsrigen machen. Dahin gehört namentlich, daß wir die Lehre und Ausübung der Taufe, die sich bei uns findet, nicht als unsere, sondern als die Lehre und den Willen Christi betrachten und uns stets dessen bewußt sind: wir kämpfen nicht für eine Kirchenpartei, die wir für besser und richtiger halten, als andere Parteien, sondern für den Heiland, dessen Wort und Bundesstiftungen wir rein haben wollen."

Ein Prinzip kann wohl von einem klaren Kopfe, der in einer Wahrheit recht lebt, mit der Zeit nackt und sicher dargestellt werden, dagegen der historische Unterbau, der das abstraktere Denken durch die konkreten Thatsachen der Geschichte stützt, kann nur durch Gelehrsamkeit errichtet werden. Professor Rauschenbusch diente seiner Gemeinschaft im Laufe der Jahre durch manche Artikel über die Geschichte der Taufe,

z. B. über das Verhältnis der Johannistaufe zu der chriſtlichen Taufe, über die Stellen im Neuen Teſtament, die oft
fälſchlich auf die Taufe angewendet werden, über die Stellung
der Kirchenväter der erſten drei Jahrhunderte zu der Taufe.
Er ſchrieb für ein großes deutſch-amerikaniſches Konverſations-
Lexikon, das in den ſiebziger Jahren von Profeſſor Schem in
New York herausgegeben wurde, die Artikel über die Geſchichte der Baptiſten, Mennoniten und Tunker.

Sein Geiſt war durch natürliche Begabung und ſpätere
Erziehung für hiſtoriſche Forſchung ſo beanlagt, daß ihn das
noch dunkle Gebiet der Geſchichte der Täufer beſonders reizen
mußte, ſobald er mit demſelben durch ſeinen kirchengeſchicht-
lichen Unterricht in Berührung kam. Schon im Dienſte der
Traktat-Geſellſchaft hatte er eine Lebensbeſchreibung von
Roger Williams, dem baptiſtiſchen Gründer der Kolonie
Rhode Island, herausgegeben, die er ſpäter noch mehrmals
umgearbeitet hat. In den ſechziger Jahren fing er an, ſich
mit der Geſchichte der ſogenannten Wiedertäufer in der
Reformationszeit zu beſchäftigen, und wie wir geſehen haben,
brachte er auf ſeiner Reiſe in Deutſchland 1868—69 viel
Zeit mit hiſtoriſchen Forſchungen über die Geſchichte der
Täufer zu. Nach ſeiner Rückkehr begann er mit den Reſul-
taten ſeiner Forſchungen hervorzutreten. Im Sommer 1870
wurde in Verbindung mit der damaligen Univerſität von
Chicago eine Sommerſchule für Prediger gehalten, an der
gegen 200 Prediger als Schüler und mehrere der hervor-
ragendſten baptiſtiſchen Profeſſoren als Lehrer teilnahmen.
Auf dieſer Konferenz hielt Profeſſor Rauſchenbuſch zwei
engliſche Vorträge über die Geſchichte der Täufer, die bedeutendes Aufſehen erregten und noch längere Zeit weitere
Kontroverſen nach ſich zogen.

Man wußte damals eigentlich noch wenig über die Geſchichte der Täufer. Ihre Litteratur iſt ſeiner Zeit von ihren
katholiſchen und proteſtantiſchen Gegnern vernichtet worden,
und erſt in den letzten Jahrzehnten ſind einzelne Exemplare
vieler Schriften wieder aufgeſpürt worden. Die religiöſe und

soziale Bedeutung und die weite Ausdehnung des gewaltsam
erstickten Täufertums war für das Auge einer späteren Zeit
durch die erfolgreichere Bewegung unter den wittenbergischen
und schweizerischen Reformatoren überdeckt und vergraben
worden. Man verließ sich in der Geschichtsschreibung meist
auf die Aussagen der Gegner der Täufer, und den meisten
Kirchenhistorikern fehlte es auch an wirklichem Interesse
für sie. Das alles hat sich in den letzten dreißig Jahren
geändert, und die geschichtliche Ehrenrettung der Täufer vollzieht sich jetzt vor unseren Augen.

Bei diesem Mangel an historischen Thatsachen hatten
sich nun viele Baptisten, besonders in den südlichen Staaten,
eine Art idealer Geschichte zurechtgelegt. Man wußte, daß
in der apostolischen Zeit die Gemeinden aus Gläubigen bestanden, die auf das Bekenntnis ihres Glaubens durch Untertauchung getauft waren. Man wußte, daß im zweiten
Viertel des siebzehnten Jahrhunderts Baptisten-Gemeinden in
England entstanden waren, von denen die heutigen Baptisten-
Gemeinden ihre Herkunft ableiten. Aber wie stand es
während der langen Periode zwischen diesen beiden Zeit-
punkten? Sollte die echte Taufe und die echte Gemeinde so
lange von dem Erdboden verschwunden gewesen sein? Nein,
schon ein Jahrhundert früher, unter den Wiedertäufern
Deutschlands und den Mennoniten Hollands bestand die
apostolische Taufe. Und noch weiter hatte man Nachricht
von den böhmischen Brüdern, von den Waldensern und
Albigensern in Frankreich und Italien, von Petrobrusianern
und Paulicianern, die alle gegen den römischen Abfall pro-
testiert und das apostolische Christentum aufzurichten gesucht
hatten, also gewiß auch Gegner der Kindertaufe gewesen sein
mußten. Auf diesen Brückenpfeilern suchte man eine Brücke
zu bauen rückwärts zur Zeit der Apostel. Es sollte immer
in der Verborgenheit echte christliche Gemeinden gegeben haben,
die miteinander in historischer Verbindung gestanden und
einander auch die Taufe übermittelt hatten, so daß immer
wahrhaft Getaufte andere tauften und die Taufe von den

Aposteln in ununterbrochener Succession auf unsere Zeit gekommen sei. Man war sich wohl bewußt, daß man keine sichere Beweiskette dafür besaß, glaubte aber, daß die fehlenden Thatsachen mit der Zeit noch ans Licht kommen würden. Einstweilen half die Theorie aus, wo die Thatsachen fehlten. Es mußte so gewesen sein, darum war es so.

Die Triebfeder in dieser Konstruktion der Geschichte war die Theorie von der Kontinuität der Kirche, die man von der römisch-katholischen Kirche überkommen hatte. Dieselbe legt großen Nachdruck darauf, daß seit der Apostel Zeit eine Reihene ununterbrochenfolge von Bischöfen bestanden habe, daß immer ein Bischof dem nachfolgenden die Weihe übermittelt habe und damit die geheimnisvolle Vollmacht Christi zur Ausübung der Mysterien des Glaubens und zur Mitteilung der Sündenvergebung. Die protestantische Staatskirche von England nimmt im ganzen denselben Standpunkt ein, daß ununterbrochene Kontinuität ein notwendiges Merkmal der wahren Kirche sei, und behauptet für ihre Bischöfe ebenfalls die apostolische Succession. Diese Lehre wirkte nun als dogmatisches Erbstück auch unter den Baptisten weiter, nur in neuer Form. Thatsächlich ist sie etwas vom alten Sauerteig, der ausgefegt werden sollte. Die Kontinuität der christlichen Kirche besteht nicht in äußerlicher Organisation, sondern darin, daß der Glaube an Jesum Christum und sein Leben nie in der Gemeinde erlöschen. Die apostolische Succession liegt nicht in äußerlicher Legitimität, sondern in dem apostolischen Geiste der Prediger. Jrenäus hat den Satz aufgestellt: „Ubi ecclesia, ibi Spiritus Sanctus" (wo die Kirche ist, da ist der Heilige Geist). Darin ist Wahrheit; aber mehr Wahrheit wäre in dem umgekehrten Satze: „Ubi Spiritus Sanctus, ibi ecclesia" (wo der Heilige Geist ist, da ist die Kirche). Es war eine Verirrung von dem echten und besten Geiste der Baptisten, wenn man soviel Gewicht auf historische Verbindungen und äußere Fortdauer legte.

Dieser hergebrachten Geschichtsauffassung stellte nun Professor Rauschenbusch die Thatsachen entgegen, daß die

Taufe der Gläubigen im Mittelalter nur von Peter von Bruys nachweislich gefordert und erst 1525 durch die schweizerischen Wiedertäufer wieder eingeführt wurde; daß die Wiedertäufer im Reformations-Zeitalter zwar nur Gläubige und Erwachsene tauften, aber noch durch Begießung und (mit Ausnahme vereinzelter Fälle) nicht durch Untertauchung; daß John Smyth, durch den die ersten „General Baptists" in England getauft wurden, sich wahrscheinlich selbst zuerst getauft habe und nur durch Besprengung; und daß die Untertauchung erst 1641 in England wieder eingeführt wurde.

Daß diese Darlegungen Aufsehen machten, kann man sich denken. Niemand hat es gern, wenn seine altgewohnten Ideen untergraben werden und wenn sein religiöses System an irgend einem wichtigen Punkte erschüttert wird. Wie sehr jene Ideen manchen Baptisten nahe gehen, kann man daran erkennen, daß noch in den letzten paar Jahren die Whitsitt-Kontroverse unter den Baptisten der Süd-Staaten soviel Staub aufgewirbelt hat. Es handelte sich darin um die Frage, ob die Untertauchung in England erst 1641 oder schon ein wenig früher eingeführt sei. Daß dies nicht kaltblütig als eine einfache historische Frage betrachtet werden konnte, sondern soviel Leidenschaft erweckte, zeigt, daß größere religiöse Ideen damit verknüpft waren. Professor Rauschenbusch ist einer der ersten gewesen, welche diese historischen Thatsachen festgestellt und bekannt gemacht und dadurch mitgeholfen haben, jene hergebrachten Auffassungen vom Wesen der echten Gemeinde Gottes durch bessere zu ersetzen. Manche seiner Behauptungen sind durch die Resultate späterer Forschungen im einzelnen berichtigt worden; andere sind stärker gestützt worden; aber er war auf der richtigen Fährte. Er war in diesem Kampfe nicht der einzige; andere sind neben ihm marschiert; aber auch ihm gebührt der Kranz der Städteerstürmer. Einer seiner ersten Kollegen war Professor G. W. Northrup, 1857—67 Professor der Kirchengeschichte in Rochester, später Präsident von Morgan Park Theological Seminary. Er bekannte in späteren Jahren, daß er durch seine vielen Gespräche mit Professor Rauschenbusch sehr beeinflußt worden sei. Wenn er an eine gewisse Stelle in seinen Vorträgen kam, pflegte er zu sagen: „Dies war meine Ansicht, bis ich mit Professor Rauschenbusch zusammentraf; er überzeugte mich von der Richtigkeit seiner Stellung ꝛc." In welchem Geiste mein Vater diese Kontroverse geführt wissen wollte, spricht sich in einem Briefe aus, den er 1870 an Dr. Cutting schrieb: „Now, my dear brother, stand up for the truth. Historical truth is part of the truth." (Nun, lieber Bruder, stehen Sie ein für die Wahrheit. Historische Wahrheit ist auch ein Stück Wahrheit.)

Seine Vertretung der baptistischen Lehre von der Taufe war natürlich nicht bloß wissenschaftlicher Art. Er hat öfters polemische Auseinandersetzungen darüber gehabt, z. B. mit Vertretern der Evangelischen Gemeinschaft, nachdem er einen ihrer Lokalprediger, den später so geachteten und geliebten Prediger L. H. Donner, im Niagarafluß getauft hatte. Die interessanteste Arbeit von der Art war seine Teilnahme an der Debatte, die im September 1871 in Logan in Kanada zwischen den Altlutheranern und Baptisten gehalten wurde. Pastor Groß von Buffalo, Präses des östlichen Distriktes der Missouri-Synode, war der Hauptredner auf der einen Seite und Professor Rauschenbusch auf der anderen, während ein gewisser Pastor Succop und Prediger G. A. Schulte sekundierten. Die Lutheraner scheinen mit keiner großen Freudigkeit in die Erörterung eingetreten zu sein, denn sie wünschten nach jeder Sitzung, die Debatte solle geschlossen werden; auch haben sie keinen offiziellen Bericht gedruckt, so daß es schwer ist, einen unparteiischen Eindruck vom Verlaufe der anderthalbtägigen Debatte zu erhalten. Doch scheinen die beteiligten Baptisten, nach den gedruckten Berichten und nach ihrer Stimmung zu schließen, mit dem Resultat wohl zufrieden gewesen zu sein.

Eine andere Kontroverse, die ihn lange Zeit beschäftigt hat, war gegen die Sabbatarier, besonders gegen die Siebentäger-Adventisten, gerichtet. Diese Gemeinschaft entfaltet in den westlichen Staaten und neuerdings auch in Deutschland eine sehr rege Thätigkeit, hauptsächlich durch ihre Traktate. Sie behauptet, daß die Einsetzung des siebenten Tages als Ruhetag von ewiger Gültigkeit sei und die Feier des ersten Wochentages durch heidnische Einflüsse unter Konstantin zuerst veranlaßt worden sei und auch heute eine schwere Sünde und eine Ursache des heidnischen Wesens in der Christenheit sei. Sie halten sich selbst vielfach für die 144000 der Offenbarung Johannis, die sich mit Weibern, d. h. mit Rom und seinem Abfall, nicht befleckt haben. Bei Christen, die selbst noch in der Knechtschaft des Buchstabens befangen sind, finden sie oft leichten Eingang und machen Proselyten, die dann aber keineswegs mehr vom Geiste Christi haben als zuvor. Gegen ihren Einfluß richtete Professor Rauschenbusch schon 1879 eine Reihe von Artikeln über die Frage: „Sollen wir Samstag oder Sonntag feiern?" Auf Wunsch des Publikations-Komitees in Cleveland erweiterte er dieselben später zu einem Traktate gleichen Titels. Ein junger amerikanischer Gelehrter übersetzte ihn ins Englische, und die Traktat-Gesellschaft druckte ihn unter dem Titel: „Saturday or Sunday, which shall we observe?" Später ging er demselben Gegenstande noch weiter nach in einem längeren Artikel in einer theologischen Vierteljahrsschrift: „Ist der Sonntag heidnischen, päpstlichen oder christlichen Ursprungs?" der auch als Traktat erschien. Endlich wurde 1888 in Hamburg noch eine Schrift von ihm über den „Ursprung des Sonntags" herausgegeben. Auch über die rechte Art der Sonntagsheiligung und die Gefahren, welche derselben drohen, hat er ausführlich geschrieben. Er hat am Ende seines Lebens zuweilen bedauert, daß er auf diese Kontroverse soviel Zeit und Kraft verwendet habe, nicht weil er an seinen Überzeugungen irre geworden wäre, sondern weil er sich dabei mit soviel Unwissenheit und Verdrehtheit herumschlagen und seine Kraft von fruchtbareren Gegenständen ablenken mußte. Doch war diese Arbeit nicht vergeblich. Die englische Schrift wurde von einsichtsvollen amerikanischen Gelehrten als die beste kurze Darstellung dieser Sache bezeichnet.

Angenehmer ist die Erinnerung an die warme Befürwortung, welche die Sache der Heidenmission stets von ihm erhalten hat. Der Leser wird sich erinnern, wie der Wunsch, Heidenmissionar zu werden, bald nach seiner Bekehrung in Berlin und Bonn in ihm wach wurde. Er selbst konnte nicht gehen, aber es war ihm stets eine Herzensfreude, wenn er bei seinen Schülern dasselbe Verlangen fand und fördern konnte. Er hielt seinen Schülern selbst Vorträge über Heidenmission und veranlaßte derartige Vorträge von besuchenden Missionaren. Er verteidigte die Aussendung von ledigen Frauen als Missionarinnen und gab durch Artikel jungen Mädchen, die ein Verlangen danach fühlten, Anweisungen, welche Schritte sie dazu thun sollten. Doch werden seine häufigen Privatgespräche darüber noch viel wirksamer gewesen sein, als seine Artikel und Reden.

Überhaupt fand jeder Ruf aus der Ferne ein williges Gehör bei ihm. Bitten um Prediger für die Deutschen in Süd-Afrika und Australien, die Not der Überschwemmten in Deutschland 1883 und das Elend der verfolgten Baptisten in Rußland und Polen in den Jahren 1872--76 erweckten bei ihm lebhafte Sympathie. Es sind damals über $ 1200 durch seine Hände und auf seine Aufforderung nach Rußland gegangen.

In diesem Blick für die größeren und ferneren Interessen des Reiches Gottes zeigt sich nicht bloß ein warmes Herz, sondern auch der weite Blick eines gebildeten und vielgereisten Mannes. So sah er auch in den erschütternden Ereignissen der Weltgeschichte den Gang des Reiches Gottes deutlicher, als das oft bei Christen der Fall ist, die nur in dem inneren Leben und in dem Gedeihen der Gemeinden etwas Göttliches finden wollen. Schon 1855 prophezeite er in einem Schreiben an die Konferenz das Kommen des amerikanischen Bürgerkrieges. Als der Krieg ausgebrochen war, machte er ihn zum Thema des Sendschreibens der Ostlichen Konferenz 1862. Es war ein tönender Ruf der Freude über das Fallen der Sklaverei und eine Mahnung zur Buße für die Unredlichkeit im öffentlichen Leben und die Habgier und Üppigkeit im Privatleben. Für uns Spätere, denen der damalige Bürgerkrieg als weitaus das wichtigste Ereignis jener Zeit erscheint, ist es auffallend, wie wenig im „Sendboten" und in den Verhandlungen der Konferenzen sonst darüber gesprochen wird. Er machte darin eine Ausnahme. Auch der deutsch-französische Krieg 1870—71 veranlaßte ihn zu Artikeln und Reden darüber.

Ende der sechziger Jahre legte sich ihm eine soziale und sittliche Frage heiß auf die Seele, die er dann in Artikeln und Reden öfters besprach, nämlich die Abnahme der Geburten unter der amerikanischen Bevölkerung des Landes, und im Anschluß daran die ganze Sache der geschlechtlichen Sittlichkeit. Das sind Dinge, die mit großer Vorsicht behandelt werden wollen; man kann dabei leicht mehr schaden als nützen. Es ist fraglich, ob es Professor Rauschenbusch gegeben war, mit der nötigen Behutsamkeit und Zurückhaltung über solche Dinge zu reden. Anderseits ist auch zu bedenken, daß es oft das getroffene Gewissen ist, das sich aufbäumt, indem es den Redner tadelt. Wer die kolossalen Schäden des Volkslebens kennt und in der Seelenpflege mit der langsamen Vergiftung der jugendlichen Seelen bekannt geworden ist, wird niemand seine Achtung versagen, der mit ehrlichem Mute hier Hand anlegt, auch wenn er dabei ernstliche Fehler macht. Den Schaden, der durch öffentliche Besprechung gethan werden kann, sieht man wohl; den unermeßlich größeren Schaden, der durch feiges Schweigen fortwährend angerichtet wird, sieht man nicht und empfindet ihn nicht als Schuld.

„Es sind mancherlei Gaben, aber ein Geist." Es giebt Männer, die wenig originelle Ideen haben, deren besondere Gabe dagegen in der Vervollständigung der Organisation einer Gemeinde oder eines größeren Werkes liegt. Professor Rauschenbusch war nicht einer von diesen organisatorischen

Männern, aber er hat es wohl verstanden, durch die bestehenden Organe zu wirken und auch zu ihrer Vervollständigung beizutragen. Er war einer von den fünf Predigern, die 1851 in Philadelphia zu einer Konferenz zusammentraten, aus der nach und nach sich die jetzige treffliche Organisation der deutschen Baptisten in Amerika entwickelt hat. Er war 1857 in St. Louis und 1862 in Berlin in Kanada Vorsitzender der Konferenz. Lange Jahre war er Glied und öfters Vorsitzender des Publikations-Komitees. Bei den ersten Anfängen eines gemeinschaftlichen Publikationswerkes war er helfend und beratend dabei. Neu und interessant dürfte es manchen sein, die mit der Geschichte der deutschen Baptisten in Amerika sonst wohl vertraut sind, daß er einen wichtigen Anteil an der Herstellung der Verbindung zwischen der American Baptist Home Mission Society und den deutschen Gemeinden gehabt hat. Durch diese Verbindung sind viele Jahre lang die Hilfsquellen, welche den deutschen Gemeinden für ihre Missionsarbeit zu Gebote standen, verdoppelt worden, und auch sonst ist diese Verbindung von großem Einfluß gewesen. Dieselbe besteht darin, daß die englische Gesellschaft deutsche Missionare anstellt, aber nur auf Vorschlag und Empfehlung der von den deutschen Konferenzen erwählten, sachkundigen Ausschüsse, und daß sie die Beiträge der deutschen Gemeinden für einheimische Mission bis zu einer festgesetzten Höhe verdoppelt. Dies Band wurde erst 1869 geknüpft. Davor unterstützte die Gesellschaft auch schon einzelne deutsche Prediger, und dabei diente Rauschenbusch vielfach als Vermittler. Er war den leitenden amerikanischen Baptisten bekannt, und sie schenkten ihm Vertrauen. Im Sommer 1863 wurde er von der Home Mission Society als „exploring missionary" oder reisender General-Agent angestellt und bereiste die Staaten Michigan, Wisconsin, Iowa, Illinois und Missouri. Er hatte versprechende deutsche Arbeitsfelder aufzusuchen, Prediger, die der Unterstützung würdig wären, vorzuschlagen und als Ratgeber der Gesellschaft Bericht zu erstatten. Auch im Sommer 1866 und 1871 machte er ähnliche Reisen. Natürlich ließ er das Wohl des Seminars dabei nicht außer Auge, doch war seine Hauptthätigkeit eine missionierende. Die Home Mission Society hat mir die sämtliche Korrespondenz aus jenen Jahren zur Verfügung gestellt, und es war interessant zu verfolgen, wie manche trefflichen Männer und welch wichtige Felder er damals zur Unterstützung empfohlen hat. Schon 1865 bei der Westlichen Konferenz in Milwaukee forderte er im Namen der Home Mission Society die Konferenz auf, ein Komitee zu ernennen, das bei der Ernennung von Missionaren der Gesellschaft raten könne. 1869 wurde ein ähnlicher Gedanke von deutscher Seite auf der Östlichen Konferenz angeregt, und zwar durch G. A. Schulte in seinem ersten Jahresbericht als Reiseprediger der Östlichen Konferenz. Es wurde ein Komitee ernannt, in welchem Rauschenbusch Vorsitzender sein sollte. Dasselbe ist nie zusammengetreten, wohl aber legten Rauschenbusch und Schulte die Sache den Beamten der Home Mission Society vor und fanden bereitwilliges Entgegenkommen. In ihrem Auftrage schrieb Rauschenbusch an die Westliche Konferenz über die Anstellung eines Reisepredigers, den die Gesellschaft besolden werde. Zwei Jahre später wurde dieser Plan auch im Westen verwirklicht, und das war der Anfang der wichtigen Kooperation zwischen der American Baptist Home Mission Society und den deutschen Gemeinden.

Es ist unmöglich, alle Einflüsse, die von einem so reichen und vielseitigen Leben ausgegangen sind, aufzuzählen. Manches, das mein Vater gethan hat, war mir ganz unbekannt, bis ich zufällig die Spuren davon in seinen Papieren auffand und denselben nachging. Vieles wird mir auch jetzt unbekannt geblieben sein. Die Männer, mit denen er einst zusammen gewirkt hat, sind jetzt auch schon meist zu ihrer Ruhe gegangen und konnten mir keine Auskunft geben. Von seiner großen Korrespondenz aus all diesen Jahren in Rochester sind nur zufällig einige Reste übrig geblieben. Wie vielen Menschen er ein weiser Ratgeber gewesen ist, wie viele junge

Leute durch ihn den erften Antrieb zu höherem geiftigem und geiftlichem Streben und zum Eintritt in das Werk des Herrn erhalten haben, wie manchem verlornen Sohne aus Deutfch- land er geduldig geholfen hat, im neuen Lande neue Wege einzufchlagen, ein wie treuer Freund er manchen Armen und Alten gewefen ift — das alles weiß Gott allein, und in Gottes Augen gelten folche unfcheinbaren Dienfte der Liebe oft mehr als öffentliches Wirken, welches die Welt zu bemeffen und zu loben weiß.

Neunzehntes Kapitel.
Die letzten Lebensjahre in Deutschland.
1890—1899.

Vier Jahre hatte August Rauschenbusch einst in Altena gewirkt; vier und vierzig Jahre umspannte seine Arbeit in Amerika; neun weitere Jahre in der Abenddämmerung seines Lebens hat Gott ihm noch für Deutschland beschieden. Und auch diese sollten nicht ohne ihre Frucht sein.

Zuerst brauchte der Wanderfreudige die neue Freiheit von amtlichen Pflichten, um sein altes Vaterland von West nach Ost zu durchqueren. Nach kurzem Aufenthalt in Hamburg bei seiner Tochter reiste er nach Elbing in Westpreußen zu der Konferenz der Ostpreußischen Vereinigung, und von da nach Königsberg und weiter nach Memel, oben in dem nordöstlichsten Zipfel von Frau Germanias reichem Gewande. Es war ihm eine Freude, die kraftvolle Entwickelung der Baptisten-Gemeinden in diesem Teil Deutschlands zu beobachten. Über Tilsit und Stallupönen fuhr er nach Eydtkuhnen, das dicht an der russischen Grenze liegt, und betrat dort zum erstenmal mit eigentümlichen Gefühlen den Boden des großen Russenreiches. Die Glocke lud gerade zum Abendgottesdienst der griechisch-katholischen Kirche. Er ging hinein und hörte die Litanei des Chors hinter dem Vorhang, sah den reichgeschmückten Priester hervortreten und seine Verbeugungen vor den Heiligenbildern machen und dachte an das Wort Jesu von der Anbetung Gottes im Geist und in der Wahrheit. Er verstand natürlich die altslawonische Sprache, in welcher der Gottesdienst gehalten wird, nicht, aber das schadete nichts; die Russen verstehen sie ja auch nicht. Es ist die heilige Kirchensprache in der griechischen Kirche, wie das Lateinische in der römischen Kirche.

Auch im Osten Deutschlands traf er alte Freunde. In Dirschau und Lyck fand er zwei seiner früheren Schüler aus Rochester in gesegneter Arbeit. In Thorn in Westpreußen besuchte er Professor Fasbender, der sein Mitschüler auf dem Elberfelder Gymnasium gewesen war. Tief bewegten ihn die historischen Erinnerungen jener Gegenden: der erste Anblick des Weichselstromes; die mächtige Marienburg, wo vor sechshundert Jahren die Deutschritter mit Schwert und Evangelium das Heidentum niederzwangen; das Denkmal für seinen Lieblingsdichter Max von Schenkendorf in dessen Geburtsstadt Tilsit; in Thorn das Grabdenkmal des frommen Naturforschers Kopernikus, dessen scharfer Geist unser astronomisches System geschaffen hat und der doch in seiner Grabinschrift demütig nicht um die Gnade des Petrus oder Paulus, sondern nur um die Barmherzigkeit, welche dem Schächer am Kreuze zu teil wurde, fleht.

In Berlin hielt er sich mehrere Wochen mit reichem Genuß auf. Gott führte es so, daß er dort noch einmal eine Seele wiedersehen durfte, der er viel verdankte. Frida von Quadt, die fünf und fünfzig Jahre vorher in Berlin ein Hauptwerkzeug zu seiner Bekehrung gewesen war, lag seit einem Jahr krank. Er bat um Erlaubnis, sie zu besuchen, und konnte ihr noch einmal danken. Seit seiner Jugendzeit hatte er sie nur im Jahre 1869 wiedergesehen. Kurz nach dem Besuch, am 24. Oktober 1890, ging sie in Frieden heim.

Von Berlin kehrte er nach Hamburg zurück und ließ sich dann für den Winter in Wiesbaden nieder. Es versteht sich von selbst, daß diese weite, mehrere Monate umfassende Reise fast überall zur Verkündigung des Evangeliums und zu gemeinnützigen Vorträgen gebraucht wurde. In Wiesbaden war im Frühjahr des Jahres Prediger Strehle gestorben; auf Wunsch der Gemeinde sollte Rauschenbusch während des Winters die Stelle versehen. Zugleich hoffte er, die südliche Lage und das schöne Klima von Wiesbaden werde seiner Gesundheit besonders zuträglich sein. Diese Hoffnung ging nur teilweise in Erfüllung. Er blieb zwei Jahre lang in Wiesbaden, hatte aber beide Winter an schweren Erkältungen und anderen Leiden des Alters zu tragen, die ihn wochenlang ans Haus fesselten und auch seine Arbeit für die Gemeinde in den ersten Monaten zu seinem Leidwesen hemmten.

Doch seine Feder ruhte nicht. Er unternahm es, eine Reihenfolge von Charakteristiken der in der Bibel vorkommenden Frauen für das von seiner Tochter Frida Fetzer redigierte Jungfrauenblatt „Tabea" zu liefern. Die Abfassung dieser „biblischen Frauenbilder" dehnte sich über vier Jahre aus. Solche Arbeiten für Zeitschriften kehren, wenn sie einmal unternommen sind, mit einer unerbittlichen Regelmäßigkeit wieder, die für einen alten Mann, bei dem die Arbeitskraft schwankt, oft nicht leicht ist; aber er hat treulich sein Bestes gethan. Eine andere Arbeit, welche freundschaftliche Pietät ihm auferlegte, war die, den Kommentar über Jesaja, welchen sein Freund Andreä in seinen letzten Lebensjahren geschrieben hatte, durchzusehen, druckfertig zu machen und nachher die Korrektur zu lesen. Das Werk ist bei Steinkopf in Stuttgart 1892 in schöner Ausstattung erschienen.

An eine viel umfangreichere und zeitraubendere Arbeit legte er auch gleich im ersten Winter in Wiesbaden seine Hand, nämlich an die Herstellung eines neuen Gesangbuches für die deutschen Baptisten. Die „Glaubensstimme", 1847 von dem liederreichen Köbner hergestellt, war über vierzig Jahre lang in den Gemeinden im Gebrauch gewesen. In so langer Zeit gehen leise und unbemerkt mancherlei Wandlungen vor sich in den religiösen Bedürfnissen, in dem litterarischen Geschmack, in der Melodienkenntnis einer Gemeinschaft. Es schien Rauschenbusch an der Zeit, eine Umarbeitung und Erneuerung der „Glaubensstimme" vorzunehmen. Er trat mit einer großen Anzahl von Predigern und sangeskundigen Männern in den Gemeinden in Verbindung und fand fast überall Ermunterung zu seinem Vorhaben. Im Sommer 1891 arbeitete er eine „Vorlage" aus, in welcher die Grundsätze dargelegt waren, nach welchen die Auslassungen, Veränderungen und Zusätze gemacht werden sollten. Auf seinen Vorschlag wurde auf der Bundes-Konferenz in Hamburg im August 1891 beschlossen, eine Kommission von sieben Gliedern zu ernennen, und es wurde ihm überlassen, dieselben vorzuschlagen. Er selbst wurde als Sekretär der Kommission beigegeben. Die Arbeit schritt unter der kräftigen Unterstützung seiner Mitarbeiter rüstig voran, und Anfang 1894 war das neue Buch im Gebrauch der Gemeinden. Wieviel Nachschlagen, Schreiben, Abwägen, Prüfen, Verbessern, Durchlesen und Wiederdurchlesen bei einer derartigen Arbeit gethan werden muß, bis das fertige Resultat so anspruchslos in die Hände der Gläubigen gelegt werden kann, davon hat nur der Sachverständige eine Ahnung. Doch war es eine Arbeit, die Rauschenbusch gern gethan hat; er schöpfte aus der Beschäftigung mit der christlichen Poesie auch für sich selbst reiche Erbauung und bewahrheitete ein Bibelwort, das er gern anführte: „Es soll der Ackersmann, der den Acker baut, der Früchte am ersten genießen." Dies war das sechste Gesangbuch, an welchem er gearbeitet hat. Das erste war das Missionsgesangbuch, welches er 1846 vor seiner Auswanderung veröffentlichte. Das zweite ein Gesangbüchlein für die Jugend, das von der Traktat-Gesellschaft herausgegeben wurde. Das dritte war die Pilgerharfe, die er 1853 auf seiner ersten Reise nach Deutschland für die amerikanischen Baptisten-Gemeinden besorgte. Das vierte war ein Taschen-Liederbuch für die Soldaten in dem amerikanischen Rebellionskriege, das er für die Amerikanische Traktat-Gesellschaft herstellte. Das fünfte war die „Glaubensharfe", das neue Gesangbuch der deutsch-amerikanischen Baptisten-Gemeinden, bei dessen Herstellung er dem Publikations-Komitee mit Rat und Hilfe zur Seite stand. Das letzte war die „Neue Glaubensstimme für die Gemeinden des Herrn". Er war kein Dichter, wie Köbner; von ihm selbst steht nur ein einziges Lied darin; seine Befähigung für diese Arbeit lag in seiner ausgedehnten Kenntnis des geistlichen Liederschatzes der deutschen Sprache und in dem religiösen und litterarischen Feingefühl, mit dem er das Bessere von dem Geringeren sonderte. Was wären unsere Gottesdienste ohne Lieder! Wie rasch können die religiösen Gefühle durch edle Lieder vertieft, durch seichte Lieder verflacht werden! Wer dem Volke gute Lieder herbeischafft und in die Hand giebt, der hat wahrlich einen Beitrag geliefert zu dem geistlichen Gedeihen der Gemeinde.

Im Herbst 1892 siedelte er von Wiesbaden nach Frankfurt am Main über, wo er bis zum Frühjahr 1895 wohnen blieb. Er verkehrte dort auch gern in den gläubigen Kreisen außerhalb der Baptisten-Gemeinde. Im Hause von Dr. med. Simrock, dem Schwiegersohne seines Freundes Andreä, bei Herrn Apotheker Müller und Bau-Unternehmer Baresel genoß er viel herzliche Freundschaft. Seine Arbeit an der „Glaubensstimme" beschäftigte ihn auch in Frankfurt noch lange. Außerdem schrieb er eine Reihe von Artikeln über die verschiedenen deutschen und englischen Bibel-Übersetzungen. Im Sommer machte er gewöhnlich längere Reisen und predigte häufig in den Gemeinden. Im August 1894 war er seit seiner Studienzeit zum erstenmal wieder in Wien. Er war dort mit seiner jüngeren Tochter zusammen, die mit dem Missionar Clough, für dessen erfolgreiche Missionsarbeit in Indien er sich immer besonders interessiert hatte, in die Ehe getreten war. Auch in Straßburg war er noch einmal, um seiner lieben Nichte Elisabeth Ehrhardt sich zu widmen, die in dem dortigen Diakonissenhause eine traute Pflegestätte gefunden hatte. Der Umgang mit ihrer reichbegabten, edeln Persönlichkeit und der Eindruck der Seelenstärke, mit welcher sie ein langjähriges, schweres Leiden trug, thaten ihm besonders wohl. Auch in Elberfeld war er öfter.

Dort stand an der Wupperstraße das Haus, in welchem er als Gymnasiast seine Großmutter, die Witwe von Hilmar Ernst Rauschenbusch, und seinen Onkel, Dr. Carl Rauschenbusch, besucht hatte. Jetzt wohnte dort dessen Sohn, der Sanitätsrat Carl Rauschenbusch. Gerade nebenan wohnte der Kaufmann Wilhelm Döring, Konsul der französischen Republik, und bei ihm seine Schwester Maria Döring und seine Mutter, Frau Pastorin Döring, meines Vaters älteste Schwester. Dort fand mein Vater oft herzliches Willkommen. Mit seinem Neffen unterhielt er sich gern über die Armenpflege der Stadt, in welcher dieser eine leitende Stellung einnahm, und über die deutsche Politik. Mit seiner Nichte, deren reiche Begabung sich sowohl in poetischen Arbeiten wie in vielseitiger praktischer Thätigkeit, die auch von den höchsten Kreisen ehrend anerkannt worden ist, einen Wirkungskreis geschaffen hatte, stand er in herzlichen Beziehungen. Und dann hatte er dort die Liebe seiner Schwester, jetzt hoch betagt, aber noch klaren Geistes, und stets dieselbe in ihrer unwandelbaren, verständnisvollen Liebe zu ihrem Bruder. Dies treue Herz hörte am 7. September 1894 auf zu schlagen. Das war ein schwerer Verlust für ihn. Er war nun der letzte aus seinem Geschwisterkreise. In der weiteren Familie ragten nur wenige aus seiner Generation noch mit ihm in die neue Zeit herüber. Die Kinder seiner Schwester bewahrten ihrem Ohm treue Anhänglichkeit, aber für ihn wie für sie war eine unersätzliche Lücke im Leben, seit jene guten Augen sich geschlossen.

Im Frühjahr 1895 kam die Aufforderung an ihn, noch einmal zu seinem Lehrerberuf zurückzukehren. Schon zwei Jahre vorher hatte er, während der Abwesenheit seines Schwiegersohnes in Amerika, auf kurze Zeit dessen Stelle versehen. Jetzt wurde er auf ein ganzes Jahr dorthin berufen. Es hatten sich nämlich für das Schuljahr 1895—96 eine ungewöhnlich große Zahl von Schülern zum Eintritt in das Prediger-Seminar in Hamburg gemeldet, fünf und dreißig auf einmal, und darunter eine Anzahl solcher, die wegen vorgerückten Alters nur auf ein Jahr die Anstalt besuchen konnten. Da die anderen Lehrer durch die Größe der übrigen Klassen schon ungewöhnlich in Anspruch genommen wurden, ersuchte die Schulbehörde Rauschenbusch, den Unterricht jener einjährigen Schüler zu übernehmen. Zugleich mußte sein Schwiegersohn die bisherige Amtswohnung in dem Anstaltsgebäude räumen, um der vermehrten Zahl der Studenten Platz zu machen, und da doch ein Haus gemietet werden mußte, konnte die Wohnung leicht groß genug für weitere Familienglieder eingerichtet werden. So wurde er mit seiner Frau Hausgenosse in der Familie seiner Tochter, bis er zu seinem letzten Heim einging. Die Arbeit des Unterrichtens that er mit Freuden. Er hatte sich auf sechs Stunden wöchentlich verpflichtet, aber bald machte er freiwillig zehn daraus und gab öfters noch öffentliche Vorträge hinzu, um das Maß gerüttelt und geschüttelt voll zu machen. Auch in den folgenden Jahren blieb er in regem Verkehr mit dem Seminar. Er saß gern im Lesezimmer der Anstalt, ging in ihrem Garten spazieren und pflegte die Bäume und Weinstöcke. Sehr oft besuchte er die Studenten auf ihren Zimmern. Sie schätzten ihn auch als ihren Lehrer und erfreuten ihn an seinen letzten drei Geburtstagen, indem sie ihm ein Ständchen brachten.

Im Sommer 1896 reiste er nach Breslau und ins Riesengebirge und von da nach Berlin, wo er fast einen Monat im September und Oktober zubrachte. Er fand die Arbeiter auf dem großen Missionsfelde der Hauptstadt so überladen mit Arbeit, daß seine Aushilfe ihnen sehr willkommen war. So redete und predigte er öfters. Während die Arbeit vor ihm lag, wurde er von der Freude der Arbeit getragen, aber als er Ende Oktober nach Hause zurückkehrte, war er von Grund auf erschöpft und konnte sich kaum noch zu irgend etwas aufraffen. Ende November kam eine schwere Erkältung und die Grippe hinzu und brachten ihn dem Tode nahe. Als er nach drei und einem halben Monat zum erstenmale wieder ausgehen konnte, kam er sich, wie er in

seinem Tagebuch es ausdrückt, wie ein von den Toten auf-
erstandener vor. Doch hatte seine Gesundheit dauernden
Schaden genommen. Er war so geschwächt, daß er sich in
den sonst wohlbekannten Straßen der Nachbarschaft verirrte
und die Wege neu lernen mußte. Als er im März mit seiner
Frau in die Stadt fuhr, um Muncaczys Christusbild, „Ecce
Homo", zu sehen, fand er, daß er wenig mehr davon unterscheiden konnte. Es war ihm dies ein Memento mori;
er fühlte, daß seine Frist abließ und daß er mit seinen
Kräften haushalten müsse, um seine angefangenen Arbeiten
zu vollenden.

Im Herbst 1897 stellte er seine „biblischen Frauenbilder", die er für „Tabea" geschrieben hatte, in Buchform
zusammen. Sie kamen dann im Verlag von Schergens in
Frankfurt a. M. heraus. Ferner arbeitete er an einer kurzen
Biographie von Roger Williams, dem Gründer von Rhode
Island und Vorkämpfer der Religionsfreiheit, und an einem
Büchlein über die Entstehung der Kindertaufe. Er hatte in
früheren Jahren, wie schon erzählt ist, sich mit dem Gedanken getragen, die Geschichte der Täufer zu schreiben. Zu
einem so großen Werke hatten aber seine Schaffensfreudigkeit
und seine von Berufspflichten stets überladene Zeit nicht
ausgereicht. Der Versuch, die Taufpraxis der apostolischen
Zeit und die allmähliche Entstehung der Kindertaufe in den
ersten Jahrhunderten zu beschreiben, war eine Art Abschlags-
zahlung auf das, was er einst zu leisten gehofft hatte. Beide
Schriften wurden im Jahre 1897 von der Baptistischen
Verlagsbuchhandlung herausgegeben. Die erste Auflage der
Geschichte der Kindertaufe war sehr bald vergriffen, und er
stellte eine zweite Auflage her, die sehr wesentlich vermehrt
war. Es machte ihm besondere Freude, daß einzelne Abschnitte seines Buches in Amerika ins Englische übersetzt und
wiederholt abgedruckt wurden, um bei der Whitsitt-Kontroverse
ins Treffen geführt zu werden.

Ende 1896 wurde entdeckt, daß er um sein kleines
Vermögen betrogen worden war. Er hatte dasselbe einem

hochstehenden Advokaten in Rochester zur Verwaltung anvertraut. Dieser hatte durch Spekulationen und leichtsinnige Ausgaben erst seine eigenen großen Einnahmen verbraucht und dann auch zu dem anvertrauten Gelde gegriffen. Die Zinsen hatte er aus seiner Tasche weiterbezahlt; das Kapital war fort. Nur etwa $ 300 wurden aus dem Schiffbruch gerettet. Obgleich mein Vater nun in seinem Alter von Mitteln fast ganz entblößt war, hat er seinen Verlust mit großer Würde und Ergebung ertragen. Er sprach selten davon, und dann ohne Bitterkeit. Jener Advokat wurde von anderen, die er auch betrogen hatte, auf anderthalb Jahre ins Staatsgefängnis gebracht. Mein Vater schrieb ihm dorthin einen edeln Brief, ermahnte ihn auch, innerlich Buße zu thun für seine Sünde und den festen Entschluß zu fassen, so weit wie möglich wieder gut zu machen, was er gesündigt habe. Kein anderer von denen, gegen die er gefehlt, hat so gegen den Mann gehandelt. Hoffentlich haben die feurigen Kohlen, die auf sein Haupt gesammelt wurden, etwas zu seinem Nutzen geschmerzt. Es ist eine Freude, hier eine That der Liebe zu erwähnen, die gerade durch dies Unglück hervorgerufen wurde. Als meines Vaters Schüler in Amerika von seinem Verlust hörten, legten eine Anzahl von ihnen, ganz auf eigenen Antrieb eine Summe Geldes zusammen für ihren alten Lehrer. Da die allermeisten von ihnen nicht aus Überfluß geben können, war diese Gabe ihm rührend und lieb. Im übrigen hat er bis an sein Ende seinen Unterhalt mit der Feder verdient. Er mußte sich einschränken, aber der Gott, dem er sein lebenlang gedient, hat ihn nie in drückende Abhängigkeit von anderen geraten lassen.

Unter den Entbehrungen, welche ihm der Verlust seines Vermögens auferlegte, schmerzte ihn fast am meisten, daß er nun keine längeren Reisen mehr machen konnte. Im Herbst 1897 reiste er nach Bremen, Oldenburg und Varel, wo er bei Prediger Brandt edle Gastfreundschaft genoß. Im Sommer 1898 unternahm der Zweiundachtzigjährige noch einmal eine etwas größere Reise. Es war seine letzte und

gestaltete sich, ihm vielleicht unbewußt, zu einer Art Abschieds-
reise von den teuren Erinnerungen seines Lebens. Er fuhr
mit seiner Gattin nach Gütersloh, wo sein Sohn auf der
Schule gewesen war, und genoß in dem frommen Heim des
Professor Zander und in dem Bertelsmannschen Hause viel
Liebe. Dann ging es nach Hagen zu dem ältesten Bruder
seiner Frau, wo er sich auch sehr wohl fühlte, und dann
hinauf nach Altena. Während seiner Krankheit im Frühjahr
1897 hatte er Heimweh nach Altena gehabt: „Ich möchte
Altena noch einmal wiedersehen." Seit achtzehn Jahren
war er nicht mehr dort gewesen, und tiefe Rührung und
Freude ergriff ihn, als er am Arm des Sohnes seines alten
Freundes Nölle noch ein wenig den Bergesabhang hinauf-
klimmen konnte, den er als Knabe so oft erstiegen, das Schloß
sehen, in dessen Ruinen er geträumt, in die Kirche eintreten,
wo sein Vater und er gepredigt hatte, und das Grab seines
Vaters besuchen auf dem Kirchhof, von dem sein Vater den
ersten Teil und er selbst den zweiten Teil geweiht hatte.
Alles war umwoben von Erinnerungen, als ständen die
Geister der Entschlafenen auf, ihn zu begrüßen. Von seinen
alten Getreuen fand er nur noch Arnold Bremer und Moritz
Severing, aber von seinen Konfirmanden und anderen
Freunden waren noch mehr, als er erwartet hatte. In der
lutherischen Kirche wurde gerade die Versammlung der Synode
gehalten; er hörte eine ernste Bußpredigt und wurde herzlich
eingeladen, an den Versammlungen teilzunehmen. Von Altena
reiste er mit seiner Frau nach Düsseldorf, wo der Kaufmann
Heinrich Jürgens, der letzte, den er in seinem Leben getauft
hat, mit seiner Gattin ihnen die herzlichste Gastfreundschaft
erwies. Er fuhr hinaus nach Kaiserswerth, wo er als Knabe
Fliedner besucht hatte; jetzt fand er die weit ausgedehnten
Anstalten dort mit etwa tausend Diakonissen und konnte Gott
loben für die großen Dinge, die Er gethan. Ein andermal
fuhren sie nach dem Siebengebirge bei Bonn am Rhein, wo
Herr Jürgens einen Wagen nahm und den ganzen Tag lang
ihn die herrlichen Aussichten der Gegend genießen ließ, die

er als Student in Bonn so oft durchstreift hatte. So nahm er auch da Abschied. In Wermelskirchen tagte die Niederrheinische Vereinigung; er besuchte sie auf einige Stunden und wurde gebeten, sich auszusprechen darüber, wie er nun auf sein langes Leben zurückschaue. Er that das mit Freudigkeit; seinen Eindruck faßte er in drei Bibelworten zusammen: „Ich danke unserem Herrn Jesu Christo, der mich stark gemacht und treu geachtet hat und gesetzt in das Amt" (1 Tim. 1, 12); „Gott, sei mir Sünder gnädig!" (Lk. 18, 13), und: „Ich habe Lust, abzuscheiden und bei Christo zu sein" (Phil. 1, 23). Dann folgte der letzte Besuch bei seiner Nichte Maria und seinem Neffen Wilhelm Döring in Elberfeld, bei welchem diese mit Wehmut bemerkten, wie seine Körperkräfte abgenommen hatten, dabei aber wieder staunen mußten über seine geistige Frische, wenn auf alte Familien-Erinnerungen die Rede kam, und seine Aufnahmefähigkeit für alle neuen Zeitereignisse. Noch ein kurzer Besuch in Hamm an dem Grabe seines Bruders Wilhelm, dann ging es zurück nach Hamburg. Man hatte ihm sehr abgeraten, in seiner Altersschwäche noch eine so lange Reise zu machen. Es war eine seiner schwachen Seiten, daß er seine Kraft nicht recht bemessen konnte und mehr unternahm, als er ausführen konnte. Aber durch die Fürsorge seiner Gattin und die große Freundlichkeit, die ihn überall empfing und schützte, konnte er die Reise mit viel Genuß und ohne Unfall durchsetzen. Den Freunden und Verwandten, die es sich damals keiner Mühe verdrießen ließen, wird es nachträglich eine liebe Erinnerung sein, daß sie ihm diese letzte Erquickung bereiten konnten.

Zwanzigstes Kapitel.
Das Ende und der Anfang.
(1899.

Im Sommer 1899 war es mir vergönnt, meinen Vater noch einmal zu besuchen. Als ich bei meiner Ankunft auf sein Zimmer eilte und er sich erhob, um mich in seine Arme zu schließen, war mein erster Eindruck, daß er doch sehr gealtert habe. Die markige Gestalt war gebückt und klein geworden. Sah man ihn auf der Straße mit behutsamen, kurzen Schritten, auf seinen dicken Stock gestützt, dahergehen, so hatte man auch den Eindruck eines greisen Mannes. Saß man ihm dagegen bei Tische gegenüber, wo nur Brust und Haupt sichtbar waren, dann verschwand dieser Eindruck, besonders wenn im Gespräch sein Auge aufleuchtete und seine Züge sich belebten. Dann erschien sein Haupt mit den langen grauen Haaren wohl ehrwürdig, aber nicht greisenhaft. Durch die morsche Scheide blitzte noch immer der blanke Stahl des Schwertes.

Aus den Fenstern seines Zimmers blickte er hinüber in die grünen Bäume eines großen Privatbesitztums, wo die Nachtigallen im Frühjahr jubilierten. Dort schrieb und arbeitete er die Vormittagsstunden hindurch. Des Morgens verfehlte er fast nie, schon gleich nach sieben zum Frühstück herunterzukommen und an der Morgenandacht teilzunehmen. Am Nachmittag machte er, wenn das Wetter es erlaubte, einen längeren Spaziergang durch die Handelsgärtnereien,

inmitten deren die Wohnung lag, in den Garten des
Seminars oder in das Wandsbeker Gehölz, einen hübschen
städtischen Park mit einem Denkmal des Matthias Claudius,
des „Wandsbeker Boten". Hier ruhte er sich auf den Bänken
aus und knüpfte gern in seiner leutseligen Weise ein Gespräch
an mit den Müttern, die auf ihre spielenden Kinder achteten.
In den Privatgärten des Städtchens waren Bäume, die ihm
lieb geworden waren wie Freunde. Immer wieder führte er
mich z. B. zu einer Gruppe gewaltiger Eichen, zu denen er
bewundernd emporschaute.

Einem jeden mußte es auffallen, wie rege sein Geist
noch war. Man konnte kaum ein Thema im Gespräch
berühren, das ihn nicht interessiert hätte. Aguinaldo und
die Eroberungen in den Philippinen, die Whitsitt-Kontroverse
unter den Baptisten der Südstaaten, die Palästinareise des
Kaisers und der Besuch bei dem Sultan, die Missionen der
Presbyterianer in Süd-Amerika — über alles wollte er
Auskunft haben und teilte klar und interessant mit, was ihm
darüber bekannt war. Einmal erwähnte ich, man habe in
dem Geröll der Flüsse von Alaska sehr viele Knochenüberreste
von dem ausgestorbenen Mammut gefunden, und habe sogar
die Möglichkeit behauptet, daß sich in irgend einem abgelegenen
Thale noch einige Exemplare dieser gewaltigen Elefantenart
am Leben erhalten haben möchten. Im Alter vergißt man
ja meist die Eindrücke des vorigen Tages, während die
Erinnerungen vergangener Jahre frisch bleiben. Ich war
deshalb erstaunt, als er nach einigen Tagen mich über die
Mammute aufs neue ins Kreuzverhör nahm und noch mehr
wissen wollte. Mehr als die vorsündflutlichen Tiere
beschäftigten ihn natürlich seine alten Freunde. An seinen
Geburtstagen und auch zwischendurch wurde er von einigen
derselben treulich durch Briefe und andere Zeichen der
Anhänglichkeit erfreut, aber es war ihm ein besonderer
Genuß, als ich ihm persönliche Auskunft geben konnte über
seine Freunde und Schüler in Amerika. Oft nannte ich ihm
Namen, an die er lange nicht mehr gedacht: „Ja, ja, wie

geht es ihm doch?" und er sprach dann nachher seine Freude
darüber aus, daß ich die Erinnerung an den Betreffenden
bei ihm aufgefrischt hätte. Sein Gedächtnis und auch seine
Urteilskraft über das, was er leisten könne, oder was in
einem vorliegenden Falle zu thun sei, hatte abgenommen, und
seine Meinung schwankte oft. Doch alles in allem war
seine geistige Frische bewundernswert und erfreulich.

Am rührendsten war es, die milde Reife seines geistlichen
Lebens zu beobachten. Er hatte augenscheinlich inneren
Frieden und Herzensgenuß in seinem Verkehr mit Gott.
Wie schon gesagt, verfehlte er fast nie zum Frühstück
herunterzukommen, oft weniger um der Mahlzeit willen, als
um der Erbauung willen, die er aus dem Gesang und Gebet
bei der Morgenandacht schöpfte. Die Abendandacht leitete
er stets und brachte dazu sein großgedrucktes Neues Testament
herunter. Versagten seine Augen in der Dämmerung, so
half sein Gedächtnis aus. Wenn seine Kräfte es erlaubten,
so ging er in der Woche zu der Gebetsstunde und am
Sonntag-Abend zu der Predigt, die in einem kleinen Saale
in Wandsbek, als Station der Gemeinde Hamburg-Eilbeck,
gehalten wurde. Die Predigt wurde meist von Studenten
des Seminars gehalten. War nur etwas zur Erbauung
darin, so nahm er es dankbar an; nur die hohle Rhetorik,
in welche Anfänger zuweilen verfallen, forderte seine Kritik
heraus. In seiner Studentenzeit hatte er meist das Alte
Testament gelesen; jetzt las er fast ausschließlich das Neue.
Im Jahre vorher hatte er sich ein griechisches Neues
Testament mit etwas größerem Drucke gekauft und las mit
großer Freude besonders das Evangelium Johannis von
neuem durch. Er schrieb mir damals, die Abschiedsreden des
Herrn, und besonders das hohepriesterliche Gebet, hätten
einen Eindruck auf ihn gemacht, wie noch nie zuvor. Jetzt
waren seine Augen auch für diesen Druck zu schwach geworden;
ein eigentlich großgedrucktes griechisches Neues Testament
konnte ich nirgendwo für ihn auftreiben; es scheint keins zu
existieren. Als ich ihm anbot, einen Abschnitt griechisch ihm

1896.

vorzulesen, wählte er das vierzehnte Kapitel im Evangelium Johannis: „In meines Vaters Hause sind viele Wohnungen." Viel Genuß hatte er auch von geistlicher Poesie. Er las gern die großgedruckte „Glaubensstimme", die er selbst bearbeitet hatte, und dann besonders einige lateinische Kirchenlieder, die er fast auswendig konnte. Sein Lieblingslied war schon seit Jahren ein Lied von Petrus Damiani aus dem elften Jahrhundert:

   „Ad perennis vitae fontem
   Mens sitivit arida,
   Claustra carnis praesto frangi
   Clausa quaerit anima,
   Giscit, ambit, eluctatur
   Exul, frui patria."

   „Nach des ew'gen Lebens Quelle
   Schmachtet sehnsuchtsvoll der Geist,
   Harrt der Stunde, da den Banden
   Dieses Leib's er sich entreißt,
   Ringt, ein Fremdling, nach dem Lande,
   Das von fern der Glaub' ihm weist."

Das Lied schildert dann die Pracht des Paradieses, die Wonne der Erlösten und den Anblick des Herrn. Im Jahre 1897 hatte er mir die Anthologie von Rambach, in welcher das Lied steht, mit einer Anzahl anderer Bücher zum Geschenk gesandt, forderte es sich aber schon bald nachher leihweise zurück; er könne das Lied nicht entbehren. Er pflegte die Meditation, besonders über den Tod und die Leiden Christi, und sagte, es sei ihm oft, als ob er das alles wie mit Augen sehen könne. Mehrmals, wenn ich in sein Zimmer kam, fand ich ihn auf den Knieen. Dies innige Leben mit Gott ließ auch in seinem Leben mit den Menschen Spuren zurück. Er war sehr milde und freundlich; die strengeren Falten der früheren Jahre waren von seiner Stirne verschwunden. Mit rührender Dankbarkeit nahm er jeden kleinen Liebesbeweis auf und erwähnte ihn immer wieder. Ebenso machte er sich oft wegen bestimmter Mißgriffe seines Lebens schwere Vorwürfe und bat Gott um Vergebung dafür. Sein liebendes Gedenken an andere ging leicht in Fürbitte für sie über.

Für seine letzten Lebensjahre hatte er sich eine Anzahl von schriftlichen Arbeiten vorgesetzt, die er mit Gottes Hilfe noch gern ausführen wollte. Eine nach der anderen hatte er sie vollendet; jetzt waren noch zwei übrig, ein Handbüchlein der Homiletik und seine eigene Lebensbeschreibung. An ersterem hatte er nun schon fast ein Jahr gearbeitet und war auch in den ersten Wochen meines Besuches noch emsig damit beschäftigt. Er konnte dazu seine früheren Vorträge, die zum Teil im „Hilfsboten" vor Jahren erschienen waren, als Grundstock nehmen; doch war noch viel zu ergänzen, und manche Stücke mußten ganz neu hergestellt werden. Interessant ist es, daß seine Vorträge und Diktate schon 1894 von einem alten Schüler, der Heidenmissionar in Indien geworden war, einem homiletischen Handbuche für die eingebornen Prediger der Telugus in deren Sprache zu Grunde gelegt worden sind. Das „Handbüchlein der Homiletik" ist Anfang 1900 in dem Verlagshaus der deutschen Baptisten in Cassel erschienen. Es beansprucht nicht eine wissenschaftliche Arbeit im strengeren Sinne des Wortes zu sein, bietet aber aus dem reichen Schatze einer langen Erfahrung eine Fülle von praktischen Ratschlägen und Lieblingsgedanken des Verfassers. Besonders ihm eigentümlich ist der Nachdruck, den er auf die Homilie, d. h. auf die fortlaufende Auslegung und Anwendung eines längeren Bibelabschnittes, legte. Er hatte darüber schon an die Bundes-Konferenz in Barmen ein beachtenswertes Sendschreiben geschickt. Er meinte, bei den beliebten kurzen Texten käme weder der Prediger noch die Gemeinde zu kräftigem Eindringen in den Gedankengang und zu gründlicher Kenntnis des einfachen Inhaltes der Schrift. Die Bibel trete zurück hinter den Ideen des Predigers.

Ende Juni vollendete er dies sein letztes eigenes Buch, und das Absenden des Manuskriptes wurde im Kreise der Familie, zu der noch ein paar Freunde hinzugekommen waren, festlich gefeiert. Vielleicht ist es erlaubt, ein Gedicht in Hexametern, welches sein Sohn bei diesem Feste vorlas, hier wiederzugeben, teils weil es dem greisen Empfänger Freude machte, teils weil es die Situation näher schildert.

„Auf die Postille gebückt, behaglich im molligen Lehnstuhl,
Sitzt im Gedichte der Greis, der siebzig der Jahre vollendet,
Frei von Sorge und Müh', erfreut von der Liebe der Seinen,
Nur noch bemüht, mit der Klappe die lästigen Fliegen zu scheuchen.
Unser Greis dagegen, der zweimal sieben der Jahre
Zu den siebzig gefügt, — wie hat er noch rüstig gewirket,
Tag für Tag gedacht und emsig die Feder geführet!
Hat aus dem reichen Schatz der Lebenserfahrung gesammelt,
Sorgsam sichtend und glättend, was anderen heilsam und hilfreich;
Zeigend, wie man am klarsten und treusten die göttliche Wahrheit
Hungrigen Seelen verkünde und Christi Gemeinde erbaue.
Was er an and'ren geseh'n und an sich selber erfahren,
Hat er in schlichte Regeln der Weisheit gefaßt und gebunden.
Wenn dann sein Tagwerk gethan und die eigene Stimme einst schweiget,
Redet verjüngt er weiter in vielen, durch kommende Tage.

Wie hat Gott ihn doch treulich geführt durch die rollenden Jahre!
Edle Eltern ihn zeugten, und nährten den strebenden Knaben
Mit dem Brote der Zucht und der Milch der klassischen Bildung.
Dann als Jüngling galt's, die Wahrheit selbst zu erringen.
Schwer war der Kampf und heiß, doch endlich schien ihm die Sonne
Klarer Gotteserkenntnis, und Friede erfüllte die Seele.
Treffliche Lehrer gab ihm der waltende Vater der Geister,
Wack're Freunde auch, die mit ihm strebten und rangen.
Als dann endlich die Zeit der Mannesarbeit gekommen,
Schenkte ihm Gott den Geist und die Wucht der zündenden Rede,
Setzt' ihn vielen zum Segen auf beiden Seiten des Ozeans.
Scharen der Schüler denken mit Dankbarkeit an den Lehrer,
Der so klar und schlicht, wie keiner, die Wahrheit gelehret,
Junge Geister erzogen und zagende Herzen ermutigt.
Kinder schenkte ihm Gott, ihm folgend im Werke des Reiches;
Sprossend blüht ihm die Schar der Enkel, und jüngstens erfreute
Ihn der Urenkel erster, als Herold zukünft'ger Geschlechter.
Langsam naht und barmherzig das Alter im Kreise der Seinen,
Wo ihn Gattin und Tochter pflegen und manche ihn ehren.
Noch erfreut die Natur ihn im Schatten der Wandsbeker Buchen;
Rosen leuchten ihn an und grüßen den Freund aller Blumen.
Milder und freundlicher ward sein Geist, wie reifende Trauben;
Ihn beglückt die Gewißheit der göttlichen Nähe und Liebe.

Weil nun wieder ein Werk er tapfer und glücklich vollendet,
Freuen wir alle uns mit und feiern mit festlicher Torte;
Fröhlich im Kreis umgebend das alternde Haupt des Geschlechtes,
Blicken wir dankbar empor zu Gott, dem Quell seines Lebens."

Der Gedanke, daß er das „Haupt des Geschlechtes" sei, machte ihm Vergnügen. An der Geburt zweier Enkelsöhne in Amerika hatte er besondere Freude, weil nun zu hoffen sei, daß sie den Namen der Familie fortführen und Stammhalter des Geschlechtes sein würden. Er gedachte seiner drei fernen Enkel und ihrer Mutter, die er nie gesehen, mit der herzlichsten Liebe. Der „Herold zukünft'ger Geschlechter", von welchem in dem Gedichte die Rede ist, war der kleine Winnibald Rode, der Sohn seiner besonders geliebten Enkelin Agnes Fetzer und des Predigers Paul Rode. Diesen Urenkel durfte er noch auf seine Arme nehmen und begrüßen.

Außer jenem Feste erfreuten ihn verschiedene Ausflüge, die er und seine Gattin in meiner Begleitung machen konnten, z. B. zum zoologischen Garten in Hamburg und später zum botanischen Garten. Da mußte ich ihm die lateinischen Namen der Pflanzen vorlesen, die ihm wie ein Echo aus der Bonner Studentenzeit entgegenklangen. Ein andermal machten wir eine Flußfahrt auf der Elbe nach Blankenese, bei der auch seine Tochter Frida zugegen war. Es war fast ergreifend, seine Freude zu beobachten, als er am Strande des Flusses unter den Bäumen saß und von all den edeln Strömen sprach, die er in seinem Leben gesehen und in denen er gebadet hatte. Er hatte etwas von dem Geiste der alten Griechen in sich, welche in Flüssen und Quellen und Bäumen die Wohnplätze überirdischer Wesen ahnten. Am wehmütigsten war ein Ausflug nach dem großen Ohlsdorfer Friedhof der Stadt Hamburg. In der Schönheit seiner Landschaftsgärtnerei und in der Pracht und Fülle seines Blumenschmuckes ist dieser Friedhof vielleicht der schönste in ganz Deutschland. Damals standen gerade die Rosen in ihrer vollen Blütenpracht. Einen öden Eindruck machten nur die Inschriften auf den Gräbern; selten fand man da ein Wort der Glaubenszuversicht, meist nur den Schmerz der Trennung oder hohle Phrasen über Menschenhoheit. Das Licht der Ewigkeit fällt auch über die Gräber der Toten Hamburgs, aber nur wenige scheinen es noch zu sehen. In ernster Stimmung gingen wir durch die schattigen Gänge, wo der Marmor weiß im grünen Laube schimmert, und traten dann wieder auf freie Plätze, wo große Beete mit Rosen uns duftend winkten. Mein Vater hatte früher oft gesagt, es kümmere ihn nicht, wo und wie man ihn begrabe; denn nicht er, sondern seine sterbliche Hülle werde ins Grab gelegt. Aber jetzt rief er aus: „Hier möchte ich begraben werden!"

Anfang August zwangen mich meine Berufspflichten, von meinem Vater Abschied zu nehmen und nach Amerika zurückzukehren. Bald nachher nahm es mit seiner Gesundheit eine üble Wendung. Er hatte im Frühjahr Schwellungen der Füße gehabt, doch waren dieselben wieder verschwunden; jetzt kehrten sie zurück; er konnte nur wenig ausgehen. Zugleich wurde er dadurch hilfloser und schwächer und war sehr auf die Liebesdienste seiner Gattin und seiner Tochter und ihrer Familie angewiesen. Auch seine Geistesfrische erlahmte. Er kam sich vor, als thue er alles im Traume. Gleich nach Beendigung seiner Homiletik hatte er seine Hand an die Herstellung seiner Biographie gelegt und mehrere Kapitel geschrieben. Jetzt stockte die Arbeit. In einer Nacht hatte er ernstliches Lungenbluten. Es sah aus, als ob es rasch dem Ende entgegengehe. Er selbst meinte, er werde nun das Jahr 1900 doch nicht mehr erleben. Doch seine zähe Lebenskraft rang sich wieder durch. Er hatte noch Arbeit zu thun. Gott gab ihm noch einmal eine Zeit der Frische. Die Schwellungen nahmen wieder ab; seine Arbeitskraft hob sich. Mitte Oktober wurde ihm die große Freude, daß seine Tochter Emma aus London, wo litterarische Arbeiten sie festgehalten hatten, zum Besuche zu ihm kam. Als sie ein Jahr vorher aus Indien zurückgekehrt war, krank und mit gebrochener Kraft, hatte er durch seine väterliche Liebe und Fürsorge, durch seinen Zuspruch und sein Gebet ihre Seele gestärkt und geholfen, sie zu neuer Kraft emporzuheben. Jetzt konnte sie, da keine anderen Pflichten sie in Anspruch nahmen, ihre Kraft der Erheiterung seiner letzten Tage widmen. Ihr frisches intellektuelles Leben wirkte belebend auf ihn ein. Sie sah, daß er sich an der mechanischen Arbeit des Schreibens abquälte, und bot ihm ihre Hilfe an. So diktierte er ihr manche der interessantesten Abschnitte des vorliegenden Buches, und wenn der Fluß der Erinnerungen stockte, half sie durch Fragen und Bemerkungen nach. Er betrachtete alle Liebe als freundliche Gaben Gottes: die Fürsorge seiner Gattin, die treue Liebe seiner Tochter Frida, die er stets aufs neue rühmte, den Besuch seines Sohnes im Sommer, und nun die Gegenwart seiner Tochter Emma. Er sah jetzt auch wieder frischer in die Zukunft und meinte, er werde nun doch wohl noch mehrere Jahre leben. Auch seine Angehörigen meinten das, da eine genaue Untersuchung des Arztes zeigte, daß die Hauptorgane noch alle in gutem Stande seien.

So schenkte sein Gott ihm die Gnade, bis dicht vor seinem Tode an der Arbeit zu bleiben. Nicht nach trüben Monaten oder Jahren der Schwäche und Nutzlosigkeit, sondern als er noch die Hand am Pflug hatte und hinausschaute über den weiten Acker Gottes, auf dem er so manches Tagewerk gethan, — so rief der Herr ihn heim. Die Arbeit, die er geplant, hat er fast völlig gethan. Aller Menschen Wirken ist Stückwerk; wir kommen alle vor Gott mit Scherben in unseren Händen. Aber nach dem Maß der Menschen gerechnet, war in diesem Menschenleben etwas großartig Abgerundetes.

Ende November war er fertig. Diejenigen Abschnitte seines Lebens, für welche kein Material vorhanden war und die nur er beschreiben konnte, waren beschrieben. Er atmete auf, als er das letzte Paket mit Briefen und Handschriften an mich abgesandt hatte. An Wilhelm und Maria Döring

schrieb er einen Abschiedsbrief; seine Zeitungen bestellte er
ab. Er sprach davon, wie sein Zimmer aussehen werde,
wenn seine Bilder und der kleine Rest seiner Bibliothek, den
er noch behalten hatte, nach seinem Heimgange fortgenommen
werden würden. An mich schrieb er: „Ich sehne mich nach
dem Tode." Sein Neues Testament lag neben ihm offen,
obgleich er es nicht mehr lesen konnte. Noch immer kam er
zum Familientisch herunter, obgleich er nur mit großer Mühe
und mit Hilfe anderer die Treppe wieder erstieg; ein weniger
starker Wille hätte das schon lange aufgegeben.

Am Sonntag, den 3. Dezember, war er in gehobener
Stimmung. Er hatte sich an der Offenbarung Johannis
erquickt und unterhielt sich mit seiner Tochter Emma über
verschiedene Lieder, die vom neuen Jerusalem handeln. Sie
hatte in London ein Buch geschrieben, in welchem sie schilderte,
wie manche Telugus in den heidnischen Kulten Indiens nach
Wahrheit gesucht, aber erst, als sie von Christo hörten,
Ruhe für ihre Seelen gefunden hatten. Dies Buch hatte
sie ihrem Vater gewidmet: „von dem ich das Erbteil edler
Ahnen überkommen habe, die nach der Wahrheit gesucht und
für sie gelitten haben." Diese Widmung erfreute ihn ungemein, wie jede Versicherung seiner Kinder, daß ihr Lebenswerk eine Fortsetzung des seinen und eine Verwertung seines
Erbteils an sie sei. Er konnte das Buch nicht mehr lesen,
aber er hielt es viel in der Hand und bat Gott, daß Er es
segnen möge.

Am Dienstag, den 5. Dezember, merkten seine Töchter,
daß eine Veränderung mit ihm vorgegangen sei. Er atmete
mühsam. Dennoch schrieb er noch an seinen Sohn Walther,
und danach diktierte er seiner Tochter Frida einen Brief an
Br. Bickel über das „Vater Unser". Er meinte, dasselbe solle
in den Gottesdiensten der deutschen Baptisten mehr gebraucht
werden, als jetzt Sitte sei. Wenn er selbst im „Wahrheits-
zeugen" nicht mehr darüber schreiben könne, bat er, daß es
doch von einem anderen geschehen möge. Das war sein

letzter Brief und sein letzter Wunsch für seine Kirchengemeinschaft.

Am Nachmittag fand ihn seine Tochter Emma sehr matt; dennoch bat er sie, ihm etwas vorzulesen. In einem früheren Kapitel ist schon erzählt worden, wie ich die Archive der Traktat-Gesellschaft in New York nach Thatsachen über meines Vaters Thätigkeit durchsucht habe und wie meine Notizen gerade am Tage vor seinem Tode noch in seine Hände kamen. An diesem Nachmittage las ihm meine Schwester den anerkennenden Beschluß der Traktat-Gesellschaft beim Abschluß seiner Thätigkeit vor, und dieser Gruß der Liebe von Freunden und Mitarbeitern, die längst zu ihren Vätern gesammelt waren, that ihm sehr wohl. Dann erzählte ihm seine Tochter, die Buren hätten einen Sieg über die Engländer errungen; das freute ihn. Dann sagte sie ihm von einem freundschaftlichen Telegramm des deutschen Kaisers an den Sultan. In seiner entschiedenen Weise bemerkte er: „Das war nicht schön vom Kaiser; seine Freundschaft mit dem Sultan ist der einzige Flecken auf seiner Palästinareise." Dann sprach er noch davon, wie verkehrt es doch sei, wenn Leute durch ihr eigenes Verdienst gerecht werden wollten; „das kann man doch nur durch des Heilandes Gnade." Das war sein letztes Wort über religöse Dinge, der Schlußakkord seines geistlichen Lebens: „nur durch des Heilandes Gnade."

Eine Stunde später, gegen 7 Uhr abends, lange vor seiner gewöhnlichen Zeit, bat er unsere Mutter, sie möge ihm helfen, daß er schlafen gehe. Sie that das, deckte ihn zu und ging. Kurze Zeit nachher öffnete seine Tochter Frida die Thüre, um nach ihm zu sehen. Sie hörte seinen Atem nicht, trat näher in die stille Stube und fand, daß sein Geist entflohen war. Wie unsere Mutter ihm geholfen sich hinzulegen, so lag er da, die Augen geschlossen, die Hände ruhig gefaltet, keine Spur des Todeskampfes auf dem Antlitz. In einem Lieblingsliede seiner Mutter, welches deshalb auch eins der seinigen gewesen war, heißt es:

"Du kannst durch des Todes Thüren
Träumend führen
Und machst uns auf einmal frei."

Das Begräbnis fand am Freitag, den 8. Dezember, statt. Von Palmen und Lorbeerbäumen umgeben stand der Sarg in einem hellen Alkoven, wo der Verstorbene oft mit seiner Bibel gesessen hatte. Blumenkränze von der Gemeinde, den Studenten des Seminars und anderen Freunden, Lorbeerkränze und Palmzweige von den Familiengliedern als Sinnbilder des Sieges lagen auf dem Sarge. Das Antlitz war schön und ehrfurchtgebietend. Prediger Carl Schneider von der Gemeinde Eilbeck und Wandsbek leitete die Feier am Hause und redete über den Text: „Herr, nun lässest Du Deinen Diener in Frieden fahren." Die Studenten des Predigerseminars trugen den Sarg zum Leichenwagen hinaus. Sie verehrten in ihm ihren Lehrer und väterlichen Freund und waren zugleich die Stellvertreter seiner früheren Schüler und seiner eigenen Anstalt in Rochester, die nur von fern mittrauern konnten. Von dem fernen Sohne war eine Depesche gekommen, und von dem Seminar die Botschaft: „Das Seminar zu Rochester trägt Leid mit Ihnen."

Auf dem schönen Ohlsdorfer Friedhof, gerade da, wo er im Sommer mit seiner Gattin und seinem Sohne die Rosenpracht bewundert hatte, war das Grab für seinen Leib bereitet. In der Kapelle des Kirchhofs sprach Prediger Danielsen, der vor 25 Jahren in Rochester sein Schüler gewesen war, aus der Fülle seiner Erinnerungen. Dann trugen die Studenten, etwa dreißig an der Zahl, den Sarg durch die Dämmerung des schönen Wintertages bis an das Grab, wo Prediger Duprèe und Winderlich die letzten Worte redeten. Dabei wurden zwei der Lieblingslieder des Verstorbenen: „Unter Lilien jener Freuden" und: „Dort über jenem Sternenmeer" gesungen. Als man den Kirchhof betrat, ging eben die Sonne unter; als die Trauernden das Grab verließen, schien der Mond silbern in das noch offene, mit Blumen gefüllte Grab.

Unter jungen Zedern und Tannen steht jetzt sein Grabdenkmal, von Epheu und Immergrün und Monatsrosen überwachsen. Auf der glattgeschliffenen Vorderseite des rauhen Granitsteines steht folgende Inschrift:

Die Lehrer werden leuchten wie des Himmels Glanz. Dan. 12, 3.

August Rauschenbusch,
geboren in Altena am 13. Febr. 1816,
Prof. Theol. in Rochester, Amerika, 1858—1888,
gestorben in Wandsbek am 5. Dez. 1899.

Ich will satt werden, wenn ich erwache nach Deinem Bilde. Pf. 17, 15.

Der erste Spruch bezieht sich auf seinen Beruf; der zweite drückt das Verlangen seiner Seele aus. Er war ein Mensch des Heimwehs. Durch sein ganzes Leben geht ein Zug der Rastlosigkeit, der ungestillten Sehnsucht. „Selig sind, die da hungert und dürstet nach Gerechtigkeit, denn sie sollen satt werden." Fast vier und achtzig Jahre des Strebens, der Arbeit, der Sehnsucht hat er durchlebt. Sein Tod war das Ende der Sehnsucht; er war der Anfang der Erfüllung.

Bisher in der Reihe erschienen:

Reihe ReligioSus

*Herausgegeben und mit einem Vorwort versehen von
Christiane Beetz*

Band I:
Paul Kalkoff: **Ulrich von Hutten und die Reformation:**
Eine kritische Geschichte seiner wichtigsten Lebenszeit und der
Entscheidungsjahre der Reformation (1517 - 1523)
ISBN: 978-3-942382-52-6
624 Seiten 49,50 €

Band II:
Manfred Köhler: **Melanchthon und der Islam:**
Ein Beitrag zur Klärung des Verhältnisses zwischen Christentum und
Fremdreligionen in der Reformationszeit
ISBN: 978-3-942382-89-2
176 Seiten 29,50 €

Band III:
Richard Zoozmann: **Hans Sachs und die Reformation:**
In Gedichten und Prosastücken
ISBN: 978-3-942382-82-3
200 Seiten 29,50 €

Band IV:
Paul Dahlke: **Buddhismus als Religion und Moral**
ISBN: 978-3-86347-014-2
360 Seiten 39,50 €

Band V:
Thomas Achelis: **Die Religionen der Naturvölker im Umriß**
ISBN: 978-3-86347-049-4
176 Seiten 29,50 €

Band VI:
Julius Wellhausen: **Isralitische und Jüdische Geschichte**
ISBN: 978-3-86347-152-1
444 Seiten 59,50 €

Band VII:
Ignaz Goldziher: **Der Mythos bei den Hebräern
und seine geschichtliche Entwicklung**
ISBN: 978-3-86347-063-0
408 Seiten 59,50 €

Band VIII:
Richard M. Meyer: **Altgermanische Religionsgeschichte**
ISBN: 978-3-86347-173-6
676 Seiten 59,50 €

Band IX:
Mohammed Ibn Ishak: **Das Leben Mohammeds**
ISBN: 978-3-86347-187-3
128 Seiten 29,50 €

Band X:
Alfred Hillebrandt: **Buddhas Leben und Lehre**
ISBN: 978-3-86347-200-9
168 Seiten 29,50 €

Band XI:
Heinrich Heppe: **Geschichte des Pietismus und der Mystik in
der reformierten Kirche, namentlich der Niederlande**
ISBN: 978-3-86347-201-6
532 Seiten 49,50 €

Band XII:
Gustav von Schulthess-Rechberg: **Luther, Zwingli und Calvin in ihren Ansichten über das Verhältnis von Staat und Kirche**
ISBN: 978-3-86347-212-2
204 Seiten 24,50 €

Band XIII:
Johannes Ninck: **Jesus als Charakter. Eine psychologische Untersuchung seiner Persönlichkeit**
ISBN: 978-3-86347-243-6
332 Seiten 39,50 €

Band XIV:
Sören Kierkegaard: **Der Einzelne und sein Gott**
ISBN: 978-3-86347-255-9
164 Seiten 29,50 €

Band XV:
Paul Wilhelm von Keppler: **Wanderfahrten und Wallfahrten im Orient**
ISBN: 978-3-86347-258-0
568 Seiten 44,90 €

Band XVI:
Leopold Ranke: **Die Römischen Päpste in den letzten vier Jahrhunderten**
ISBN: 978-3-86347-339-6
828 Seiten 64,90 €

SEVERUS Verlag, Imprint der Diplomica Verlag GmbH | Hermannstal 119k

D-22119 Hamburg | kontakt@severus-verlag.de | T: +49-40-655 99 20

www.ingramcontent.com/pod-product-compliance
Lightning Source LLC
Chambersburg PA
CBHW051210300426
44116CB00006B/501